在这个信息如洪流般奔涌，沟通如影随形、无所不在的崭新时代，语言这把解锁交流的密钥早已超越了信息传递的朴素角色，它化身为个性魅力的炫彩舞台，职场竞技的锋利宝剑，人际互动的温情蜜糖。试想，在万籁俱鸣之中，你怎样让自己的声音不同凡响，让每一次启齿都成为万众瞩目的闪光点？这便是《言之有序：成为表达高手的 36 计 72 法》问世的初心，它宛若一座璀璨灯塔，引领你在浩瀚的语言海洋中破浪前行，助你掌握那些令人眼前一亮、心生仰慕的表达奥义。

我们生活在一个快节奏的社会，每一天，从晨光初照到夜幕降临，无论是在校园的林荫道上，还是在单位的会议室里，甚至是在家庭聚会的温馨氛围中，语言的交锋与交融从未停歇。有效的沟通不仅关乎信息的准确传递，更关乎个人影响力的塑造，是领导力、说服力的直接体现。本书就是一把精心打造的钥匙，旨在开启你内心深处的语言宝藏，让你在逻辑的严谨、创意的火花、故事的魔力、精准的表达、应变的机智、说服的力量这六大维度全面升级，无论是日常生活的小确幸，还是职场生涯的大舞台，让你都能游刃有余、风采尽显。

想象一下，当你的逻辑力如同精密的钟表，每一句话都环环相扣、条理清晰，让人无法反驳；当你的创意力如同夜空中最亮的星，每一次表达都闪耀着新奇与独特，让人眼前一亮；当你的故事力如同温暖的春风，每一个情节都能触动人心、引发共鸣；当你的精准力如同激光束，让你的每一句话都能直击要害，让人心服口服；当你的应变力如同灵活的舞者，在任何突发状况面前都能让你从容应对、优雅转身；当你的说服力如同磁石，让你的每一句话都能吸引人心，让人不由自主地跟随你的思路。这就是《言之有序：成为表达高手的36计72法》所能带给你的改变，它不仅是一项技能的提升，更是一场心灵的觉醒、一次智慧的飞跃。

本书匠心独运，采用"36计72法"的巧妙结构，将复杂的语言思维训练化繁为简，每一计都是一次思维的启迪，每一种方法都是一次实践的指南。书中共呈现了六大核心能力。逻辑力单元，通过"折纸法"教会你如何层层递进、条理清晰；创意力单元，用"撕标签法"激发你内心的创意火山，让想法如泉涌般涌现；故事力单元，通过"你我他法"让你学会如何在故事中巧妙融入情感，触动人心；精准力单元，以"炼金术法"锤炼你的语言，让每一句话都掷地有声；应变力单元，用"三乘四法"训练你在瞬息万变中保持冷静、机智应对；说服力单元，则通过"王牌对王牌法"，让你学会如何以理服人、以情动人。

《言之有序：成为表达高手的36计72法》绝非仅仅是关于表达技巧的实用书籍，当你阅读它时更似体验了一次直击心灵深处的探索之旅，一次启迪智慧的奇妙航行。它引领你踏入语言那既熟悉又神秘的殿堂，揭示隐藏于日常生活琐碎背后的表达奥秘，让你在每一次的交流与对话中都能如星辰般璀璨夺目，成为那个以语言为笔，描绘世界绚烂色彩的大师。

无论你是正值青春年华，渴望在校园中展现自我，还是在职场上披荆斩棘，追求更高的职业巅峰，这本书都是你不可或缺的伙伴。对于学生而言，它能帮助你在辩论场上逻辑严密，在写作中文采飞扬，为未来的梦想插上翅膀。对于职场人而言，它将成为你职场晋升的秘籍，无论是日常汇报中的精准表达，项目提案中的创意呈现，还是与客户沟通中的巧妙说服，甚至是危机处理中的机智应对，都能让你游刃有余，成为职场中的佼佼者。

《言之有序：成为表达高手的 36 计 72 法》将是你手中最锋利的武器，助你在人生的舞台上以语言为翼，飞得更高、更远。

目录

C·O·N·T·E·N·T·S

前言

逻辑力

第一章

辑

—

力

言 之 有 序
成为表达高手的 36 计 72 法

第一计

先后
有序

方法一

折纸法

一、诊断室

在即兴口语表达中，很多人常常因缺乏条理性而显得心直口快，这往往导致主题模糊、语言琐碎，极大地削弱了表达效果。为了检验学员们是否具备有序表达的能力，我曾在课堂上设计了一个小实验。我要求学员们根据音频的引导完成一次3分钟的冥想跟练，并在结束后分享他们的感受。然而，大部分学员在表达时都显得较为随意，缺乏层次和重点。他们往往想到哪里就说到哪里，让人难以抓住核心信息。

例如，有的学员说："我觉得这个练习真挺好的，感谢老师在课堂上给我这个机会。我以前也听过冥想跟练的好处，但总是坚持不下来。这次跟着老师做，感觉很不错。"

这样的表达虽然情感真挚，但信息过于零散，未能有效地传达出对冥想跟练的具体感受。

针对这一问题，我现场给这位学员指出了表达上的不足，并向他讲解了如何运用"折纸法"提升表达效果。我鼓励他重新组织语言，有条理地阐述自己的感受。经过一番引导，他再次尝试表达，效果立竿见影：

"在这3分钟的冥想跟练中，我深刻体验到了'静'的美妙。首先，我感受到的是环境的安静,仿佛整个世界都静止了。其次,我体会到了内心的平静,不再急躁和焦虑。最后,我感受到了头脑的冷静,思维变得更加清晰和敏锐。这就是我在冥想跟练中的收获,我真正体验到了静心的力量。"

通过对比两次表达,我们不难发现"折纸法"的魔力所在。它简单易学、实用有效,能够帮助我们更好地组织和呈现自己的思想。如果你也想提升自己的即兴口语表达能力,不妨尝试一下"折纸法",相信它会给你带来意想不到的收获。

二、特效药

"折纸法"分三步走。

第一步:准备白纸

在一张长方形的白纸中央画上一个圆圈,然后填入一个词语。这个词语应该用来概括所要描述的事物最核心的特征,如图 1-1-1 所示。

图 1-1-1

例如,在上述案例中"在这 3 分钟的冥想跟练里,我最大的感受就是'静'"。

第二步:折纸并书写

将这张白纸三等分地折叠两下,然后在每一份上写上一句带有关键词的话。这些句子应该从以下三个方面具体诠释核心特征。

例如：

"首先，我感受到的是环境的安静，仿佛整个世界都静止了。

其次，我体会到了内心的平静，不再急躁和焦虑。

最后，我感受到了头脑的冷静，思维变得更加清晰和敏锐。"

第三步：铺平纸张并总结

最后，将这张带有折痕的纸铺平，把最中央的关键词扩展成一个总结性的句子放在结尾处，总结并升华主题。

例如："这就是我在冥想跟练中的收获，我真正体验到了静心的力量。"

怎么样，"折纸法"是不是既简单又实用？你学会了吗？

三、案例多

很多经典的演讲稿与文学作品均巧妙地运用了"折纸法"作为其逻辑架构的基础。此法不仅有助于作者更清晰地梳理思路，还能使作品更具条理性和深度。

例如，马丁·路德·金的著名演讲《我有一个梦想》中的一个片段就是"折纸法"的总分总结构：

"我有一个梦想，这个梦想深深植根于美国梦之中。

我希望有一天，这个国家会站立起来，真正实现其信条的真谛——我们认为这些真理是不言而喻的，所有人都是生而平等的。

我希望有一天，在佐治亚州的红色山丘上，那些前奴隶和前奴隶主的后代能够围坐在一起，共叙手足情谊。

我希望有一天，即使是正义匿迹、压迫成风的密西西比州，也能变成自由和正义的绿洲。"⊖

⊖ 本书中的示例内容，包括引用文章以及演说演讲等内容，为方便读者阅读与理解，作者进行了适当改动。

在这一段中，他表达的"关键句"就是"我梦想有一天"。接下来，他用排比句描述梦想的这一天具体是什么样子的。

用"折纸法"提纲挈领地绘制一下内容的结构图，就能感受到经典之所以为经典，是因为清晰的层次与鲜明的主题经得住时间的检验，如图 1-1-2 所示。

图 1-1-2

四、疗效好

练习题目

1. 请你运用折纸法，谈一谈自己最喜欢的一部电影。
2. 请你运用折纸法，介绍一个自己最喜欢的影视角色。

方法二

蛋糕法

一、诊断室

在职场中，尽管许多人的实际解决问题能力出色，但当需要在会议中条理清晰地阐述和分析问题时，往往因表述不清、逻辑混乱而给领导留下工作能力不足的印象。以下是一个典型的例子：

领导：听说你们的新课"36计72法"上线的进度有些滞后，是什么原因导致的？

项目负责人：这个确实比预计的上线时间慢了，可能是因为跟主讲老师的配合还不够默契，遇到了一些预料之外的情况；跟剪辑团队的沟通也比较耗时；宣传方面存在一些问题。

领导：那么这些问题具体是什么原因造成的？你搞清楚了吗？

这种回答方式在工作中屡见不鲜，看似面面俱到，实则每个方面都未深入解释，令领导听后更感困惑。若你在向领导汇报时也存在此类问题，务必引起重视，因为在职场中能够清晰、准确地表达问题和分析问题是一项至关重要的能力。

相比之下，以下是另一种回答方式：

领导：听说你们的新课"36计72法"上线进度有些滞后，是什么原因导致的？

项目负责人：确实，我们比预计的上线时间晚了一周，这主要有三个方面的原因。首先，主讲老师的录课进度比我们预期的慢。我们的课程顾问正在积极跟进，协助老师调整讲课风格，使其更贴近目标受众的需求。目前，双方已经磨合得很好，相信接下来的录课进度会加快。其次，后期剪辑的风格也在持续优化中，目前剪辑的几节课已经达到了我们的预期效果，相信后续的剪辑工作会更加顺利。最后，课程的推广和宣传方面，我们打算进一步精进，虽然这可能会稍微耽误一些上线时间，但我们认为这将有助于提升课程的宣传效果。请您放心，我们已经针对这些问题制订了解决方案，预计下周三就能准时上线课程。

领导：好的，那就按照这个节奏推进吧。

可见，两种不同的回答方式带来了截然不同的领导反应。第一种回答让领导感到困惑和质疑，而第二种回答则得到了领导的认可和鼓励。若想在工作中保持这种高效的表达状态，需要从思维层面进行提升，确保思考有序，进而做到表达有序。本节介绍的"蛋糕法"将有助于你在日常交流或工作汇报中做到层次分明、主次分明。

二、特效药

"蛋糕法"共分为三个步骤。

第一步：分几份

在分析问题前，请想象一下切蛋糕的场景：切开的份数通常取决于在场的人数。同理，一个问题要从哪些方面阐述也取决于它所涉及的责任主体的数量，如图 1-1-3 所示。

图 1-1-3

以之前的新课上线进度延迟为例，涉及的责任主体主要有三个：录制方、剪辑方和宣传方。因此，项目负责人在阐述问题时应先明确指出：

"确实比预计的上线时间晚了一周，这主要有三个方面的原因。"

第二步：切多大

在矛盾中，有主次之分；在责任中，也有大
小之别。主要责任方应分配更大的"蛋糕"，即
在阐述时占用更多时间，内容更为详尽。这就像
过生日时，寿星通常会得到一块更大的蛋糕，如
图 1-1-4 所示。

图 1-1-4

以新课上线进度问题为例，第一个方面的阐
述就十分详细："首先，主讲老师的录课进度比我们预期的慢。我们的课程顾问
正在积极跟进，协助老师调整讲课风格，使其更贴近目标受众的需求。目前，双
方已经磨合得很好，相信接下来的录课进度会加快。"

第三步：分蛋糕

在分蛋糕时，人们通常先给寿星一块，然后
再依次分给其他宾客。同样，在阐述问题时，阐
述者也应先说明主要责任方，再说明次要责任
方，如图 1-1-5 所示。

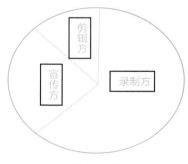

图 1-1-5

新课上线进度问题的阐述中就体现了这种主
次分明的顺序："首先，主讲老师的录课进度比我
们预期的慢；其次，后期剪辑的风格也在持续优
化中；最后，在课程的推广和宣传方面我们打算
进一步精进。"

三、案例多

在新闻评论中，"蛋糕法"常被用于对社会现象进行层层剖析。以下是一则
新闻事件的评论分析。

新闻：据媒体报道，五一假期期间，河南登封少林寺景区游客数量激增，寺内一片竹林遭到严重破坏。数十名成人带着孩子反复攀爬竹子，甚至吊在上面荡秋千，导致多根竹子被折断。竹林里，上百人刻下了"×××到此一游""××与××1314"等字迹，还有小孩在爬完竹子后立刻开始刻字。

如图 1-1-6 所示，运用"蛋糕法"对此现象进行剖析，思路如下。

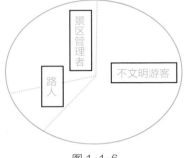

图 1-1-6

第一步：分几份

此现象涉及三个主要方面：不文明游客、景区管理者和目睹此现象的路人。

第二步：切多大

在此现象中，不文明游客显然是主要责任方，其次是景区管理者，最后是目睹此现象但未采取行动的路人。因此，在阐述时，应给予不文明游客最大的关注。

第三步：分蛋糕

按照责任大小，逐一展开评述。

新闻：五一假期，河南登封少林寺景区的竹林惨遭游客蹂躏，这不仅是孩子的任性，更有大人的纵容。对于这类每逢假期就登上热搜的不文明游客，我想说："别让你的素质配不上美景！"过去我们还曾见过更触目惊心的破坏行为，如昆明游客折断红嘴鸥翅膀、甘肃丹霞地貌被"驴友"践踏等。

解决这一问题，不仅需要游客自觉，更考验景区管理者的智慧。景区应为游客的情绪释放找到合适出口，如黄鹤楼设置的电子涂鸦墙，既满足了游客的涂鸦愿望，又减少了乱刻乱画现象。河南少林寺也应借鉴此类做法，在确保安全的前提下，满足游客尤其是儿童的游玩需求。景区管理应在严防死守中不断创新，寻找更好的管理办法。

最后，我要呼吁其他游客，见到此类不文明行为时应及时制止。因为这不仅关乎他人，更关乎我们共同的自然资源。

四、疗效好

　　请仔细观察图 1-1-7，并且用"蛋糕法"分别阐述这一现象产生的原因。

图 1-1-7

第二计

大小
有序

方法一

套娃法

一、诊断室

在日常生活中，我们经常会遇到这样的情况：当我们在发言或介绍项目时，领导可能会给予两种评价：要么觉得内容过于空泛而不具体，要么认为思维过于局限而缺乏格局。面对这样的反馈，许多人可能会陷入自我怀疑，认为是自己准备的内容有问题。然而，问题的关键往往并不在于内容本身，而是表达时的逻辑架构出了问题。以下通过一个具体场景来加以说明。假设你最近正在追一部新剧《流金岁月》，对剧中女演员所展现的好身材非常羡慕，认为这正是因为她从小学习舞蹈而培养出的优雅气质。恰好此时，你的闺蜜带着她 4 岁的女儿来与你相聚，你们聊到了关于孩子兴趣培养的话题。闺蜜倾向于让她的女儿学钢琴，而你则强烈推荐学舞蹈。那么，如何说服闺蜜接受你的观点呢？

你的脑海中可能会浮现出两种常见的表达方式。第一种：先以舞蹈为主吧！这不仅能培养孩子的才艺爱好，还能塑造她挺拔优美的形象气质，这样的女孩走到哪里都会成为人群中的焦点。第二种：我建议还是先学舞蹈，你看现在的孩子坐姿不正，总低头玩手机，含胸驼背的情况很多。学习舞蹈有助于矫正姿态，让孩子身姿更加挺拔。

然而，这两种表达方式都存在一定的逻辑问题，难以真正说服闺蜜。第一种表达方式过于空泛，仅仅提到了培养气质和才艺爱好等宏观概念，缺乏具体的解释和支撑。第二种表达方式虽然提到了学舞蹈的具体好处——矫正姿态，但却将舞蹈的作用局限于此，忽略了其更广泛的价值和意义，显得过于局限和缺乏格局。

因此，我们需要一种更加有效的逻辑表达方式来说服闺蜜。这种方式就是"套娃法"，通过层层递进的逻辑结构来构建表达内容。

二、特效药

在"套娃法"中，我们将表达内容分为三个层次，如图 1-2-1 所示。大娃代表主题升华，即我们要传达核心观点；中娃代表场景构建，即我们将主题与具体情境相结合，使表达更具画面感和说服力；小娃代表细节描绘，即我们用具体的例子或细节来支撑中娃的场景描述。

以学口才的好处为例，我们可以这样表达：

先抛出大娃——主题升华："学习口才对于孩子的成长具有重要意义。"通过这一主题，我们明确了表达的核心观点。

大娃——主题升华

中娃——场景构建

小娃——细节描绘

图 1-2-1

接着抛出中娃——场景构建："想象一下，在一个重要的演讲比赛中，你的孩子自信地站在台上，用流畅的语言表达自己的想法，赢得了观众的阵阵掌声。这样的场景不仅让孩子感到自豪和满足，也为他未来的发展奠定了坚实的基础。"通过这一场景描述，我们让闺蜜能够具体地想象出孩子学习口才后的成果，增强了说服力。

最后抛出小娃——细节描绘："学习口才不仅可以提升孩子的语言表达能力，还能培养他们的思维逻辑和自信心。在日常生活中，孩子会更加善于与人沟通，更加自信地表达自己的观点。这些能力将伴随孩子一生，成为他们走向成功的关键。"通过这一细节描述，我们进一步支撑了中娃的场景，让表达更加具体和深入。

通过这样的"套娃法"表达，我们不仅强调了学口才的具体好处，还将其与孩子的未来发展相结合，展现了学口才的广泛意义和价值。这样的表达既具体又有格局，更有可能说服对方接受我们的建议。

三、案例多

先前，我们按照从大娃到小娃的顺序进行了阐述。然而，是否可以颠倒顺序，从小娃到大娃进行展开呢？答案是肯定的，只要运用得当，这种方法将极具代入感。

以一则广告文案为例，我们进行深度剖析。

《"踢不烂"终于有魂了》

忘了从什么时候起

人们叫我为踢不烂

而不是：Timberland

从那阵风开始

当我被那阵风轻吻

被月光、星光、阳光浸染

被一颗石头挑衅，然后用溪流抚平伤痕

当我开始听到花开的声音，当我不小心闯对路

又认真地迷过路

当我经历过离别又曾被人等待

当我需要，被需要

我知道已和一双崭新的 Timberland 完全不同

在时光里我变旧、变皱

用伤痕覆盖伤痕

每天当太阳升起

我又是全新的

我走的时候叫 Timberland

回来时才叫"踢不烂"

但"踢不烂"的故事还远远未完成

踢不烂，用一生去完成

在学习"套娃法"之前，我们或许仅会感叹这双鞋中蕴含的天地与众生的情怀。而现在，掌握了"套娃法"后，我们可以深入剖析其背后的逻辑，进而学习并应用它。

第一步：小娃——细节描绘

文案中，这双鞋"被那阵风轻吻"，被"一颗石头挑衅"，"用溪流抚平伤痕"，并"听到花开的声音"。这些充满画面感的细节词汇让读者仿佛身临其境。

正如古诗所云："枯藤老树昏鸦，小桥流水人家。"运用六个描写细节的词汇，便营造出了秋思的意境。

第二步：中娃——场景构建

随后，文案抛出了中娃，展现了几个与鞋紧密相关的场景："闯对路""迷过路""经历过离别""被人等待"。

这些充满共鸣的场景，使读者产生了强烈的代入感。这哪里是在描述"鞋"，分明是在叙述"人生"啊！

这也是中娃的魅力所在。营造一个引人共鸣的场景能够迅速拉近与读者的距离，因为情感共鸣，所以产生认同。

第三步：大娃——主题升华

文案的点睛之笔在于最后一句："踢不烂，用一生去完成。"这句话便是整条广告想要传达给我们的主题——坚持。

若这段文案仅有前面的诗意描绘和场景构建，却缺少最后一句的主题升华，那么它便失去了灵魂。

因为一个优秀的主题永远是一段表达的灵魂所在。

综上所述，思维是语言的指挥棒。若表达显得空洞或琐碎，往往是因为在思维层面缺乏"套娃法"的逻辑意识。

至于到底应该从大娃往小娃说，还是从小娃往大娃说，这取决于所要表达的场景和期望达到的效果，如图 1-2-2 所示。若是在正式的表达场合，如汇报或讲座，并且听众对内容尚不熟悉，此时宜从大娃往小娃说，以树立权威感和专业感。而在非正式的表达场合，若追求吸引力甚至趣味性，如在沙龙活动中分享品酒技巧，则不宜一开始就抛出大娃讲述宏观背景或主题，而应从小娃入手，如通过颜色判断酒的年代，以增强代入感。

图 1-2-2

四、疗效好

练习题目

请运用"套娃法"聊一聊口才提升能给我们的生活带来的益处。

方法二

景别法

一、诊断室

在生活与职场中，许多人都有过这样的经历：临时扮演导游的角色，为朋友介绍景点或为领导讲解展馆中的展品。这样的场合对解说能力有着极高的要求。若准备不充分或缺乏结构化表达能力，讲解内容可能显得碎片化，前后内容关联性不强，使听众无法形成清晰完整的空间印象。

例如，我的一位朋友见我发布了在太原的朋友圈定位，便热情地邀请我参观他家乡的著名景点——乔家大院，并主动担任起导游的角色。他激动地介绍："快看！张艺谋的电影《大红灯笼高高挂》就是在这里拍摄的！你看这个镜子可值钱了，听说价值300多万元呢，叫犀牛望月镜！这个灯是慈禧逃难的时候赐给乔家的，尽显皇家气派呀！你知道吗，这个院子的设计很讲究，从高空看是一个双喜形状的。"

尽管他情绪高涨，但讲解内容却显得散乱且笼统。我听后仅留下乔家宝贝众多的印象，而对于乔家大院的文化背景及这些文物的历史价值，我并未从他的讲解中得知。

于是，在回程的路上，我通过短视频平台自行搜索，发现一个点赞量颇高的博主。他用不到3分钟的时间便清晰明了地介绍了乔家大院。他提到乔家从卖豆腐起家，发展成为晚清巨富；乔家大院建于1756年，共有313间房屋；从高空俯瞰，大院外观的布局构成了一个大吉大利的双喜字。他还详细描述了电影《大红灯笼高高挂》的取景地、犀牛望月镜的寓意及组成、九龙灯的历史价值以及乔家大院所蕴含的晋商文化、家国文化、家规家训等。这样的解说令人仿佛身临其境，专业程度远超业余介绍。

接下来，我们将通过"景别法"来打破这一解说壁垒。

二、特效药

"景别"是摄影与摄像中常用的专业术语，也是我们日常使用手机拍照或录像时常用的构图手法。景别的划分一般可分为五种，由远至近可概括为远景、全景、中景、近景、特写。

远景展现被摄体所处的环境；全景呈现人体的全部和周围部分环境；中景聚焦人体膝部以上的部分；近景则突显人体胸部以上的区域；特写则细致入微地展示人体肩部以上的细节。

运用"景别法"由远及近或从整体到局部地介绍景点或事物，能够赋予解说以强烈的镜头感，同时使逻辑更加清晰。

以乔家大院为例，我们可以这样运用景别法。

远景：乔家大院气势恢宏，共有 313 间房屋。从高空俯瞰，其布局宛如一个双喜字，寓意着大吉大利。

全景：步入大院，映入眼帘的是电影《大红灯笼高高挂》的取景地。如今这里已成为网红打卡点。

中景：房间内陈列着珍贵的犀牛望月镜。一眼望去，仿佛能看到一头犀牛正凝望着天上的明月。

近景：犀牛望月镜由三个部分组成：上面的圆镜象征月亮，中间是祥云图案，下方则是一头回首望月的犀牛。犀牛的谐音为"喜牛"，寓意着喜从天降。

特写：九龙灯作为乔家大院的另一件国宝级孤品，其设计精巧绝伦。灯身上下各有四条龙，组成一个万字形图案。最下方的龙头朝下，可以随意转动和伸缩。灯笼部分四面装有镜子和四幅山水画。当点上蜡烛时，灯光通过镜子的反射和折射，使整个屋内灯火通明。

此外，在介绍乔家大院时，我们还应强调其背后的晋商文化、家国文化和家规家训，这些才是乔家大院在众多大院中脱颖而出的人文气息所在。

三、案例多

许多经典文章都会用"景别法"来写景。例如，约翰娜·斯比丽的作品《小海蒂》。

远景："不久，他们便抵达了牧场。小海蒂先把医生带到她最常去的地方，因为那里的景色最美了。站在那里，他们可以俯瞰山谷中葱郁的树木，仰望山顶熠熠生辉的积雪。远处的两座山峰巍峨挺拔，顶端已隐入云雾之中。"这段话从远处描绘了牧场的美丽景色，树木、积雪和山峰共同构成了一幅壮丽的画面。

全景："小海蒂拉着克雷森医生在绿毯子式的草地上坐了下来。"这句话以全景的视角展现了温馨的场景，仿佛一幅美丽的画卷。

近景："晨风轻拂，温柔地亲吻着尚未凋零的几朵小花。它们在风中摇曳生姿，宛如舞者。鸟儿们悠然自得，扑棱着翅膀，轻轻地从他们头顶掠过。"这段话通过近景的描写，进一步展现了牧场上和谐的自然景观，风儿、花儿和鸟儿共同构成了一幅生动的画面。

特写："牧场上静悄悄的，只有羊儿们脖子上的小铃铛发出叮当作响的声音。"这句话以特写的手法，通过听觉角度描绘了羊儿脖子上的小铃铛，使整个场景更加生动且富有动态感。

很多写景的古诗也恰到好处地运用了"景别法"。例如，贺知章的《咏柳》：

"碧玉妆成一树高，万条垂下绿丝绦。不知细叶谁裁出，二月春风似剪刀。"

这首诗中，作者通过远景、近景和特写的景别转换，将柳树的全貌、局部和细节展现得淋漓尽致。同时，结合作者的内心感受，使整首诗充满了画面感和情感色彩。

在跟随经典学习表达的过程中，我们不难发现，方法就如同"招式"；丰富的词汇积累则是"内功"；而对生活的细心感受则是"心法"。三者相辅相成，共同构成了我们提升表达能力的关键要素。

四、疗效好

练习题目

请运用"景别法"，描述一个自己去过并且喜爱的旅游景点，或者描述一下自己家乡的景色。

第三计

时间
有序

方法一　抽刀断水法
方法二　烤肠法

方法一

抽刀断水法

一、诊断室

我们常说时间如流水，这是因为时间与流水在某种特性上有着惊人的相似之处。它们都是持续不断且永不停歇的。我们无法阻止时间的流逝，正如无法阻止水的流动。在日复一日的生活中，总有一些人或事在某个特定的时刻深深地印刻在我们的心中，久久难以忘怀。因此，我们总是用回忆来纪念那些特殊的日子和时刻，使它们与其他平凡的日子和时刻区别开来。然而，无论我们多么渴望冻结那些美好的时光，都无法阻挡时间的流逝，正如抽刀断水水更流。在讲述故事时，时光的滤镜往往赋予了故事独特的魅力。若去掉这层滤镜，平铺直叙地讲述，故事往往会显得平淡无奇。以诗仙李白的生平为例，如果仅按照时间顺序和客观事实来叙述，那么他的故事可能就像百科全书中的人物生平简介一样，虽然理性客观，但缺乏情感色彩。

然而，当电影《长安三万里》通过高适的回忆视角来讲述李白的故事时，观众就能够深切地感受到李白的见识、热情和胸怀。影片通过高适的回忆，将李白的生平事迹和情感经历巧妙地穿插在一起，使整个故事更加生动、感人。

因此，在讲述故事时，我们可以学习这种打破原有时间线、插入回忆的方式，以增强故事的情感穿透力。为了让读者能够有法可依，我为大家介绍一种实用的方法——"抽刀断水法"。

二、特效药

"抽刀断水法"是一种有效的故事讲述技巧，共分为三步，如图 1-3-1 所示。

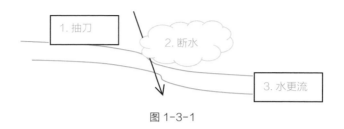

图 1-3-1

第一步：抽刀

这一步是断水前的准备，即在打破原本的线性叙述之前先清晰地描述现状，为引发回忆做好铺垫。例如，在电影《长安三万里》的开头，高适遭遇敌军围攻退到泸水关，这一场景为接下来他回忆起与李白相遇的往事提供了背景信息。

第二步：断水

通过一个简短的过渡语，引出一段往事。在回忆的时刻，仿佛水流中断、时间静止。例如，《长安三万里》中通过"那是两人初相逢时的李白"这样的过渡语，将观众带到高适与李白相遇的回忆中。

第三步：水更流

在停止回忆后，回到现实，继续讲述当下的故事发展，或者揭示回忆对人物心态的影响。在《长安三万里》的结尾部分，镜头切回到现实时空，展现了高适如何运用从李白那里学到的智慧来应对现实生活中的挑战。

三、案例多

许多经典的影视作品和文学作品之所以深受观众喜爱，正是因为它们巧妙地运用了"抽刀断水法"。该方法不仅让故事的主题得以升华，还使情感表达更加饱满。

以电影《无问西东》为例，影片通过跨越不同时空的校友故事，展现了每个人在面临选择时内心的挣扎与成长。这种时空交错的叙事方式，使观众能够更深入理解每个角色的心路历程，并对"只问初心，无问西东"的主题产生强烈的共鸣。

此外，《百年孤独》中的开篇句子也是一个经典的例子。通过"多年以后"和"总会想起"这两个时间点的跨越，作者成功地营造了一种时空交错的感觉，让读者在阅读之初就感受到了作品独特的魔幻现实风格。

四、疗效好

练习题目

请运用"抽刀断水法"聊一聊你对自己所了解的一部文学作品（诗词歌赋或者通俗文学）的理解。

方法二

烤肠法

一、诊断室

时间顺序，即依据事物发展过程的先后次序，对某一事物进行介绍的说明顺序。其应用范围极为广泛，因为任何事物的发展变化都离不开时间维度。然而，正因为时间顺序常与"时间"这一标签紧密相连，人们往往局限于在表达与时间紧密相关的内容时采用此种顺序。例如，在汇报当日工作计划时，我们会提及上午、下午、晚上的具体安排；在公布年度发展战略时，则会从四个季度进行阐述。但当表达的内容与时间的关联性不高时，我们往往忽略了这个简单而有效的表达逻辑。

曾有一次，我在课堂上要求一位茶艺师学员即兴分享关于泡茶的学问。我期望她能在熟悉的话题领域以清晰且有逻辑的方式表达。她当时的分享如下：

"泡茶时，宜使用矿泉水，以增添甘甜口感。水温的控制同样重要，一般绿茶以 80℃ 的水冲泡为宜，而乌龙茶或普洱茶则最好用沸水冲泡。此外，注水前应先温杯，这是非常关键的一步。许多人习惯先洗茶，却忽略了温杯，因而无法充分领略干茶的香气……至于其他学问，我再想一想……对了，晚上睡前应避免饮用咖啡因含量较高的茶，如红茶或绿茶，以免影响睡眠。"

我听完她的分享后评价道："你的内容准备得很充分，但缺少了逻辑的串联。现在，你尝试运用时间顺序的方法重新表述一遍，让我们听听效果是否更佳。"

随后，她按照时间顺序进行了如下表述：

"泡茶的学问颇为深厚，我将从两个方面与大家分享。其一是使用盖碗泡茶的步骤，其二是关于一天中不同时间段适宜饮用的茶类。

首先，让我们来探讨如何使用盖碗泡茶。首要步骤是用热水温杯，这不仅有助于清洁茶具，还能更好地激发茶香。接着，根据盖碗的大小投入适量的茶叶。此时可以揭开盖子，细细嗅闻干茶的香气。随后，冲入沸水，建议使用矿泉水以增添甘甜。水温的控制也很重要，绿茶通常以80℃的水温冲泡，而乌龙茶或普洱茶则适宜用100℃的沸水冲泡。最后，将茶汤倒入公道杯中，再分至品茗杯中饮用。随着冲泡次数的增加，需要适当延长出汤的时间。

接下来，我们谈谈一天中不同时间段适合饮用的茶类。9:00至11:00适宜品饮红茶。红茶能促进血液循环，驱散寒气且提神醒脑，非常适合上午工作时饮用。13:00至16:00适宜品饮绿茶。这段时间人们容易感到困倦和疲劳，一杯绿茶不仅能降低血脂，还能消除疲劳。而到了18:00至20:00，应避免饮用咖啡因含量较高的红茶和绿茶，黑茶则是更好的选择，它能暖胃助消化且不影响睡眠。

感谢大家的聆听，以上便是我分享的关于泡茶的两个方面的学问。"

她这次的表达逻辑清晰，赢得了大家的热烈掌声。从这个案例中我们不难发现，将时间顺序应用于即兴口语表达中，能够将原本散乱的内容紧密地串联起来，不仅使讲述者表达有序，也让听众能够形成整体的认知。本节的"烤肠法"旨在帮助大家更生动形象地运用时间顺序，使表达更加得心应手。

二、特效药

"烤肠法"作为一种有效的表达方法，主要分为以下三个步骤。

第一步：选肠

根据不同的时间顺序，选择合适的"火腿肠"类型。最常用的有以下四类，见表1-3-1。

表 1-3-1

品类	功能	配方
一事火腿肠	清晰阐述事件的始末	首先—其次—再次—最后
一天火腿肠	按时间顺序叙述一天的经过	上午—下午—晚上
一周火腿肠	按时间顺序叙述一周的经过	前天—昨天—今天—明天
一年火腿肠	介绍一年的变化，按四季顺序	春季—夏季—秋季—冬季

第二步：切肠

根据内容需要，按照"配方"将火腿肠切成相应的段落。当讲述"如何用盖碗泡茶"时，我们选择"一事火腿肠"，将其切分为四个段落：首先是温杯，其次是投茶，再次是冲泡，最后是倒茶，如图 1-3-2 所示。

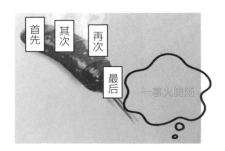

图 1-3-2

而在讲述"一天中不同时间段喝什么类型的茶"时，我们则选择"一天火腿肠"，将其切分为三个段落：上午适宜喝红茶，下午适宜喝绿茶，晚上则适宜喝黑茶，如图 1-3-3 所示。

图 1-3-3

若想进一步应用"一年火腿肠"，我们还可以将泡茶的学问扩展至一年四季适宜的喝茶品类，如"春饮花茶夏饮绿，秋饮青茶冬饮红"，如图 1-3-4 所示。

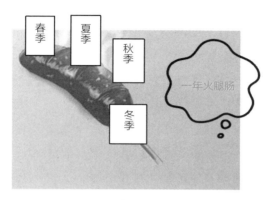

图 1-3-4

第三步：烤肠

在此步骤中，我们将"五感"，即视觉、听觉、味觉、触觉和嗅觉作为"佐料"，加至"烤肠"上。如果仅满足于简单描述事件过程，那么在第二步完成后即可算作完成介绍。然而，若想使内容更加生动有趣，则需增加第三步"烤肠"。

例如，在案例中提到的"嗅闻干茶的香气""用矿泉水会更甘甜"等细节描述，便是通过"五感"来丰富表达内容，使听众能够更加深入地感受到泡茶的学问和品茶的乐趣。

综上所述，"烤肠法"通过三个步骤——选肠、切肠和烤肠，帮助我们在表达时更加有条理、有重点，同时运用"五感"来增强表达的生动性和感染力。

三、案例多

"烤肠法"在诸多经典的文学作品和影视作品中均有体现。以丰子恺先生的经典之作《梧桐树》为例，我们节选了部分内容，共同感受其魅力。

"当春尽夏初，我眼见新桐初乳的光景。那些嫩黄的小叶子一簇簇地顶在秃枝头上，宛如一盏盏树灯，又似小学生的剪贴图案，布置得既均匀又充满童趣。植物的生叶方式，也各有千秋：有的通过新陈代谢，悄然换去青黄，而不为人所觉；有的则循序渐进，使人不觉其由秃枝渐变为绿叶。然而，梧桐树的生叶方式，虽技巧稍显拙劣，但其态度却最为坦诚。它们的枝头稀疏而粗壮，叶子平展而宽大。一旦叶子生长，整棵树便焕然一新。

至夏日炎炎，我又目睹了绿叶成荫的景致。那些形如团扇的叶片，长得密密匝匝，望去不见一丝缝隙，宛如一道大绿障；又似图案画中的巍峨青山。在我所熟悉的庭院植物中，叶子之大，除了芭蕉，恐怕无有能及梧桐的。芭蕉叶虽大，但数量不多；那丁香结要过数日才展开一片叶子，全树的叶子寥寥无几。梧桐叶虽不及芭蕉大，但数量众多。那形如猪耳朵的叶子，层层叠叠地悬挂着，从低枝一直挂到树顶。窗前摆着几枝梧桐，我觉得绿意盎然，实在令人心旷神怡。古人云'芭蕉分绿上窗纱'，其眼界未免过于狭隘，仅见阶前窗下之景而已。若登楼远眺，芭蕉便落入眼底，应见'梧桐分绿上窗纱'之景了。

一个月以来，我又目睹了梧桐叶落的情景……这不禁使我想起了古人的诗句：'高高山头树，风吹叶落去。一去数千里，何当还故处？'如今，即便要搜集它们所有的落叶，使它们重新变绿，重返故枝，恢复夏日的光景，即使借助世间一切支配者的势力和一切机械的效能，也是无法实现的了！"

丰子恺先生对梧桐树的讲述，正是运用了"一年火腿肠"的叙述方式，按照时间顺序将内容切分为"春尽夏初""夏日炎炎"和"一个月以来"三个阶段，并主要借助视觉这一感官来增添叙述的生动性，使文章结构清晰，叙述形象生动。

四、疗效好

请运用"烤肠法",说说自己难忘的一次经历。

第四计

空间
有序

方法一　五花肉法
方法二　3W+XYZ 法

方法一

五花肉法

一、诊断室

一提到本节所介绍的"五花肉法"，许多人或许会联想到烧烤时那香气四溢的场景。的确，这一方法的功能就在于让你的语言表达富有韵味和吸引力。

"五花肉法"特别适用于景物描述，因为很多人并不擅长将风景或景点讲述得生动形象，其表达往往如同一块缺乏滋味的"纯瘦肉"。例如，这样的描述：

"我们家附近有一个公园，每到荷花盛开的季节，我总是喜欢站在荷塘边欣赏那一朵朵盛开的荷花。粉色的荷花美丽动人，在绿叶的映衬下令人陶醉。荷花为池塘增添了生机，也让我们在欣赏它时得以获得片刻的宁静。"

虽然上述描述具有画面感，但看后仍觉得缺少一些心灵的触动和深度。试想，若能在赞美荷花的美丽之余加入一些与荷花相关的诗句或故事，效果是否会更佳？

例如，在赞美荷花迷人之后，可以加上一句：

"这不正是宋代诗人杨万里的名句'接天莲叶无穷碧，映日荷花别样红'的生动写照吗？"

或者，可以触动关于童年的回忆，联想到"池塘边的榕树下，知了吱吱叫的那个夏天"。

朱自清的《荷塘月色》便是一个很好的例子。他在描述景物后加入了触景生情的回忆，使得内容别具一格、充满韵味。例如节选的这一段：

"荷塘的四面，远远近近，高高低低都是树，而杨柳最多。这些树将一片荷塘重重围住；只在小路一旁，漏着几段空隙，像是特为月光留下的。树色一例是阴阴的，乍看像一团烟雾；但杨柳的丰姿，便在烟雾里也辨得出。树梢上隐隐约约的是一带远山，只有些大意罢了。树缝里也漏着一两点路灯光，没精打采的，是渴睡人的眼。这时候最热闹的，要数树上的蝉声与水里的蛙声；但热闹是它们的，我什么也没有。

忽然想起采莲的事情来了。采莲是江南的旧俗，似乎很早就有，而六朝时为盛；从诗歌里可以约略知道。采莲的是少年的女子，她们是荡着小船，唱着艳歌去的。采莲人不用说很多，还有看采莲的人。那是一个热闹的季节，也是一个风流的季节。梁元帝《采莲赋》里说得好：于是妖童媛女，荡舟心许；鹢首徐回，兼传羽杯；棹将移而藻挂，船欲动而萍开。尔其纤腰束素，迁延顾步；夏始春余，叶嫩花初，恐沾裳而浅笑，畏倾船而敛裾。"

正是因为在景物描述中穿插了这些趣事、典故和活动，才使内容焕发生机与活力。

二、特效药

"五花肉法"分为以下三个步骤，如图 1-4-1 所示。

第一步：分层

首先，你要确定"五花肉法"一共分为几层，即在表达之前应明确要抓住哪几处景观来重点描述。接下来，进行肥瘦相间的分层描述——一层"瘦肉"与一层"肥肉"的组合。

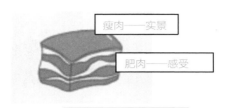

图 1-4-1

第二步：确定"瘦肉"

"瘦肉"即为景物描述，需要移步换景，沿着清晰的游览路线讲述沿途所见的风景。

例如，在《荷塘月色》中，以下段落即为实实在在的景物描述，即"瘦肉"："荷塘的四面，远远近近，高高低低都是树，而杨柳最多。这些树将一片荷塘重重围住。"

第三步：确定"肥肉"

"肥肉"指的是故事或活动，即在介绍景物之后穿插一些有趣的背景故事或诗词典故以凸显人文色彩。

例如，在《荷塘月色》中，在景物描述之后，作者展开了回忆并引经据典：

"忽然想起采莲的事情来了。采莲是江南的旧俗……梁元帝《采莲赋》里说得好：

于是妖童媛女，荡舟心许；鹢首徐回，兼传羽杯……"

这样的描述不仅展现了景物的美丽，更赋予了其深厚的人文内涵，使内容更加丰富多彩。

三、案例多

在诸多佳作中，景物的介绍常采用"五花肉法"，即在景物描述中穿插感受与背景故事，使内容更为丰富和动人。例如，白居易的《大林寺桃花》便是一则经典案例：

"人间四月芳菲尽，山寺桃花始盛开。长恨春归无觅处，不知转入此中来。"

在"五花肉法"中，我们强调："瘦肉"即为景物描述，是对具体看到风景的描绘。在这首诗中，前两句便属于"瘦肉"——农历四月，山下桃花已凋谢，而山上寺庙旁的桃花却刚刚绽放，展现出了不同地域、不同时节的景色变化。

随后，诗中的后两句则构成了有滋有味的"肥肉"，表达了诗人的心情和感受。诗人原本因春天即将结束而懊恼不已，却意外在山中与桃花不期而遇，心中涌起了欣喜与赞叹之情。这种肥瘦相间的叙述方式使景物之中融入了情感，情景交融，更加动人。

四、疗效好

练习题目

请运用"五花肉法"，描述一个"非物质文化遗产"的特色。

3W+XYZ 法

方法二

一、诊断室

你以为"3W+XYZ"仅仅是一组公式吗？实则不然，它是一套锻炼空间逻辑思维的有效方法。在播音主持专业中，老师通过现场报道的方式锻炼学生的口语表达能力。现场报道，即在新闻事件发生的现场，记者手持话筒向观众口头叙述事件的发展，并通过镜头展示现场动态与环境。在自媒体时代，现场报道的应用愈发广泛，无论是美食博主探店，还是路人拍摄的路况信息与突发事件，或是活动现场直播解说，均可见其身影。

现场报道的核心在于凸显"我在现场"的真实感，需要融入环境，传达出亲历现场的体验。缺乏真实感受的语言传递会使现场的感染力大打折扣。以下是一个现场报道的实例：

"观众朋友们大家好，我现在身处哈尔滨冰雪大世界的门前。尽管时间尚早，才晚上 6 点钟，但哈尔滨的天已是一片漆黑。此刻，我将带领大家一探冰雪大世界的瑰丽景色！瞧，这里的美景真是令人叹为观止，晶莹剔透的冰景在灯光的映照下五光十色，仿佛置身于童话世界。众多游客也被这晶莹璀璨的美景震撼。"

上述报道是否充分展现了冰雪大世界的魅力呢？让我们来优化一下：

"观众朋友们大家好，此刻我正站在哈尔滨冰雪大世界的门前。尽管才晚上 6 点钟，哈尔滨的天已漆黑如墨，但这里的热情与美丽却早已点亮了整个世界。

一踏入冰雪大世界，我便被眼前的景象深深吸引。四周的冰雕晶莹剔透，它们在灯光的映衬下熠熠生辉，让我们仿佛置身于一个梦幻般的童话世界。

大家看，镜头中的这些游客，他们有的来自广州，有的来自香港，远道而来只为目睹这冰雪奇观。我好奇地询问其中一位游客，为何如此着迷于冰雪大世界。他告诉我，是因为在春节联欢晚会上看到了作为分会场的哈尔滨冰雪大世界的惊艳画面，被其深深吸引。

现在，我带大家前往一个备受瞩目的项目——冰滑梯。大家通过镜头可以看到排队的人络绎不绝。这个冰滑梯不仅高而且长，我亲手触摸，确实是由纯冰打造，冰凉透骨。尽管哈尔滨的冬天寒冷刺骨，但此刻的我却热血沸腾，手心都出汗了。这里除了冰滑梯，还有许多其他精彩的项目等待大家去探索。好了，我要去体验冰滑梯了，其他的项目就留给大家亲自来探索吧！相信你们一定会被冰雪大世界的魅力折服。"

接下来，让我们揭晓现场报道的极简公式——"3W+XYZ"，它可助你一臂之力，将生活中的所见所闻所感报道得条理清晰且代入感强烈。

二、特效药

现在，我将为你详细解读"3W+XYZ 法"。

3W，即 When（时间）、Where（地点）、What（事件）的缩写，指的是此时此地正在发生什么事件。以之前的案例为例："观众朋友们大家好，此刻我正站在哈尔滨冰雪大世界的门前。尽管才晚上 6 点钟，哈尔滨的天已漆黑如墨，但这里的热情与美丽却早已点亮了整个世界。"

那么，上面案例中的 XYZ 又是什么呢？

X 代表现场描述，即描述观众通过镜头能看到的画面。例如："大家通过镜头可以看到排队的人络绎不绝。这个冰滑梯不仅高而且长，我亲手触摸，确实是由纯冰打造，冰凉透骨。"

Y代表已知信息，即传达通过采访或网上攻略获取的信息，作为增量信息帮助观众更好地理解现场情况。例如："镜头中的这些游客……远道而来只为目睹这冰雪奇观。我好奇地询问其中一位游客……他告诉我，是因为在春节联欢晚会上看到了作为分会场的哈尔滨冰雪大世界的惊艳画面，被其深深吸引。"

Z代表总结感受，即向观众传达自己亲临现场的体验、感受或安全提示。例如："尽管哈尔滨的冬天寒冷刺骨，但此刻的我却热血沸腾，手心都出汗了。这里除了冰滑梯，还有许多其他精彩的项目等待大家去探索……相信你们一定会被冰雪大世界的魅力折服。"

为了便于你在初学阶段能够动笔写出提纲，我为你准备了话术和模板：

3W+XYZ现场报道模板：

【时间、地点、事件】观众朋友们大家好，现在是北京时间＿＿＿＿，我所在的位置是＿＿＿＿，此时此刻正在发生＿＿＿＿。

【现场描述（X）】通过镜头你可以看到，在我身后的＿＿＿＿。镜头推进，你可以看到＿＿＿＿。

【已知信息（Y）】据我所知或＿＿＿＿告诉我，＿＿＿＿。

【总结感受（Z）】虽然＿＿＿＿，但是＿＿＿＿。我还是＿＿＿＿。好的，主持人，以上就是前方记者＿＿＿＿为你发来的现场报道。

3W+XYZ现场报道脚本，见表1-4-1。

表1-4-1

时间	地点	事件	现场描述	已知信息	总结感受

通过运用"3W+XYZ 法",你能够更加清晰、有条理地报道现场情况,并增强观众的代入感和体验感。希望这个方法能对你的语言思维学习有所帮助。

三、案例多

在媒体行业中,精彩的现场报道往往能够深入人心,其中,2018 年汶川大地震 10 周年重返现场的报道便是一个典范。记者蒋林在这次报道中巧妙地运用了"3W+XYZ 法",为观众带来了深入而感人的现场描述。

报道伊始,蒋林便直接从"XYZ"讲起,为观众描绘了震后 10 年的汶川新貌。他提到:"10 年过去,我们再来到汶川地震的重灾区,首先看到的是人们生活状态的恢复。我现在所在的映秀新城镇,受灾的重建工作早已完成。而如今,我们更加关注的是大家心理上的重建,以及生活状态和生活方式的重塑。"

在"现场描述(X)"环节,蒋林通过细腻的观察和生动的语言将观众带入了震后的汶川。他描述道:"在我身后的这些山脉,地震后都留下了大大小小的创伤,山石裸露。然而 10 年过去,我们看到的是满眼的苍翠植被在逐渐恢复。这满眼的绿色或许正是我们心中的伤口在逐渐恢复的一种表现。"

在"已知信息(Y)"环节,蒋林为观众提供了关于汶川地震的重要数据:"汶川地震共造成近 7000 人出现不同程度的伤残,甚至严重的肢体残疾。"这一数据让人倍感震后的创伤之深。

最后,在"总结感受(Z)"部分,蒋林表达了对灾区未来的关切与祝福:"10 年回望,这不应是我们关心和帮助的终点。相反,我们应继续为这些伤残者规划好未来,让他们的生活更加有保障。我们将继续陪伴灾区民众度过每一天,共同迎接更美好的明天。"

通过这次报道,我们可以看到"3W+XYZ 法"的实际应用效果。蒋林通过关键词法、打比方和讲故事等技巧,将抽象的信息变得生动形象,让观众能够身临其境地感受震后汶川的变化与重生。

四、疗效好

请运用"3W+XYZ 法",聊聊你最喜爱的一档视频节目。

第五计

因果
有序

方法一　PREP 法
方法二　黄金圈法

PREP 法

一、诊断室

当提到"PREP 法"时，有些人可能会感到有些陌生和担忧。但实际上，这个方法非常经典且易于掌握。一旦你熟练地在即兴口语中运用这个逻辑阐述观点，那么你的表达就会显得因果有序、有理有据。让我们通过一个对比感受一下因果有序的重要性。

话题："谈一谈你最喜欢的主持人是谁？"

版本一："我最喜欢的主持人是汪涵。我上学的时候每周都看《天天向上》这个节目，所以我对这个节目的主持人汪涵非常熟悉，我很喜欢他。"

在版本一中，尽管回答者提到了对汪涵的熟悉和喜欢，但并未明确阐述喜欢的原因，这使回答显得不够充分和有力。熟悉并不等同于喜欢，因此我们需要进一步探究喜欢汪涵的真正理由。

版本二："我最喜欢的主持人是汪涵。我之所以喜欢他，原因有二：首先，他文化底蕴深厚，常常能出口成章；其次，他乐于助人。举个例子，有一次演员刘涛在丹麦丢失了贵重的礼服饰品，非常着急。汪涵得知此事后，立即通过微博联系丹麦的朋友帮忙寻找，最终帮助刘涛找回了失物。这件事让我深刻感受到汪涵的助人为乐精神，这也是我喜欢他的主要原因。我希望能向他学习，力所能及地帮助身边的人。"

在版本二中，回答者通过"PREP 法"清晰地阐述了喜欢汪涵的原因，不仅理由明确，还通过具体事例加以强化，使表达更加有力。

二、特效药

"PREP 法"是一种能够让你在短时间内将话语表达得逻辑清晰、因果有序的强效工具。

"PREP"是四个英文单词的缩写，它们分别代表：

P（Point）——亮出观点；

R（Reason）——阐明原因。

E（Example）——举例证明。

P（Point）——观点升华。

在上文的版本二中，我们就已经看到了"PREP 法"的运用：

P——亮出观点："我最喜欢的主持人是汪涵。"

R——阐明原因："我之所以喜欢他，原因有二……"

E——举例证明："举个例子，有一次演员刘涛……"

P——观点升华："这也是我喜欢他的主要原因。我希望能向他学习……"

三、案例多

在《奇葩说》的一期节目中，辩题是"如果美术馆着火，是救画还是救猫？"。其中，辩手黄执中的一段陈述展现出了清晰的逻辑和深远的见识，赢得了现场观众的广泛认可。他的陈述也充分运用了"PREP 法"。他的持方是"救画"，逻辑架构如下。

P——亮出观点："人的同理心范围的大小与对这个世界的认知高低有关。"

R——阐明原因："只有对世界有深刻认识的人才能做到人饥己饥，人溺己溺。"

E——举例证明："小学生们无法理解朱自清的《背影》中的伤感，因为其听不到更遥远的哭声。同样，有些人对名画没有感觉，却对猫的叫声心生怜悯。"

P——观点升华："随着对世界的认知提高，我们能听到的哭声也会变得更遥远。"

下面，让我们来看一下黄执中的现场表达：

"我们要了解人的同理心并非无边界，它的范围实际上与我们对这个世界的认知程度紧密相关。我们时常听到这样的故事，小学生在学习朱自清的《背影》一文时，会嘲笑胖子捡橘子的情节。这并不是因为他们冷血，而是因为他们的世界观还太狭窄，无法理解更深层次的情感。

同样，当面对美术馆着火这样的情境时，有些人可能会选择救猫，因为他们被猫的叫声所触动，这触发了他们最本能的反应。而对于那些名画，如八大山人的作品，他们可能毫无感觉，甚至不知道其价值所在。这并不是因为他们缺乏同情心，而是因为他们还没有听到那些更遥远的哭声。

今天的这个辩题实际上是对我们认知世界的一个考验。如果你只能听到猫的哭声，而无法理解名画的价值，那么你可能会选择救猫。但如果你能理解名画所代表的文化和历史价值，那么你就会选择救画。这并不是因为你对猫缺乏同情，而是因为你的世界观已经扩展到了能够听到更遥远的哭声。

因此，我想说，随着我们对世界的认知不断提高，我们所能听到的哭声也会变得越来越遥远。这意味着我们的同理心范围在不断扩大，我们的心灵在不断成长。"

四、疗效好

请运用"PREP 法",谈谈你对"人生处处是考场"这句话的理解。

方法二

黄金圈法

一、诊断室

在生活中，许多人热衷于传授生活小常识或有趣的知识，其初衷固然好，然而由于缺乏有效的语言表达技巧，直接给出方法和结果，往往难以引起听众的兴趣。

举例来说，一次聚餐时，我倒啤酒时用力过猛，导致杯中满是泡沫。此时，邻座的朋友开始向我传授倒酒的技巧："倒酒啊，其中有许多讲究，泡沫与酒的比例至关重要，有时是四六分，有时是三七分……"他的话还未说完，便被其他朋友打断。实际上，我对此颇为好奇，因为我一直未能掌握倒啤酒时合适的酒与泡沫的比例。然而，他一开始便直接讲述方法，未能激发其他人的好奇心，导致大家对他的讲解内容不感兴趣。

这正如一句俗语所言："价值不到，价格不报。"在直播中，我们常看到主播在推销产品时首先强调产品的重要性，再展示使用方法，最后才给出价格，并强调使用后的效果。若想让他人在3分钟内了解一个观点或事物，首先需用1分钟激发其好奇心，说明为何需要了解、倾听。因此，无论方法多么巧妙，都需要先揭示痛点和需求，激发听众的兴趣，这样才能使听众更好地接受所传达的内容。

当时，我注意到朋友在讲述倒啤酒的技巧时被打断，便思考如何改进。若他采用以下方式表达或许能吸引更多人聆听。

"倒啤酒看似简单，实则暗藏玄机，这一技巧鲜为人知。要想倒得漂亮，必须确保杯中泡沫适量。泡沫过多则酒少，泡沫过少则气氛不足。因此，倒酒时需掌握速度，先快后慢，使泡沫迅速充满杯中，再减缓速度，减少泡沫，增加酒量。此外，泡沫与酒的比例也有讲究。倒第一杯啤酒时，泡沫与酒的比例应为四六分，以营造饮酒的热烈氛围；随后可改为三七分，使饮酒更为实在。"

这样的表述更具吸引力。首先，它激发了听众的好奇心，使他们想要了解更多；其次，通过揭示鲜为人知的技巧，如"先快后慢"的倒酒方法和特定的比例，使听众觉得这段分享充满干货，值得一听。

二、特效药

你是否希望掌握这种深入人心的表达技巧？其实，这段表达正是运用了"黄金圈法"，如图 1-5-1 所示。

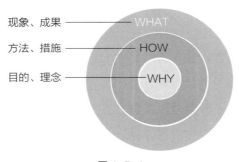

图 1-5-1

"黄金圈法"是一种思维模式，最早由 TED 演讲者西蒙·斯涅克（Simon Sinek）提出。它将思考和认识问题分为三个层次：最外层是事物的表象；中间层是实现目标的途径；最内层是做事的动机和目的。"黄金圈法"是一种极具说服力的表达方式，能够有效激发他人的倾听意愿。

还以如何倒啤酒的表达为例，我们可以进行如下拆解：

WHY（为什么要了解酒和泡沫的比例）：因为合适的泡沫比例既能保证饮酒

的舒适度，又能营造恰当的饮酒氛围，使饮酒过程更加愉悦。

HOW（如何做到比例合适）：倒酒时需掌握速度，先快后慢；同时，注意调整泡沫与酒的比例，先四六分，再三七分。

WHAT（这样做的结果是什么）：通过掌握这一技巧，我们可以更好地控制饮酒节奏，先享受热烈的饮酒氛围，再品味酒的醇厚。

为帮助你牢记"黄金圈法"，并优先阐述痛点、需求、目的和愿景，我总结了一个口诀："黄金圈，有三层，为何做，要先明。"希望这能对你有所帮助。

三、案例多

诸多经典的演讲与文章均采用了"黄金圈法"作为逻辑框架，层层递进、因果有序地传达观点。以《人生缘何不快乐，只因未读苏东坡》一文为例，其结构清晰，充分体现了"黄金圈法"的魅力。

开篇主题句鲜明地指出："这世上，只有一种成功，就是用自己喜欢的方式度过一生。"随后，文章从"为什么要深入了解苏东坡"入手，阐述了在这个喧嚣的时代，人们应如何追寻内心的声音，实现真正的自我。

在"为什么要深入了解苏东坡"的部分，作者通过引用苏轼的诗句，展现了其随性的生活方式和对生活的热爱。同时，通过描述苏东坡在贬谪期间依然保持乐观、豁达的生活态度，进一步强调了其人格魅力。

接着，文章转入"如何向苏东坡学习"的层面，提出了"任性放下"的关键词。作者指出，苏东坡的"任性"是随性随缘、无所约束，而"放下"则使他能够超脱世俗，拥有更加广阔的视野。

最后，在"向苏东坡学习的价值是什么"部分，文章引用了林语堂的评价，强调了苏东坡在生活中的丰富精彩和善于发掘快乐的能力。文章紧扣主题，得出结论："发现快乐和制造快乐是人生最重要的能力。"

四、疗效好

请运用"黄金圈法"，推荐一款你喜欢的产品。

第六计

表里
有序

方法一　荔枝法
方法二　种子法

方法一

荔枝法

一、诊断室

"荔枝法"实为一种高效且低门槛的思维方法，其易于理解的特点使得即便是初次接触的人也能迅速掌握。而它的潜力无限则体现在能够不断深化和提高思考者的思维深度。此方法主要解决的问题是思考问题的角度过于肤浅，仅停留在现象表面。以我曾在课堂上给学员们布置的一道即兴评述热点话题为例："请你谈一谈明星学术造假的行为。"学生们最初的回答大多停留在表面，例如："公众人物要树立榜样的力量，做人要诚实守信。"这些观点虽不失为一种初步认识，但随着对语言逻辑思维的学习深入，我们需要进一步挖掘背后的深层原因。

正如电影《教父》中的经典台词所言："在 1 秒钟内看到本质的人，和花半辈子也看不清一件事本质的人，自然是不一样的命运。"因此，我们需要一种方法，能够拨开表层的假象，洞察事物的本质。此时，"荔枝法"便派上了用场。

学员们在掌握"荔枝法"后，便能由表及里地看待问题，从而做出如下更为深刻的评论。

"表面上看，明星学术造假的行为似乎是因为他们过于看重学历和名气，而忽视了诚信和人品。然而，这一行为不仅关乎个人的诚信问题，更涉及整个社会的公平问题。我们必须一视同仁地对待所有考生，怎么能因为明星的身份就给予特殊待遇呢？这对那些寒窗苦读的学生来说，显然是不公平的。此次事件也警示我们，学历虽重要，但道德品质更为关键。一个诚实的人，其诚信的镜子一旦打碎，便再也无法重圆。"

从"教育公平"的角度来评论，显然比单纯的"诚实守信"观点更具深度。这是因为这种分析方式实现了从直接原因到根本原因的由表及里的转化。

二、特效药

"荔枝法"的实施步骤如图 1-6-1 所示。

表 → 里

扒皮 → 吃肉 → 吐核

1.扒皮:
从表面看因为什么?

2.吃肉:
可是实质问题又是什么?

3.吐核:
归根到底应该怎么处理?

图 1-6-1

第一步：扒皮

分析事件表面现象的原因。例如："明星学术造假的行为，表面上看来是因为他们将学历和名气置于诚信和人品之上。"

第二步：吃肉

深入剖析事件所反映的实质问题。例如："然而，这一行为不仅暴露了个人诚信的缺失，更凸显了对社会公平性的挑战。我们必须对所有考生一视同仁，不应给予明星特殊待遇。"

第三步：吐核

对于负面事件，提出应当摒弃的观念或行为；对于正面事件，则强调应继续坚持和发扬的正向价值观。例如："此次事件警示我们，必须摒弃那种只看重人设而忽视人品的观念。因为人设可能短暂闪耀，但人品才是长久之道。最近，多位明星因德不配位而名誉扫地，这充分说明了'人设易立，人品难求'的道理。因此，我们要强调，比起追求学霸人设，更重要的是诚信做人。信任的镜子一旦破碎，便再也无法复原。"

小提示　在"扒皮"阶段，应迅速概述表面现象，为后续深入分析做好铺垫。若认为"吃肉"阶段所反映的实质问题更为重要，可在"吐核"阶段采用"PREP 法"进行更为详细的论述。

三、案例多

白岩松老师的演讲和著作总能为我们带来深刻的启示，其根本原因就在于他善于透过现象看本质，言简意赅地指出问题的核心。这种洞察力与表达能力使他的每一次演讲和每一本著作都能给观众和读者带来醍醐灌顶的感觉。

例如，在暨南大学白岩松老师以"主持是技术，人是内容"为核心发表演讲：

"现在，我看到许多年轻的同行在主持时更多的是在学习技术，专注于主持技巧的提升。但恕我直言，技术的门槛已经越来越低，如同知识的门槛一样。过去，我们称赞知识分子，因为知识掌握在他们手中，知识就是力量。但如今我认为知识不再是力量，智慧才是。为什么？因为知识已经变得随处可见，老师讲到三点，学生就已经在网络上搜索到八点。然而，许多人误将知识等同于智慧，这是错误的。我期待未来我们不再称呼他们为知识分子，而是智慧分子。那么，我们应该教给大学毕业生什么呢？仅仅教授知识吗？这恐怕越来越难。我们应该教他们智慧、思考的方向和思维方式。这一点，我认为尤为重要。你们会发现，现在的年轻人每天都在追求'新'，但在写作时却显得力不从心。"

这段演讲极具深度和力量，白岩松老师运用层层深入的逻辑，使观点触动人心。下面，我将运用"荔枝法"解析这一观点的深入过程。

第一步：扒皮——探讨表层现象

从表面上看，主持的教学似乎主要聚焦于技术的传授。

第二步：吃肉——深入剖析实质问题

然而实质上，随着时代的发展，主持技术的门槛已经逐渐降低，而真正的核心在于智慧的积累与运用。

第三步：吐核——提出解决方案

因此，在教学过程中，我们应当更加注重智慧的传授，引导学生明确方向，培养他们的思维方式。

四、疗效好

练习题目

请运用"荔枝法"，谈谈你对"保护环境，人人有责"这句话的理解。

方法二

种子法

一、诊断室

尽管"情不知所起，一往而深"的感性表述充满了诗意之美，而"打破砂锅问到底"的理性思考则显得颇为费神，但我们仍应致力于培养由表及里的思考方式。每一个被誉为"人间清醒"的人都具备一项卓越的能力：能够透过纷繁复杂的表象洞察事物的本质。

在教学实践中，我们同样需要坚持引导学生发展由表及里的深度思考力。在初级阶段，虽不期待他们能够对社会热点问题进行深入分析，但至少要求他们能够清晰地认识到自己对某一事物产生喜好的背后所隐藏的情感需求。因为在日常表达中，有太多需要他们表达自己情感的话题。如果缺乏由表及里的思考方式，他们只能停留在浅层的表面描述，而无法在语言中传达出触动他人的力量。

以"谈一谈我的心爱之物"为例，如果不经过深层地思考，追问自己究竟为什么喜欢这个事物，就很可能只是停留在表面的特征描述上。

"我的心爱之物是一组黏土小猫，它们可爱至极，色彩深灰，每一只都趣味盎然、姿态各异，有的静坐，有的舔爪，有的翻滚，我对它们喜爱有加。"

这样的表述仅停留在表面，只是对黏土小猫的外观进行了描述，并未体现出为什么它们能成为最心爱之物，因为可爱的事物不胜枚举，有趣的玩具也琳琅满目。正如我们可以喜欢听很多歌曲，但当我们谈及最喜欢的那首歌时，其吸引力绝不仅仅在于歌词优美或旋律动听，更在于歌曲所唤起的情感回忆和当时的心境。

以我个人为例，我非常喜欢林俊杰的歌曲。十多年过去了，每当《江南》的前奏响起，我都会回想起青春期听这首歌时的温柔与感伤："风到这里就是粘，粘住过客的思念。雨到了这里缠成线，缠着我们流连人世间……"实际上，当聆听一首经典老歌时，我们感受到的不再是歌曲本身，而是歌曲与自己脑海中的独特记忆，是我们寄托在歌曲中的情感需求。

因此，能成为我们的心爱之物，必然不仅仅是因为其外形可爱或功能有趣。通过深入追问，我们会发现这些物品之所以珍贵，是因为它们与我们共度了难忘的时光，我们对其寄托了真挚的情感。

将这种情感表达出来，便是一段触动人心的叙述。

"我的心爱之物是黏土小猫，它们不仅是我书桌上的小摆件，更是我情感的寄托。这组黏土小猫共有6只，形态各异，栩栩如生。它们对我有着特殊的意义，因为它们是10年前我的闺蜜送给我的生日礼物，而且是她亲手制作的。我和闺蜜自小便是好友，家住得也很近，经常一起玩耍、一同写作业。后来我搬家了，闺蜜为此十分难过。搬家那天，她特地赶来，将这些黏土小猫送给我，并告诉我这是她提前为我准备的生日礼物。

搬到新家后，我仔细端详着这些黏土小猫，惊讶于她的手艺。我的闺蜜平素并不擅长手工制作，连制作一张贺卡都颇为费劲，不知她花费了多少心思和时间才捏出了这6只小猫。

时光荏苒，每当我看到这6只黏土小猫，都会不由自主地想起闺蜜的笑容。这组黏土小猫如同一条坚固的纽带，承载着我与闺蜜之间的深厚友谊，将我们的心紧紧相连。"

如此叙述，是否充满了真挚的情感，并具有打动人心的力量呢？这一叙述运用的便是"种子法"。

喜欢一个事物只是结果，如同树上结的果子，关键在于要联系环境的"土壤",描述一下在什么情境下让我们喜欢上了这个事物,或者谈一谈这个心爱之物与我们共度了哪些欢乐的时光。当然,最本质的是要能透过喜欢的背后看到自己内心真正需求的"种子"。

二、特效药

"种子法"的实施步骤如图 1-6-2 所示。

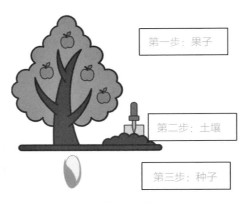

第一步:果子

第二步:土壤

第三步:种子

图 1-6-2

第一步:果子

首先,要明确结论,就像树上结的果子一样。喜欢某人或某事,可以先将结论放在表达的前面,如同树梢上高悬的果实。

例如:"我的心爱之物是黏土小猫,它们不仅装点着我的书桌,更是我心中最珍视的宝物。"

第二步:土壤

接着,需要联系情感的"土壤"。以"我的心爱之物"为例,可以描述在什么情境下对这个事物产生了喜爱之情,或者这个心爱之物给自己带来了哪些欢乐时光。

例如:"这组黏土小猫对我而言意义非凡,它们是闺蜜亲手制作的生日礼物。

记得搬家那天，她特地赶来，将这份特别的礼物送给我，作为我们友谊的见证。"

第三步：种子

最后，要挖掘内心真正的需求，即"种子"。透过喜爱的表象，探寻自己内心真正的需求。

例如："这组黏土小猫不仅是一份礼物，更是我与闺蜜深厚友谊的象征。它们连接着我们的心，提醒我要珍视这份来之不易的情谊。"

通过以上三个步骤的实施，我们可以更加深入地表达自己的情感，使语言更具打动人心的力量。

三、案例多

我从蒙曼老师对诗歌的解读中也深刻感受到了"种子法"的巧妙运用。一首诗歌的广为传颂只是其结果，更为关键的是要联系其背后的环境土壤，并深入剖析诗人潜藏在诗歌中的内心需求，即"种子"。

以下是蒙曼老师对朱庆馀《近试上张籍水部》一诗的解读。

"今天，我将与大家分享一首唐朝的科举诗：朱庆馀的《近试上张籍水部》。

洞房昨夜停红烛，待晓堂前拜舅姑。

妆罢低声问夫婿，画眉深浅入时无？

该诗的题目《近试上张籍水部》表明，这是朱庆馀在临近科举考试前写给水部郎中张籍的诗。唐朝的科举考试制度与现代高考有所不同，它并非一考定终身，而是参考平时成绩，并根据举子的平时表现制作通榜，作为预先排名的依据。通榜的排名通常由主考官决定。（此处'果子'，一首诗歌的流传与赞誉只是其外在表现。）

要深入理解这首诗的影响力，我们必须探究其背后的环境土壤。朱庆馀作为考生，在考试前不选择表达雄心壮志或展示知识储备，而是选择了一首具有寓意的诗，这背后有何深意？实际上，这首诗的妙处正在于此，它不仅仅表达了闺意，更是一语双关、一箭双雕。在中国古代文学中，男女关系常被用来比喻君臣关系或上下级关系。考生面对主考官的心情如同新娘子见公婆，充满了紧张与期待。此时，他们急需得到他人的鼓励与安慰。因此，朱庆馀通过这首诗，实际上是在表达自己考试后的心情，询问张籍对自己的文章是否满意，是否符合主考官的口味。（此处'土壤'，深入分析诗歌产生的时代背景与社会环境，从而揭示其深远影响。）

进一步探究，我们发现了诗人内心需求的"种子"。原来，这是一首打探情报的诗。朱庆馀在诗中巧妙地运用了比喻，通篇都在关心考试，却又未直接提及考试，既避免了被挑出毛病，又含蓄地表达了自己的关切。这种巧妙的手法展现了大唐考生的智慧与才情。（此处'种子'，深入挖掘诗人隐藏在诗歌背后的内心需求，揭示其真正的创作动机。）"

通过以上解读，我们可以看出"种子法"在诗歌分析中的巧妙运用，这有助于我们更深入地理解诗歌的内涵与诗人的情感。

四、疗效好

练习题目

请运用"种子法"，谈谈你如何看待"拖延症"？是性格问题还是时间管理问题。

创
意
力

第二章

言 之 有 序
成为表达高手的 36 计 72 法

第七计

观点新颖

方法一

撕标签法

一、诊断室

首先，我们来理解一下什么是"标签"。在生活中，我们常常根据知识和经验，不自觉地给一些事物打上或好或坏的"标签"，这其实是一种思维定式。例如，提及"竹子"，我们立刻联想到"君子""气节""正直"等赞扬之词；一见"月亮"，便不由自主地吟诵"举头望明月，低头思故乡"，对月亮寄托深切的情感。这些耳熟能详的"标签"虽能引起情感共鸣，但在表达中却难以产生新颖的观点。

那么，如何打破这种思维定式呢？很简单，你可以尝试"撕掉标签"，即换个角度看待熟悉的事物，这样就会有新颖的观点产生。例如，竹子可以被认为是"内心空虚，终究不能成为栋梁之材"；月亮也可以被看作是"借着太阳的光发亮，不能自食其力"。

对比一下"贴标签"和"撕标签"的不同效果。我曾让学员们谈谈对"东施效颦"的理解。第一位学员说："东施盲目模仿西施，不但没有变得更美，反而出丑，所以我们不要盲目模仿别人，要多一点自信，保持自己的本性。"而第二位学员则说："'东施效颦'中东施是一个丑女，她的生硬模仿固然可笑，但如果我们考察一下东施的审美心理就会发现，这貌似滑稽荒唐的举止折射出她强烈的爱美、向美、求美的思想之光。对此，我们又有什么理由大加贬低呢？千百年来，人们往往忽略了这一点，而对她的生硬模仿大加嘲讽，这样做极大地冤枉了一个爱美、求美的女子，扼杀了她诚挚强烈的爱美之心。设身处地一想，假如我们当中谁是东施的话，你会怎么想呢？对此，我们应加以纠正，力求将心比心、感同身受地理解她的一片诚挚向美之心。"显然，第二位学员的观点更有新意，因为他撕掉了"盲目模仿很可笑"的标签，看到了东施行为背后的积极意义。

二、特效药

"撕标签法"并非随意而为，而是需要遵循一定的步骤和原则，如图 2-7-1 所示。具体来说，它分为以下三步。

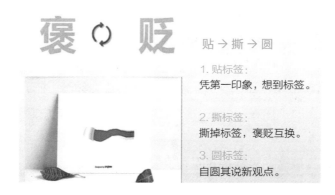

褒 ○ 贬

贴 → 撕 → 圆

1. 贴标签：
凭第一印象，想到标签。

2. 撕标签：
撕掉标签，褒贬互换。

3. 圆标签：
自圆其说新观点。

图 2-7-1

第一步：贴标签

这一步是基于我们的第一印象和既有经验，给事物贴上一个标签。这个标签可能是褒义的，也可能是贬义的，但它往往是我们对事物的初步认知和判断。例如，在"东施效颦"这一典故中，我们可能会初步认为东施是一个丑女，她的生硬模仿是可笑的。

第二步：撕标签

这一步是"撕标签法"的核心，它要求我们应打破既有的思维定式，褒贬互换，撕掉原有的标签。通过深入思考和挖掘事物的内在本质和多元属性，我们可以发现与初步认知截然不同的新颖观点。例如，在重新审视"东施效颦"这一典故时，我们可以发现东施的行为其实并非完全可笑，而是折射出她强烈的爱美之心和向美的勇气。

第三步：圆标签

圆标签是"撕标签法"的收尾步骤，它要求我们运用逻辑力中的"PREP法"（即突出观点、阐明原因、举例说明、观点升华）自圆其说。我们需要通过合理的逻辑和充分的论据来支撑自己新颖的观点，使其更加严谨和有力。例如，在阐述对"东施效颦"的新颖理解时，我们可以这样论述："盲目模仿确实可笑，但它也是觉醒和改变的第一步。千百年来，人们往往忽略了东施行为背后的积极意义，而对她大加嘲讽。然而，如果我们设身处地想一想，假如我们当中谁是东施的话，自己便能更好地理解她的处境和心境。"

小贴士 为了避免偏激的"唱反调"，我们在运用"撕标签法"时需要注意以下几点：首先，观点要符合科学规律，不能违背客观事实；其次，观点要符合主流价值观，不能偏离社会共识；最后，观点不能违背国家政策与法律法规，不能触碰法律和道德的底线。

总之，"撕标签法"是一种非常有用的创意技巧。它可以帮助我们打破思维定式产生新颖的观点和思考方式。只要我们遵循三步走战略并注意小贴士中的注意事项，便可以轻松地运用这种方法来激发自己的创造力和想象力。

三、案例多

了解了化褒义为贬义的"撕标签法"如何运用后，再给你讲一个纪晓岚的故事，让你感受一下他是怎样化贬义为褒义的：

有一个官员要为母亲做寿，为了撑撑场面，于是请了大才子纪晓岚去，还邀请他当场说点吉利话。纪晓岚也不推辞，当着满堂宾客脱口而出："这个婆娘不是人。"老夫人一听脸色大变，官员也十分尴尬。纪晓岚不慌不忙念出了第二句："九天仙女下凡尘。"顿时全场称赞，老夫人也转怒为喜。纪晓岚接着高声朗读第三句："生个儿子去做贼。"满场宾客又变成了哑巴，惊得下巴都快掉了，于是纪晓岚喊出第四句："偷得仙桃献母亲。"大家立刻欢呼起来。

可见纪晓岚"铁齿铜牙"的封号不是浪得虚名。他很好地运用了逆向思维，欲扬先抑，表述跟坐过山车似的一波三折，是不是这样一对比，再有人说"福如东海，寿比南山"这种普通的祝寿词，就显得没什么新意了。

再来看一个案例，有一篇文章是《尾巴它有一只猫》，这个标题多有趣啊，猫有尾巴，尾巴怎么能有一只猫呢？

贴标签的常规思维是猫有尾巴，可是作者反向思考，撕掉了标签：想象尾巴拥有一只猫，创造出了意想不到的神奇故事：

"尾巴怎么能有一只猫呢？难道，它把猫养在家里，或者把它关在笼子里，或者……哎，真是想不出来。"

"用不着关，"这条尾巴得意地说，"我从出生开始，就拥有这只猫，无论它干什么，都听我的话，都跟在我身边。"

尾巴那么小，它的猫应该特别特别小。会不会就是一只跳蚤？

"跳蚤怎么会是猫呢？"尾巴说，"我这只猫特别乖，我天天骑着它满地跑。"

怎么样？是不是很有想象力呀？你能不能也像这样打破常规思维，并放飞一下想象力呢？

比如，常规思维是苹果树上有苹果，我们可以逆向思考，想象苹果它有一棵树；常规思维是河里有小鱼，我们反过来去想为什么不可以是小鱼它有一条河呢？这样的想象多新颖！

四、疗效好

请运用"撕标签法"，谈谈你对"做人要能屈能伸"这句话的理解。

方法二

鲜果冒点赛法

一、诊断室

你是否曾经遇到过这样的情况：面对一个话题，你的思维似乎被束缚在了某个固定的框架内，难以产生新颖且有趣的观点？你或许会觉得，那些能够脱颖而出、引人注目的观点总是那么难以捉摸。实际上，这并非因为你的思维能力有限，而是因为你的思维方式需要一些新的刺激和启发。

"鲜果冒点赛法"就是这样一种旨在打破思维定式、激发灵感的方式。它通过一个有趣且富有挑战性的过程，帮助你拓展思维的边界，捕捉那些灵光乍现的想法。

想象一下，当你听到"鲜果冒点赛法"这个名字时，是否感觉就像是在炎热的夏天，畅饮一杯清凉可口且还冒着气泡的饮品，让人神清气爽、精神愉悦？没错，这个方法就是通过好玩有趣的自我发问或者头脑风暴的小组讨论，让你的思维像鲜果中的气泡一样，不断涌现。

为了让你更好地感受这个方法的效果，我给你讲一个我在线下教学的案例。我曾经让学员们谈一谈"你怎么看待直播带货的兴起？"。在应用"鲜果冒点赛法"之前，大家的观点都比较局限，主要是从常规的角度展开评论，例如"直播带货的兴起说明了互联网经济的强大影响力"等。这些观点虽然不出错，但也不出彩，很难在当众表达中获得观众的注意力。

于是，我带着学员们一起应用"鲜果冒点赛法"，帮助他们点燃灵感的火花。在好玩有趣的思维碰撞之后，大家产出了许多新颖的想法，其中还有不少引发深思的新颖观点：

直播是社交的新形态，带货是信任的经济。

短视频＋直播，打造个人品牌的快速通道。

直播带货，让消费变得更有趣味性和互动性。

供应链的优化，是直播带货持续发展的关键。

直播带货不仅仅是卖货，更是一种生活方式的传播。

……

你是不是很好奇，我究竟用什么方法让同一批学员面对同一个话题生成了这么多全新的观点呢？其实方法很简单，就是你熟悉的"头脑风暴法"，但关键在于我们要明白灵感背后的原理：灵感产生于大量的信息输入后，更产生于大量的艰苦的创造活动后。如果没有这样一个有趣又紧张的比赛活动，让大脑处在紧绷的状态，那么思维就难以突破，无法激发灵感产生新的观点。

现在，就让我们一起来解锁"鲜果冒点赛法"，让它在实践中帮你激发灵感吧！

二、特效药

"鲜果冒点赛法"总共分三步，规则如下。

第一步：观点接龙

分组接龙，每组5人，针对给定话题列出不同的观点。观点重复或者答不出来者便被淘汰，坚持到最后的一位就是赢家，获得积分。

例如，对于"你怎么看待直播带货的兴起？"这个话题，学员们可以竞相接龙：

直播是社交的新形态，带货是信任的经济。

短视频＋直播，打造个人品牌的快速通道。

直播带货，让消费变得更有趣味性和互动性。

供应链的优化，是直播带货持续发展的关键。

直播带货不仅仅是卖货，更是一种生活方式的传播。

（需要大家一起把学员即兴说出的观点总结凝练成以上言简意赅的句子。）

第二步：观点分类

在黑板上以思维导图的形式对观点进行分类，把散乱的"小观点"抽象概括出明确的"大主题"。

例如，我们可以将上述观点划分为以下几个角度：

社交与信任：直播作为社交新形态，带货基于信任经济。

个人品牌：短视频＋直播，助力个人品牌打造。

消费体验：直播带货提升消费的趣味性和互动性。

供应链优化：直播带货持续发展的关键。

生活方式的传播：直播带货不仅仅是卖货，更是一种生活方式的传播。

第三步：内容"酵母"

什么是表达内容最好的"酵母"呢？当然是有价值的问题了！有了这么多新颖的角度之后，学员们就可以参考以下的问题启发，进一步地组织语言，完成一段独立的内容评论。

例如，针对观点"直播是社交的新形态，带货基于信任经济"设计的"内容'酵母'"：

你觉得直播相比传统社交方式有什么不同？

为什么说带货是基于信任的经济？

直播带货的兴起对社交和电商行业有什么影响？

这几个问题很能帮助内容进行"发酵",分别是:对比传统与新兴社交方式、阐述观点背后的原因、分析行业影响。

通过这三个步骤,"鲜果冒点赛法"能够帮助你拓展思维、激发灵感,让你的观点更加新颖与有趣。

三、案例多

为了更好地展示"鲜果冒点赛法"在实际中的应用效果,我为你准备了一个更具挑战性和深度的辩题案例:"在当今社会,应不应该鼓励年轻人追求创业梦想?"

第一步:观点接龙

首先,想到几个有价值的观点:

应该鼓励,因为创业是实现个人价值和梦想的途径。

不应该鼓励,因为创业风险高、失败率大。

应该鼓励,因为创业能推动社会创新和发展。

不应该鼓励,因为年轻人缺乏经验和资源。

应该鼓励,但要有充分的准备和规划。

第二步:观点分类

然后,把这些观点划分为以下几个角度:

个人价值:创业与实现梦想、个人成长的关系。

社会影响:创业对社会创新、经济发展的推动。

风险与挑战:创业的高风险、失败率及原因。

资源与准备:年轻人创业所需的经验、资源及准备。

第三步：内容"酵母"

最后，给出几个关键性的问题启发：

什么是创业？它为什么对个人和社会有价值？

年轻人创业面临哪些主要的风险和挑战？

如何评估年轻人创业的准备程度和资源状况？

社会应该如何支持年轻人创业，从而降低风险并促进成功？

运用"鲜果冒点赛法"后，我们就可以立论了：

"创业是指个人或团队创立新的企业或项目以实现个人价值、推动社会创新和发展。在当今社会，我们应该鼓励年轻人追求创业梦想。当然，我们也要认识到创业风险高、挑战大，尤其是年轻人可能缺乏经验和资源。因此，我们应该在鼓励的同时提供必要的支持和指导，帮助年轻人更好地准备和规划他们的创业之路。这样，我们才能让更多的年轻人勇敢地追求他们的创业梦想，为社会带来更多的创新和价值。"

通过这个案例，你可以看到应用"鲜果冒点赛法"如何帮助辩手们拓展思维、激发灵感，从而生成更加新颖、有力的观点。无论是在辩论、演讲还是日常交流中，这个方法都能帮助你更好地表达自己的观点，吸引他人的注意。

四、疗效好

练习题目

请运用"鲜果冒点赛法"，谈谈你的愿望是什么？

第八计

角度新颖

方法一　变脸功法
方法二　职业体验馆法

方法一

变脸功法

一、诊断室

提到"变脸功法",你或许首先想到的是川剧中那令人眼花缭乱的变脸技艺。然而,在表达中,"变脸功法"是一种发散思维的训练方法,旨在帮助你从新颖的角度看待问题,从而让你的观点更加引人入胜。正如古诗所云:"横看成岭侧成峰,远近高低各不同。"观察事物的角度不同,所得出的观点也会截然不同。只有找到新颖的角度,我们才能吸引听众的注意,并留下深刻的印象。

以一次我在职场培训中的演讲为例,主题是"咖啡的启示"。我通过变换角度,赋予常见的咖啡以新颖的解读:

咖啡豆:经历研磨才能释放香气。

咖啡杯:装得下苦涩,也装得下甘甜。

咖啡勺:虽小却能搅动大局。

咖啡机:压力之下,方能萃取出精华。

这样的解读是不是很有趣呢?"借物联想"是一个极好的增加思考角度多样性的训练方法。为了训练学员们,我经常让他们对常见的事物展开联想和想象,完成一段角度新颖的即兴演讲,比如对"电梯""笔记本电脑"等展开多样化思考。

在没有经过"变脸功法"训练之前，有的学员可能会机械式地阐述："咖啡是一种提神饮品，含有咖啡因……"这样的阐述虽然正确，但却缺乏新意，难以吸引听众的注意。在学会了"变脸功法"之后，他们的演讲就会变得条理清晰且观点新颖。比如，他们可能会这样阐述：

"我演讲的题目是《咖啡之韵，职场之道》。咖啡的苦涩与甘甜，正如职场的挑战与收获。每一颗咖啡豆都需要经历研磨才能释放出香气；这告诉我们，只有经历磨砺，才能在职场中散发出自己的光芒。咖啡杯装得下苦涩，也装得下甘甜；这启示我们，在职场中要学会包容与接纳，无论是困难还是成功。咖啡勺虽小，却能搅动大局；这让我们明白，每个人在职场中都有自己的作用，即使是最微小的角色，也能对团队产生重要影响。而咖啡机则提醒我们，只有在压力之下，我们才能萃取出自己的精华，实现自己的价值。因此，让我们像品味咖啡一样去品味职场，去发现其中的韵味与道理。"

这样的演讲是不是既有深度又充满新意呢？只要你学会了"变脸功法"，再遇到任何演讲题目，你都能说得如此精彩。

二、特效药

"变脸功法"的核心在于三个思维发散的角度：变化、联系和功能，这三个关键词的首字谐音便构成了"变脸功"，方便记忆，如图2-8-1所示。在进行角度思维训练时，你可以把这三个关键词变成三个问题，自问自答地总结出观点。

问题1：变化——它会产生什么变化？

以"笔记本电脑"为例，你可以这样思考："笔记本电脑从厚重的台式机演变为轻便

图2-8-1

的便携式设备，再到现在的高性能轻薄设备，这一变化告诉我们，职场中的工具也在不断更新换代。我们应该像笔记本电脑一样，不断学习和适应新技术，提升自己的竞争力。"

问题 2：联系——它与什么有联系？

继续以"笔记本电脑"为例，你可以这样联想："笔记本电脑是现代职场人的必备工具，它联系着我们的工作、学习和生活。就像职场中的团队一样，每个成员都是团队中的一台'笔记本电脑'，只有相互协作、共同进步，才能发挥出最大的作用。"

问题 3：功能——它有什么用处？

还是以"笔记本电脑"为例，你可以这样阐述："笔记本电脑不仅可以用来处理工作文档、进行数据分析，还可以用来学习新知识、提升自我。同样，在职场中，我们不仅要完成本职工作，还要不断学习和提升自己的能力，以便适应不断变化的市场环境。"

三、案例多

在一次公司年会上，主持人让在场的员工们把选到的礼物和公司文化联系起来进行即兴演讲。其中一位员工抽到了"一本书"，另一位员工抽到了"一盏台灯"，还有一位员工抽到了"一把钥匙"。他们运用"变脸功法"将这些礼物与公司文化紧密地联系在一起，形成了新颖而富有深意的观点。

抽到"一本书"的员工说："这本书让我联想到了我们公司的学习文化。就像这本书一样，我们公司也注重员工的学习和发展。只有不断学习新知识、提升自我，我们才能在职场中保持竞争力。因此，这本书不仅是一份礼物，更是我们公司学习文化的象征。"

抽到"一盏台灯"的员工说："这盏台灯让我想到了我们公司的创新精神。就像这盏台灯一样，我们公司也致力于在黑暗中寻找光明、在困境中寻找出路。

只有不断创新、勇于尝试，我们才能在职场中不断突破自我、实现价值。因此，这盏台灯不仅是一份礼物，更是我们公司创新精神的象征。"

抽到"一把钥匙"的员工说："这把钥匙让我联想到了我们公司的团队合作。就像这把钥匙一样，我们公司也注重团队的协作和配合。只有相互信任、共同努力，我们才能打开成功的大门。因此，这把钥匙不仅是一份礼物，更是我们公司团队合作的象征。"

这三位员工的即兴演讲充分展示了"变脸功法"的魅力。这样的表达方式不仅吸引了听众的注意，也给他们留下了深刻的印象。

四、疗效好

练习题目

请运用"变脸功法"，分享一下你的爱好是什么？

职业体验馆法

一、诊断室

一看到"职业体验馆法"，你是不是立刻想到了儿童乐园中备受孩子们喜爱的角色扮演区域了呢？

没错，这个方法就是从不同的角色出发，帮你拓展一下看问题的角度。所谓"仁者见仁，智者见智"。"职业体验馆法"应用范围非常广泛，但凡一个话题缺少主语的时候，就可以填充上不同的职业角色。我用一个话题让你来对比一下没有职业角色的代入和有职业角色的代入，在表达效果上究竟有什么差异？

例如，请你谈一谈，如果没有李白会怎样？

没有学过"职业体验馆法"的学员，听到这个题目后几乎都是这样阐述的：

"如果没有李白，我们小时候就不用背诵那么多有关李白的诗句了，但是《唐诗三百首》会因此少了很多经典的诗篇，诗歌世界也将少了一颗璀璨的明珠，后世的诗人也读不到李白的精彩诗篇了。"

这样的表达不出错，但是还不够出彩。你来对比一下代入不同职业的视角来阐述此话题会有怎样的效果吧：

李白的《侠客行》："事了拂衣去，深藏身与名。"如果没有李白的这首诗，香港的金庸也不会写出武侠小说《侠客行》。非但《侠客行》写不出来，《倚天屠龙记》多半也悬。灭绝师太的这把"倚天剑"是古人宋玉给取的名，但为这把倚天剑打广告最多最给力的则要属李白："安得倚天剑，跨海斩长鲸。"

不止香港文艺界受一些影响，台湾也是。黄安一定不会写出当年唱遍大街小巷的《新鸳鸯蝴蝶梦》，这首歌就是从李白的一首诗《宣州谢朓楼饯别校书叔云》中改编出来的。"昨日向那东流水，离我远去不可留，今日乱我心，多烦忧"是化用李白的诗句："弃我去者，昨日之日不可留；乱我心者，今日之日多烦忧！"

有李白的"我欲因之梦吴越"，才有毛泽东的"我欲因之梦寥廓"；有李白的"欲上青天揽明月"，才有后来的"可上九天揽月"；有李白的"安得倚天剑"，才有后来的"安得倚天抽宝剑"。李白，这位唐代的大诗人，已经化成了基因，刻入中华儿女的体内。

怎么样，以上这几段是不是非常精彩呀？它选自《六神磊磊读唐诗》。作者六神磊磊阐述的角度非常新颖。他站在作家金庸、作曲家黄安等不同角色的视角，讲述了如果没有李白后世会少了哪些经典的作品。可见，有具体视角才有情感的代入。

二、特效药

"职业体验馆法"总共分三步，如图 2-8-2 所示。

第一步：选定职业

如果你不知道该代入哪些职业，那么可以在开始练习时把话题代入一些常见的职业，如医生、警察、消防员、老师等，然后从中选取 1~3 个具体展开表述。上述案例中的作者因为对于这种代入角色或职业的方法非常熟练，所以直接选取了受李白影响最深远的角色和职业，如作家、诗人等。

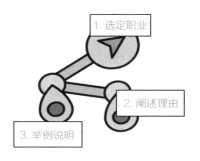

图 2-8-2

第二步：阐述理由

阐述理由，即为什么选定这一个或几个职业。进一步说明你的理由是什么。例如，你可以说："如果没有李白的诗篇，也不会有现在我们耳熟能详的经典作品，更不会有那么多文人墨客受到他的启发和鼓舞。"

第三步：举例说明

究竟会有什么影响呢？进一步举例说明，具象化的表述才能让人感同身受、印象深刻。例如，你可以这样表述："李白的《侠客行》中有一句为'事了拂衣去，深藏身与名'，如果没有这首诗的启发，香港的金庸或许就不会创作出武侠小说《侠客行》；而《新鸳鸯蝴蝶梦》这首歌的灵感也来源于李白的一首诗《宣州谢朓楼饯别校书叔云》。"

通过这样的三步走策略，我们可以更加深入地探讨一个话题，使论述更加丰富多彩。

三、案例多

"职业体验馆法"不仅适用于文字论述，还可以应用在影片创作中。例如，《大自然在说话》就是首次以大自然元素为"第一人称"的系列公益影片。该系列影片的第一部分分别由"大自然母亲、海洋、雨林、水、红木、土地、花"等元素作为主角进行讲述。"大自然不需要人类，人类需要大自然"的宣传口号也别具一格。

此外，我们再感受一段由周迅配音，以水为第一人称的讲述：

"我是水。对于人类来说，我司空见惯，理所当然。但是，我是非常有限的，而人类的数量却每天都在增长。我化身为雨水，落入山中，流进小溪与河流，最终汇入大海。让我回到起始的形态，有时需要一万年的时间。然而，对于人类来说，我只是水，理所当然就应该存在。如果人口再增加几十亿，人类还能找到我吗？他们自己又将如何生存呢？人类为了争夺各种资源而陷入战争，未来他们是否会为了争夺我而又发起战争呢？那倒也是一种选择，但并非唯一的选择。"

这一段是从水这个具体的角色来看大自然被破坏的问题。你还可以尝试着用其他的角色或职业来谈一谈这个问题吗？比如，你可以从农民的视角出发，讲述土地资源的过度开发对农业生产和粮食安全的影响；或者从渔民的视角出发，讲述海洋污染对渔业资源的破坏和渔民生活的威胁。通过"职业体验馆法"，我们可以更加深入地理解和关注保护大自然的重要性。

四、疗效好

练习题目

请运用"职业体验馆法"，聊一聊你最喜欢的一本书。

第九计

语料
新颖

方法一　事例书架法
方法二　就地取材法

方法一

事例书架法

一、诊断室

生动具体的例子在沟通中扮演着举足轻重的角色，它们能够将抽象的概念和宏大的主题变得鲜活起来，使听众或读者更容易理解和接受。爱因斯坦就擅长用生活化的例子来解释抽象的概念，他关于相对论的简单解释就是一个经典的例子。他通过将时间与日常生活中的情境相结合，使相对论这一复杂的概念变得通俗易懂。

然而，许多人在表达时往往意识不到例子的重要性，或者即使意识到了也难以找到合适的例子。这并非因为他们缺乏事例的积累，而是因为他们缺乏拓展例子的角度。实际上，通过"事例书架法"，我们可以在自己的记忆中搜索出相关的事例，从而丰富我们的表达内容。

以"有梦就去追"这个话题为例，没有举例子习惯的人可能会阐述得无聊且空泛，而善于举例子的人则可以从不同维度列举出生动的事例论证观点。比如，他们可以从古到今、从中到外、从书本到影视、从新闻到亲身经历等多个角度举例，使内容更丰富、语料更新颖。

为了更系统地帮助大家掌握这一方法，我将介绍"事例书架法"的八大层，它们分别是："中外古今、新书影亲。"这八个字代表了八个不同的事例来源方向，可以帮助我们更全面地搜索和选择事例。

"中外古今"这四个字从时间线和空间上做了一个区分，分别代表中国、外国及古代、现代。我们可以从这四个角度搜索与话题相关的事例。

而"新书影亲"这四个字则代表了另外四个事例的来源方向：新闻、书本、影视、亲身经历。我们可以从新闻中看到许多与话题相关的事例。比如，宿管阿姨考上研究生的故事。书本上也有很多经典的事例，比如，《月亮与六便士》中的主人公为了绘画梦想而放弃优渥的生活。影视作品中更是充满了各种与梦想相关的故事，比如，电影《飞驰人生》中的赛车手为了冠军梦而努力奋斗。我们还可以从自己的亲身经历中寻找事例，比如听过的一首歌、看过的一幅图片、经历的一件事等。

有了这八大方向去思考事例，你是不是感觉思维开阔了很多呢？但是，你可能会疑虑：这么多例子都放在话题中吗？怎么选择和排列呢？别担心，我还为你准备了一个"事例书架法"的使用说明书。

二、特效药

在探讨如何提升表达能力的过程中，"事例书架法"作为一种高效的方法论，为我们提供了一个系统而全面的素材库。这个书架分为八层，涵盖了"中外古今"的时间与空间维度，以及"新书影亲"的多元素来源，为我们提供了广阔的思考与取材空间。

（一）"事例书架法"的八层结构

"中外古今"这一维度从时间与空间上划分了素材的广度。

中国：从古代的历史典故到现代的社会热点，无不蕴含着丰富的智慧与启示。

外国：借鉴国外的经典案例与文化故事可以拓宽我们的视野，增加表达的多样性。

古代：古人的智慧与经验经过时间的沉淀，依然闪耀着不灭的光芒。

现代：当下的社会现象、科技进展等为我们提供了最新鲜的素材来源。

"新书影亲"这一维度则从素材的具体来源上进行了细分。

新闻：时事新闻中的真实案例能够迅速反映社会动态，增强表达的现实感。

书本：文学作品、历史书籍、专业著作等为我们提供了深厚的文化底蕴和丰富的思想资源。

影视：电影、电视剧等影视作品中的故事情节与人物形象，往往生动且富有感染力。

亲身经历：个人的生活体验、所见所闻是最直接、最真实的素材来源。

（二）"事例书架法"的使用说明书

在面对一个表达主题时，我们如何高效地从事例书架中抽取并组织素材呢？三步走的使用说明书为你具体指引，如图 2-9-1 所示。

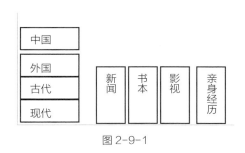

图 2-9-1

第一步：多格抽取

避免事例角度单一，从书架的八个格子中可灵活抽取 2~3 个格子的事例。例如，在探讨"创新的重要性"这一主题时，我们可以：

从中国古代选取"四大发明"作为古代智慧的代表。

从现代新闻中挑选一家企业通过创新实现转型升级的案例。

结合亲身经历，分享一次个人因创新而解决问题的故事。

第二步：排比叠加

将抽取的事例进行排比叠加，形成强有力的论证链条。例如：

"从中国古代的四大发明引领世界科技潮流，到现代企业中通过技术创新实现突破发展，再到我们每个人在日常生活中因创新而解决的种种难题，无不彰显创新对于推动社会进步和个人成长的重要性。"

第三步：总结扣题

在排比叠加的基础上用一句话总结并扣回主题，使表达更加完整有力。例如：

"无论是历史的长河，还是现实的舞台，或是我们每个人的生活点滴，创新都是推动一切向前发展的不竭动力。"

三、案例多

我很喜欢《奇葩说》的一位辩手，她叫詹青云。她拥有法学专业背景且文化底蕴深厚。她每次发言都能充分调用自己的"事例书架"，新书、影评、亲身经历信手拈来。例如，在一期辩题为"如果有一瓶可以消除悲伤的水，你要不要喝？"的辩论中，她作为反方给出了多角度、多层次的例子，让人印象深刻。以下是对她发言的拆解：

"我方并非冷漠，也非不心疼身边悲伤的朋友。只是在大家喝这杯水之前，我们想提醒大家想一想：当你失去悲伤时，可能还会失去些什么？

如晶说，你不需要这种扭曲的动力，快乐本身就是一种动力。对，我今天站在这里比赛，是因为我遇到了非常好的教练和队友，我很珍惜这个舞台。或许正是因为我有这么好的队友，所以我会因为他们的离去而感到悲伤；正是因为我珍惜这个舞台，所以我会因为打不好比赛而感到难过。快乐这枚硬币的背面不就是悲伤吗？如果一场比赛你不会因失败而悲伤，你真的会因胜利而欢喜吗？（亲身经历。）

赵帅提到，并非所有回忆都如此，有没有一些事情，它们带来的只是纯粹的痛苦，让人想要忘记？确实有。但即便是对于这些事情，我们也劝你记住悲伤。因为悲伤会保护你。有一种孩子，他们生下来就患有先天性痛觉缺失。这些孩子感受不到肉体上的痛苦，可以把手伸进沸腾的水里，不需要麻醉就能接受手术。然而，他们并没有因此成为超人，反而非常脆弱，大部分这样的孩子都无法活到成年。因为他们感觉不到痛苦，就不会协调身体、规避危险，也不会评估风险。（新闻事例。）

更大的悲伤，如战争，更是可怕。如果我们忘记了战争带来的苦痛，我们还会拥抱和平吗？悲伤有其意义，《西线无战事》的最后一句话就是：'死者的遗嘱不是要报仇，而是要永远不再有。'悲伤以这种方式保护我们。

很多时候，悲伤是一种可以被品味的东西，并没有那么惨。例如，《霍乱时期的爱情》中的男主角阿里萨，当他被诊断出得的是相思病时，他拒绝了治疗。他享受那种煎熬，认为那是伟大爱情的一部分。悲伤之所以强烈，是因为我们爱过、恨过、认真过、全情投入过。你原本可以骄傲地面对它，但现在你却把忘情水当作人生的解药。这时，真正困扰你的已不再是悲伤本身，而是你对悲伤的恐惧、抗拒和焦虑。你原本不必为自己的悲伤痛悔，但现在你却会恨自己的怯懦。（书籍事例。）

如果我们连自己的悲伤都感受不到，又如何面对他人的悲伤、芸芸众生的悲伤呢？如果我自己失去了一生的挚爱都毫不觉得可惜，我为什么还要看《泰坦尼克号》、听《梁祝》、读《半生缘》，去叹息'十年生死两茫茫，当时只道是寻常'？如果世界上还有孩子在流离失所、被拐卖、在饥荒中死去、从生下来就在逃亡的路上，这一切的苦难、妻离子散、背井离乡、国仇家恨、盛衰兴亡又凭什么打动我呢？（书本＋影视。）

没有伤悲，就不会有慈悲。社会上并非没有喝过忘情水的人。有多少人看到马路上躺着被车轧过的孩子却无人伸手去扶？有多少人听说留学生在国外被枪杀不是感到难过，而是用键盘骂一句'炫富''活该'？这时，我们替这些人感到开心吗？不，我们替他们感到悲哀。这不仅是情绪上的悲伤，更是触及道德和信仰的悲凉。（新闻事例。）

人人都已喝过忘情水的世界，其实我们早已幻想过。著名的反乌托邦小说《美丽新世界》中就描绘了公元 26 世纪那个只有快乐、没有悲伤的文明社会。在那里，每个人从一生下来就被用各种方式保持快乐心情去工作；为了消除负面情绪，它先消除了所有情感。爱情、家人都成为了历史；因为害怕思考带来的悲伤，它消灭了历史和艺术。任何人产生任何负面情绪，甚至是空虚和寂寞，都要用一种药来化解。那个社会被工作和生活填满，看似没有吵架斗殴、没有爱恨情仇，特别安定、美好。但那个社会里不再有个性、不再有人，只有活着，而没有生活。"（书籍事例。）

四、疗效好

练习题目

请运用"事例书架法"，谈一谈你对"书籍是人类进步的阶梯"这句话的理解。

方法二

就地取材法

一、诊断室

在语言表达的广阔天地里，"事例书架法"如同冰箱中的冷冻存货，为我们提供了丰富的素材库。然而，当面对即兴交流场景时，更为生动与即兴的"就地取材法"则显得尤为珍贵。正如《主持人大赛》中的选手白颖所言："鲜活的语料，如同早市上跳跃的活鱼与带露的小青菜，拥有无限可能，等待着我们以独特的方式去烹饪。"

"就地取材法"应用范围之广，几乎涵盖了所有即兴表达的场合。在日常交流中，人们往往害怕在毫无准备的情况下被要求分享，结果只能诉诸空洞的套话或言不由衷的言辞。这种困境，尤其在情感充沛却难以言表时显得尤为突出。

设想一个典型的场景：多年后的你，带着对母校的深深眷恋重返校园，被邀请在欢迎仪式上分享感受。若心中千言万语却一时语塞，本能反应或许便是那番得体却略显空洞的致辞："再次踏入这片熟悉的土地，我满怀激动。老师的笑容依旧温暖，母校的记忆永远镌刻心间……"此类话语虽无差错，却难以触及人心，如同节日里群发的祝福，虽显礼貌却缺乏温度。

这并非源于情感的匮乏或现场的平淡，而是我们习惯于将内心丰富的情感深藏，面对表达时显得手足无措。反观诗人，他们总能敏锐地捕捉周遭细节，或借景抒情，如李白之"乘风破浪会有时，直挂云帆济沧海"；或托物言志，似袁枚所言"苔花如米小，也学牡丹开"。

若我们也能培养起这种"就地取材"的能力，从眼前所见、心中所感中汲取灵感，表达自会生动起来。超级演说家崔永平的经历便是最佳例证。面对同样的场景，他深情地描绘了母校的变迁与个人的成长："重返校园，十年光阴仿佛弹指一挥间。昔日的两栋教学楼已扩展为宏伟的校园，学生人数倍增，但那份熟悉感依旧。教学楼的设计风格未变，色彩依旧鲜明，仿佛特意为归来的学子保留着那份纯真的记忆……"他的讲述，不仅触动了在场师生的心弦，更展现了"就地取材法"的魔力——将眼前的景象与内心的情感巧妙融合，创造出令人动容的表达。

崔永平的故事告诉我们，"就地取材法"并非遥不可及，而是可以通过日常观察与练习逐步掌握的能力。当我们开始有意识地从周围环境中汲取素材，将个人情感与所见所闻紧密结合时，便能逐步摆脱空洞套话的束缚，实现表达的质的飞跃。

因此，让我们在每一次即兴表达的机会中都尝试运用"就地取材法"，用心感受周围的一切，将真实的情感与生动的细节融入话语之中。如此，我们的话语便如同鲜活的鱼儿与带露的小青菜般生动诱人，让人回味无穷。

二、特效药

在即兴表达的艺术中，"就地取材法"犹如一把钥匙，能够迅速解锁现场的丰富资源，让言辞焕发出生动与活力。此方法不仅适用于演讲、辩论等正式场合，更能在日常交流中增添色彩。以下，我们将详细阐述这一方法的三个核心步骤。

第一步：捕捉素材——细心观察，情感共鸣

"就地取材法"的第一步，在于敏锐捕捉现场的"人物地事时"，即细心观察现场的人物、事物、场地环境、发生的事件以及思考时间节点。这一过程要求

表达者全身心地投入，用心感受每一个细节，从中筛选出最能触动心灵的素材。

以崔永平在母校欢迎仪式上的发言为例，他首先聚焦于"地"——母校校园的变化。通过对比昔日的两栋教学楼与今日的大规模校园，他生动描绘了母校发展的轨迹，表达了对母校变化的深刻感受。随后，他又敏锐地捕捉到了"人"的变化——黄老师头发斑白，以及一句温馨的话语，这些都成为他发言中不可或缺的素材。

第二步：点明主题——主线清晰，逻辑严密

在捕捉了丰富的现场素材后，下一步便是点明主题。没有主题的支撑，再生动的描述也只能是一盘散沙。因此，表达中必须有一条清晰的主线贯穿始终，将碎片化的素材串联成一个有机的整体。

崔永平在发言中巧妙地以"变与不变"为主题，将母校的发展变化与自己对母校的深情厚谊紧密相连。他指出，虽然学校的规模在不断扩大，但建筑风格未变，这象征着母校的精神传承；同样，虽然自己和老师的年龄都在增长，但对艺术的热爱与追求却始终如一。这一主题不仅紧扣现场情境，也深刻揭示了个人与母校之间的情感纽带。

第三步：回忆联想——情感升华，言之有物

"就地取材法"的精髓在于它不仅是对现场素材的简单堆砌，更是通过回忆与联想，将个人经历、情感体验与现场情境相融合，从而创造出具有深度和广度的表达。

崔永平在发言中，通过对学校变化的感受，自然而然地联想到了自己10年来的成长历程。他深情地回顾了与母校共度的时光，以及老师们的谆谆教诲。特别是当看到黄老师的白发时，他更是触景生情，联想到了一段朗诵节目中的诗句，将个人的感恩之情推向了高潮。这种由现场感受引发的回忆与联想，不仅丰富了表达内容，也升华了情感。

综上所述，"就地取材法"是一种高效且实用的表达技巧。通过捕捉素材、点明主题和回忆联想三个步骤的实践，我们能够在任何场合迅速捕捉到丰富的

素材资源，并以此为基础构建出生动与深刻的表达。无论是正式演讲还是日常交流，这一方法都将为我们提供有力的支持。

在语言表达的殿堂里，"就地取材法"作为一种高效且充满魅力的技巧，也被众多优秀主持人运用得炉火纯青。这一方法不仅能够在即兴场合中迅速捕捉现场元素，构建生动表达，还能在关键时刻避免尴尬，赢得观众的共鸣。以下，我们将通过经典案例——董卿的"金色三分钟"救场来深入探讨"就地取材法"的精妙之处。

三、案例多

在 2007 年《欢乐中国行》元旦特别节目的舞台上，董卿面临了一个突如其来的挑战——时间空当的出现。这一刻，不仅考验着主持人的专业素养，更凸显了"就地取材法"这一应急策略的重要性。接下来，我们按步骤深入剖析董卿如何运用这一技巧成功化解了这场尴尬：

第一步：捕捉素材，就地取材显智慧

在紧张而紧迫的氛围中，董卿没有慌乱，而是迅速将目光投向了刚刚结束的表演——莫文蔚演唱的《忽然之间》。她敏锐地捕捉到这首歌与现场情境的契合点，以歌曲为引子，展开了即兴发言。这种"就地取材"的方式，不仅让她的发言显得自然流畅，更巧妙地利用了现场资源，为接下来的内容铺垫了情感基调。

第二步：点明主题，情感共鸣筑桥梁

在捕捉到素材后，董卿没有止步于表面的描述，而是迅速点明了发言的主题——感恩与收获。她结合自己在中央电视台的工作经历，深情地表达了对观众支持的感激之情。这种情感的流露，不仅让观众感受到了主持人的真诚与热情，更在无形中拉近了与观众的距离，构建起了情感的桥梁。

第三步：回忆联想，深情表达赢掌声

为了进一步深化主题，董卿继续运用"就地取材"的技巧，联想到自己在

祖国各地工作的经历。她将这些经历与观众给予的热情与支持相结合，用真挚的语言表达了对观众的感谢。这种回忆与联想的结合，不仅让发言内容更加丰富饱满，更让观众在共鸣中感受到了主持人的深情与厚意，赢得了现场雷鸣般的掌声。

通过这一案例，我们可以深刻体会到"就地取材法"在应急处理中的重要作用。它不仅能够帮助我们迅速找到解决问题的突破口，更能够在关键时刻创造出意想不到的亮点和效果。董卿的这次表现，无疑是对"就地取材法"的最好诠释和演绎。

四、疗效好

练习题目

请运用"就地取材法"，分享一下你保持良好心态的方法。

第十计

语言
新颖

方法一　工字法
方法二　生命魔法师法

方法一

工字法

一、诊断室

苏轼曾言："凡文字，少小时须令气象峥嵘，彩色绚烂，渐老渐熟，乃造平淡。其实不是平淡，绚烂之极也。"此言深刻揭示了语言艺术的成长轨迹，即从绚烂归于平淡，实则蕴含极致之韵。语言的魅力在于其能够恰如其分地贴合说话者的年龄与场合，展现各异的精彩。

随着年龄的增长与阅历的积累，人们往往倾向于追求简约而不简单的表达，信奉"语到极致是平常"的哲学。每个生命阶段都有其独特的语言风貌，正如青春少年多愁善感，言辞间洋溢着感性色彩；而古稀老者则沉静豁达，言语中透露出人生的智慧与淡然。

那么，如何为不同年龄段的人群量身打造适宜的语言风格呢？关键在于追求新颖生动、别具一格的表达方式。它应如"白毛浮绿水，红掌拨清波"般清新脱俗，又似"强国有我，请党放心"那样充满自信与力量。反之，空洞无物的套话与言不由衷的大道理，则应避免使用，以免使听众心生厌倦。

以"竞争与合作"这一话题为例，若仅从抽象层面泛泛而谈，如"我们所处的时代是竞争与合作并存的时代"，虽无误却显乏味。相反，若以生动的比喻切入，则能瞬间激活听众的兴趣。试想，将竞争与合作的关系比作乌龟与兔子的赛跑，两者若各自为战，胜负立判；但若携手合作，则能在陆地上兔子引领乌龟疾驰，水上则由乌龟驮载兔子前行，共同加速抵达终点，实现共赢。这一比喻不仅通俗易懂且富含哲理，深刻揭示了合作的力量——独行虽快，众行致远。

综上所述，"工字法"中的比喻手法是提升语言表达魅力的有效途径。它要求我们在表达时，善于捕捉事物间的内在联系，以新颖贴切的比喻激发听众的共鸣，使语言更加生动、有力且富有感染力。

二、特效药

"工字法"是在沟通与交流中频繁运用的思维工具，实则与语文课上所教授的"比喻"修辞手法不谋而合。为了更直观地理解这一概念，我们可以借助"工字法"模型进行阐释，如图 2-10-1 所示。在工字结构中，上横代表抽象的事物（本体），竖线则是连接词"就像"，而下横则是与本体具有相似特征的具象的事物（喻体）。这一模型简明扼要地展示了类比思维的运作机制。

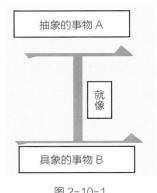

图 2-10-1

"工字法"的三个注意事项：

1. 熟悉场景的巧妙借用

选择听众熟知的场景或事物作为喻体，能迅速拉近与听众的距离。例如，若要批评某人过度干预他人事务，可形容"这就像一场本无须他出席的会议，他却擅自坐上了主席的位置"。

2. 强调相似，隐藏差异

有效的对比需聚焦于两者的共通之处，同时巧妙地避开不相关的差异性。如形容某人"有勇无谋"可喻为"昔日的绿林好汉"，这里强调其英勇无畏的一面，而忽略时代背景等不相干的差异。

3. 调动五感，激发共鸣

通过对比触动人的视觉、味觉、嗅觉等多感官体验，能够深刻激发听众的情感共鸣。比如，热恋的感觉被比作"吃话梅"，那酸甜交织、略带咸味的滋味正是爱情复杂而深刻的写照。

三、案例多

对比思维这一跨越时空的语言艺术，自古以来便是文学作品中不可或缺的瑰宝。它不仅赋予文字以生命，更让作品的思想深度与情感层次跃然纸上，成为连接作者与读者心灵的桥梁。

追溯至先秦时期的《诗经》，对比思维便已展现出其独特的魅力。"关关雎鸠，在河之洲"，诗人以雎鸠鸟的和鸣起兴，类比青年男女间纯真而热烈的爱情，这种以自然景象映射人类情感的表达方式，既含蓄又深邃，让人回味无穷。

及至近代，鲁迅先生的"俯首甘为孺子牛"更是将对比思维运用得炉火纯青。他以牛的形象自喻，不仅生动形象地表达了自己甘愿为人民服务、无私奉献的高尚情操，更深刻揭示了"横眉冷对千夫指，俯首甘为孺子牛"的崇高精神境界。

在古典诗词中，对比思维更是随处可见。李白以"抽刀断水水更流"来隐喻愁绪的难以排解，那潺潺流水仿佛成了无尽愁思的象征，一刀下去，非但不能斩断，反而更添几分哀愁。苏轼则以"人有悲欢离合，月有阴晴圆缺"来映照人生的无常与变化，那轮明月既是自然之美的化身，也是人生哲理的载体，让人在欣赏美景的同时，也能领悟到生命的真谛。

汪曾祺先生在其散文《昆明的雨》中，对昆明的杨梅进行了细腻而生动的描绘："昆明的杨梅很大，有一个乒乓球那么大，颜色黑红黑红的，叫作'火炭梅'，这个名字起得真好，真是像一球烧得炽红的火炭，一点都不酸！"这段文字通过类比的手法，将杨梅的颜色、大小乃至口感都生动地展现在读者面前。那

"火炭梅"的比喻，不仅让人仿佛亲眼见到了如火炭般炽热鲜艳的杨梅，更通过视觉与味觉的双重刺激，激发了读者对昆明杨梅独特魅力的无限遐想。

因此，掌握并灵活运用对比思维，对于提升语言表达能力、丰富作品的艺术魅力具有不可估量的价值。它不仅是文学创作中的一把利器，更是沟通作者与读者心灵的桥梁，让文学作品在时间的长河中熠熠生辉。

四、疗效好

练习题目

请运用"工字法"，谈谈你对"幸福"的理解。

方法二

生命魔法师法

一、诊断室

在成人即兴口语表达的广阔舞台上，"生命魔法师法"犹如一盏明灯，以其卓越的创造力照亮了我们探索语言魅力的道路。正如爱因斯坦深刻指出："想象力比知识更重要，因为知识是有限的，而想象力概括着世界上的一切，推动着进步，并且是知识进化的源泉。"在这里，我们将深入探讨"生命魔法师法"的魔力，学习如何运用这种创造力，为日常的口语表达注入鲜活的生命与深刻的内涵。

在探讨社会现象的即兴口语表达中，我们时常面临一个挑战：如何让抽象的概念变得生动有趣，从而深深吸引并打动听众的心？在未运用"生命魔法师法"之前，我们的表达往往显得枯燥而缺乏深度，就像是在简单地罗列事实和数据，而无法触及听众的情感层面。

比如，当我们谈论城市发展时，可能会这样说："这座城市已经经历了数十年的变迁，现在正面临着快速发展的挑战。我们需要在推动经济发展的同时注重保护城市的独特韵味和文化根基。"这样的表述虽然清晰，但却缺乏生动性和感染力，很难让听众产生共鸣。

然而，当我们运用"生命魔法师法"，将这座城市拟人化之后，表达效果立刻焕然一新。我们让这座城市"开口说话"，讲述它自己的故事和感受："这座城市，历经数十年的风雨洗礼，承载着无数人的梦想与奋斗，却也不免在快速发展的浪潮中迷失了方向。每当夜幕降临，它仿佛在低语：'我，这座曾经充满韵味的古城，如今却在钢筋水泥的森林中挣扎。我多么渴望在发展的同时也能保留住那份独特的韵味与文化的根基。'"这样的表达不仅让听众感受到了城市背后的深厚情感，也激发了他们对城市发展与文化保护的深刻思考。

通过对比，我们可以清晰地看到，"生命魔法师法"为我们的口语表达带来了多么巨大的变化。它让我们的语言变得生动而富有感染力，让每一个平凡的话题都充满了活力和深度。因此，在即兴口语表达中，我们要善于运用"生命魔法师法"，挖掘事物背后的故事与情感，用生动具体的语言去触动听众的心灵。

二、特效药

"生命魔法师法"是把事物通过生动的语言描述成一个人的方法，你也可以理解成修辞方法"拟人"。这一技巧在即兴口语表达中尤为有效，能让抽象的概念变得鲜活有趣。接下来，我们将以"城市"为例，详细解析"生命魔法师法"的三步走策略，见表2-10-1。

表 2-10-1

	"生命魔法师法"要为（　　　　　）赋予生命
第一步：性别年龄	
第二步：性格外貌	
第三步：动作台词	

第一步：性别年龄

选定"城市"作为要赋予生命的对象时，我们可以想一想，如果城市变成了人，它会是什么性别和年龄呢？

例如："如果这座城市变成了人，那我希望它是一个男性，而且是40岁左右的中年人，因为他已经历了数十年的风雨洗礼，承载着无数人的梦想与奋斗。"

第二步：性格外貌

再想象一下，这座城市变成人之后会是什么性格？外貌又是什么样子的呢？

例如："这位城市先生，他真是个充满韵味的中年绅士呀，虽然历经沧桑，但眼神中依然闪烁着智慧和梦想的光芒。他身着传统的服饰，混搭着现代的元素，展现着古今交融的独特魅力。"

第三步：动作台词

这座城市变成人之后，它有什么代表性的动作？标志性台词是什么？

例如：沉稳而深情的城市先生，在夜深人静时，总会轻轻抚摸着那些古老的建筑，低语道："我，这座曾经充满韵味的古城，如今却在钢筋水泥的森林中挣扎。我多么渴望在发展的同时也能保留住那份独特的韵味与文化的根基。"

这样的动作和台词完全符合城市先生的性格与外貌特征。

在组织语言之前，我们可以先把想象填在下表中的空白处，以便更好地运用"生命魔法师法"来赋能我们的即兴口语表达。通过这样的拟人化手法，我们让城市"开口说话"，讲述它自己的故事和感受。这样的表达不仅让听众感受到了城市背后的深厚情感，也激发了他们对城市发展与文化保护的深刻思考。

三、案例多

在安托万的《小王子》这部举世闻名的作品中，"生命魔法师法"的技巧被巧妙地运用在了玫瑰这一角色上，使其焕发出了独特的生命力。

如果我们将这朵玫瑰赋予人的特质，那么她无疑会是一位骄傲而脆弱的女性。她的瓣片华丽、色彩娇艳，宛如一位身着华丽长裙的贵妇，散发着迷人的魅力。然而，她的性格却充满了矛盾。一方面，她渴望得到小王子的关注和爱护，总是以各种方式吸引他的注意，仿佛是一个渴望被宠爱的孩子；另一方面，她又表现出极端的傲娇和任性，让小王子感到困惑和无奈，仿佛是一个情绪多变的少女。

她的标志性动作是轻轻地摇曳着瓣片，这个动作既像是在向小王子撒娇，寻求他的关爱和呵护，又像是在表达她的不满和抗议，诉说着她内心的委屈和诉求。而她的标志性台词"我需要屏风，我需要挡风的隔板……"更是充分展现了她既娇弱又要求苛刻的性格特点。她既希望得到小王子的保护和呵护，又对他提出了种种苛刻的要求，让他感到无所适从。

通过这样的拟人化手法，"生命魔法师法"将玫瑰这一角色赋予了鲜活的生命和复杂的情感。她不再仅仅是一朵花，而是一个有着自己性格、外貌、动作和台词的鲜活角色。她的存在让小王子的故事更加丰富多彩，也为读者带来了更加深刻的阅读体验。我们仿佛能够感受到她的喜怒哀乐，与她一同经历成长的烦恼和困惑。这朵玫瑰，无疑成为《小王子》这部作品中一道独特的风景线。

四、疗效好

练习题目

请运用"生命魔法师法"，谈谈"十二生肖的故事"。

第十一计

构思
新颖

方法一　口诀法
方法二　拆词解字法

方法一

口诀法

一、诊断室

提到"口诀"，你或许并不陌生。自幼我们便熟记："一一得一，一二得二，一三得三"，这是乘法口诀。

何为口诀呢？为何不同专业、不同时期的人们都倾向于编纂口诀呢？口诀在百度百科上的解释是："原指传授道术时的秘语，后多指根据事物的内容要点编成的便于记诵的语句。"由此可见，将要点内容编成口诀有三大益处：一是显得与众不同；二是显得有条理；三是不易遗忘。

若能掌握"口诀法"的精髓，并熟练运用到逻辑构思中，便能达到"新颖好记"的效果。接下来，我们通过一个与成人即兴口语表达相关的案例来感受一下口诀的奥妙。

假设有这样一个即兴演讲的话题："在职场中，如何平衡工作与个人生活？"你可能会这样回答："在职场中，我们常常面临工作与个人生活的冲突。为了平衡这两者，我们需要有责任心，对工作和个人生活都要尽职尽责。同时，我们也要有上进心，不断在工作中追求进步。当然，保持一颗平常心也很重要，不要被职场中的起起伏伏所影响。另外，我们还要记得享受生活，找到放松和愉悦的方式。最后，不要忘了珍惜与家人、朋友之间的感情，不要让工作完全占据我们的生活。"

这个版本虽然涵盖了平衡工作与个人生活的各个方面，但内容较为冗长，缺乏亮点，听众可能听过就忘，难以留下深刻印象。

再来对比一下，使用"口诀法"之后的版本：

"在职场中，我们常常面临工作与个人生活的冲突。那么，如何做到两者之间的平衡呢？我想到了一个口诀，那就是'三心二意'。大家可能一听会觉得有些疑惑，但其实这里的'三心二意'有着特别的含义。

'三心'，首先是责任心；无论是对工作还是对个人生活，我们都要有责任心，尽职尽责。其次是进取心；在工作中，我们要不断追求进步，提升自我。最后是平常心；面对职场中的起起伏伏，我们要保持一颗平常心，不被情绪所左右。

而'二意'，则是指惬意与情意。惬意，是我们在忙碌的工作之余，也要懂得享受生活，找到让自己放松和愉悦的方式。情意，则是我们要珍惜与家人、朋友之间的感情，不让工作完全占据我们的生活。

所以，大家看，这个'三心二意'是不是既新颖又好记呢？它其实就蕴含了我们平衡工作与个人生活的智慧。只有做到这'三心二意'，我们才能在职场中游刃有余，同时也能享受美好的生活。"

使用"口诀法"之后的版本，将复杂的观点简化成易于记忆和传播的形式。"三心二意"这个口诀将平衡工作与个人生活的要点概括得既简洁又富有内涵。听众听过一遍之后，就能记住并复述出来，这正是即兴口语表达所追求的效果。同时，"三心二意"这个口诀也具有很强的实用性和指导意义，可以在实际生活中加以运用，帮助人们更好地平衡工作与个人生活。

二、特效药

"口诀法"也有其便于记忆的"口诀"，即"一简，二活，三口诀"。

一简

观点要凝练，不要超过四个字，最好是一个字或一个词（见图 2-11-1）。这样的观点更容易记忆和传播。比如，我们提到平衡工作与个人生活的话题时，就可以将核心观点简化为"三心二意"。

> 把观点凝练成一个字或一个词。

图 2-11-1

二活

在阐述了观点之后，要用生动的事例、细节或数字来说明你的观点，如图 2-11-2 所示。这样可以让听众更加深刻地理解和记住你的观点。比如，在解释"三心二意"中的"三心"时，我们可以通过讲述一个同事小李的故事来让听众更加深刻地理解这三个要点。小李是一个尽职尽责的人，无论是工作还是家庭，他都能尽心尽力。在工作中，他总是能够按时完成任务，并且保证质量；在家庭中，他也总是能够抽出时间陪伴家人，尽到自己对家庭的责任。这就是责任心。同时，小李也是一个不断追求进步的人，他不仅完成了本职工作，还主动学习了新的技能，提升了自己的能力，这就是进取心。面对职场中的起起伏伏，小李总是能够保持一颗平常心，不被情绪左右，积极寻找解决问题的方法，这就是平常心。

> 用生动的事例、细节或数字诠释观点。

图 2-11-2

三口诀

把几个观点串联成一个常用词或短语，概括成好记的口诀。这样可以把每个像珍珠一样零散的观点，变成一串容易携带的珍珠项链，如图2-11-3所示。

图 2-11-3

三、案例多

当然，我们可以再以一个经典的话题为例，比如"如何有效管理时间"，就此话题运用"口诀法"进行即兴演讲。

"在快节奏的现代生活中，时间管理成为我们每个人都必须面对的挑战。那么，如何做到有效管理时间呢？我想到了一个口诀，即'三定二拒'。大家可能一听会觉得有些新奇，但其实这里的'三定二拒'蕴含着深刻的时间管理智慧。

'三定'，首先是定时。我们要为每天的任务设定明确的时间表，确保每项工作都能在预定的时间内完成。比如，我的朋友小张，他每天早上都会列出一天的工作计划，并设定好每项任务的完成时间，这样他就能有条不紊地推进工作，避免拖延。其次是定量。我们要根据任务的紧急程度和重要性合理分配时间和精力。小张在面对多个任务时总是能够先完成最重要、最紧急的任务，然后再处理其他事务，这样他就能确保工作的质量和效率。最后是定心。我们要保持专注和冷静，不被外界的干扰所影响。小张在工作时总是能够全神贯注地投入其中，不受手机、社交媒体等外界因素的干扰，这样他就能更高效地完成任务。

而'二拒'，则是指拒绝拖延和拒绝多任务处理。拖延是时间管理的大敌，我们要坚决拒绝它，做到今日事今日毕。同时，我们也要学会拒绝多任务处理，因为同时处理多个任务往往会分散我们的注意力，降低工作效率。小张在面对诱惑和干扰时总是能够坚定地拒绝拖延和多任务处理，保持高效的工作状态。

通过'三定二拒'这个口诀，我们将有效管理时间的要点概括得既简洁又富有内涵。听众听过一遍之后就能记住并复述出来。同时，这个口诀也具有很强的实用性和指导意义，可以帮助我们在实际生活中更好地管理时间，提升工作效率和生活质量。

所以，大家看，'三定二拒'这个口诀是不是既实用又好记呢？它其实蕴含了我们有效管理时间的智慧。只有做到'三定二拒'，我们才能更好地掌控时间，让生活更加有序和高效。"

四、疗效好

练习题目

请运用"口诀法"，谈谈你最期待的一个节日。

方法二

拆词解字法

一、诊断室

"字里乾坤大，点画岁月长。"汉字源远流长，蕴含了中国几千年的文化。每个汉字都如同一幅微型的画卷，拆开来解读都散发着独特的韵味。在口语表达中，我们可以运用"拆词解字法"来新颖地构思内容，展现汉语言的灵性与浪漫。

这里给大家两个版本，请对比一下关于"合作"这个话题的表达。

版本一："大家好，我今天想和大家分享一个关于团队合作的话题。我们都知道，团队合作在工作中非常重要，它能够帮助我们共同完成任务，提高效率。但是，有时候团队合作也会遇到一些问题，比如沟通不畅、意见不合等。那么，我们应该如何解决这些问题呢？我认为，首先我们需要建立良好的沟通机制，其次要学会倾听和尊重他人的意见。只有这样，我们才能更好地发挥团队合作的优势。谢谢大家。"

这样的表达虽然逻辑清晰，但缺乏新意和吸引力，很难让人留下深刻的印象。

再来感受一下版本二，使用了"拆词解字法"后的表达：

"大家好，我今天想用'合'这个字来谈谈我对团队合作的理解。拆开'合'字，我们得到'人''一'和'口'三个部分，这三个简单的汉字却深刻地揭示了团队合作的真谛。

'人'：在团队合作中，每个人都是独一无二的存在，拥有各自的优点和特长。只有充分发挥每个人的潜力，团队才能凝聚起最大的力量。

'一'：这个字代表着团结和一致。在团队中，我们需要心往一处想、劲往一处使，共同面对挑战、克服困难。只有团结一致，我们才能无坚不摧。

'口'：这个字可以理解为沟通和表达。在团队合作中，良好的沟通是至关重要的。我们需要真诚地交流和表达，才能更好地理解彼此，协同工作，共同推动团队向前发展。"

你感受到了吗？通过"拆词解字法"，原本平淡无奇的团队合作话题变得生动有趣。以"合"字为切入点，不仅巧妙地引出了团队合作的核心要素，还让人对"合作"这个概念有了更深刻的理解和记忆。这样的表达方式无疑更加精彩和引人入胜。

二、特效药

其实，"拆词解字"是同一个思路下的两种方法：

"拆词"是把一个词语中的每个字拆开来解读。例如：什么叫"觉悟"？"觉"就是"学习看见"，"悟"是"我的心"，所谓"觉悟"就是"学习看见我的心"。

"解字"则是把一个字的偏旁部首拆开来解读，说出其中蕴含的人生道理。例如：

铐："金"钱是"考"验，镣铐总相连。

武："止""戈"为武，德道无敌。武力不能服人，唯有德能服众。

值：正"直"做"人"，应是人一生追求的价值。

债：欠了别人的就要偿还，这是做"人"的"责"任。

协：要"办"成一件"十"分成功的大事，必须靠大家共同努力。

聪："总"是用心"听取"群众意见的人，就会有聪明的决策。

敏："每"天善于学习和思考，博览天下"文"章的人，才能有敏捷的头脑。

接下来，我们把"拆词解字法"应用在构思中，为了方便你记忆，我用一个口诀来总结步骤，即"一拆二解三举例，结尾要升华"，如图 2-11-4 所示。

我依然选择"合"这个字作为切入点进行拆词和解字。

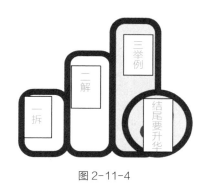

图 2-11-4

一拆

首先，我们要确定"合"这个字具有"可拆性"。拆开"合"，我们得到了"人""一"和"口"三个部分。

二解

其次，用一句话来解读这三个部分。

"人"：它代表着团队中的每一个成员，每个人都是独一无二且不可或缺的存在。

"一"：这个字寓意着团结和一致，团队需要心往一处想、劲往一处使。

"口"：在这里，它可以理解为沟通和表达，是团队合作中的桥梁和纽带。

三举例

最后，为了更深入地说明这三个部分的寓意，再举一些具体的例子。

"人"：比如在我们的团队中，有擅长策划的，有精通技术的，还有善于沟通协调的。正是这些不同的人才，共同铸就了我们团队的强大实力，每个人都是团队成功的重要一环。

"一"：我记得有一次，我们团队面临一个紧急项目，时间紧迫、任务繁重。但是，我们团队成员没有退缩，而是团结一心、共同奋斗。最终，我们按时完成了项目，并取得了优异的成绩。这正是"一"字所蕴含的团队合作的力量。

"口"：在我们的团队中，沟通是非常重要的。我们每周都会召开团队会议，分享工作进展和遇到的问题。通过充分的沟通和讨论，我们能够及时解决问题、调整工作计划，确保团队目标的顺利实现。这就是"口"在团队合作中的重要作用。

结尾要升华

结合"合"这个字，我认为团队合作的核心就是：以人为本，团结一致，注重沟通。我们需要尊重每个人的独特性，同时也要强调团队的整体性和一致性。只有这样，我们才能打造出真正高效与和谐的团队，共同创造出更大的价值。

三、案例多

大冰的书为年轻人打造了一个"理想国"，为他们提供了一种美好生活方式的范本。他在《中华好诗词》节目里有过一段关于"讲述与分享"的即兴演讲。在这段演讲中，大冰利用"拆词解字法"使自己的演讲层次分明、内涵丰富：

"生命既然是用来发现和体验的，为什么不能过得稍微丰富一些呢？

在我的认知当中，有一个词非常重要，这个词叫作阅历。这也是咱们中国人古往今来评价一个人成熟程度的一个重要的衡量标杆。

什么叫'阅历'？'阅'为读书；'历'为游历、行走。再拆解一下：'阅'为有质量的信息量索取；'历'为有质量的人际沟通交往。

二者相加，才能够构成一个不断成长的、个体单位的心智健全的自然人。"

我听了这一段演讲后的感悟是：虽然我们经常说要读万卷书，行万里路，丰富自己的阅历，但是究竟什么是阅历？怎样才能丰富自己的阅历？也许，我们从来没有像大冰这样"咬文嚼字"地去思考过。

我在《PPT演讲力》一书中看到过一个让我过目不忘且拆解汉字做分论点的精彩案例：

重庆卫视有一档节目叫《书记晒文旅》，其中记录各区（县）区委或县委书记的8分钟演讲，为自己的城市做宣传。8分钟把一个城市的古往今来、方方面面都介绍清楚很难，但是奉节县委书记杨树海的演讲逻辑，我就很钦佩。

一开场，他翻开新华字典找到'夔'（kuí）字——特指奉节，他就从一个'夔'字讲起，这个字由首、止、巳、八、文五个部分组成。

三峡之'首'：三峡的起点白帝城就在奉节。

高山仰'止'：奉节有三峡之巅——夔门，中华山水第一门。

万物成'巳'：奉节优越的自然气候，孕育出中华名果——奉节脐橙。

秋兴'八'首：奉节是中华诗城。

厚重人'文'：夔州文化可以上溯到13万年前。

我以前从没刻意了解过奉节这个地方，但听完这个演讲就对它难以忘记了，有去一探究竟的冲动。这个"拆词解字法"运用得太厉害了。

言之
有序

四、疗效好

　　请运用"拆词解字法"，谈谈你对"赢"这个字的理解，如图 2-11-5 所示。

图 2-11-5

第十二计

呈现
新颖

方法一　随身演示法
方法二　道具类比法

方法一

随身演示法

一、诊断室

为什么我们要用"随身演示法"让呈现效果更加新颖呢？《TED 演讲的力量》一书中的一段话给出了答案："让观众获得一种思想，最直接的方法是什么呢？只要拿给他们看即可。你可以演示你发明的产品，展示 50 张你最近穿越亚马逊丛林时的精美照片。"书中还举了一个例子：一场 5 分钟的演讲，结构很简单，但点击量超过了 1200 万次。这段演讲之所以成功，就是因为它运用图片和视频的方式，向观众展示了一组连科幻作家都难以想象的海洋发光生物，让每一个观众都仿佛亲历一场奇幻的海洋之旅。

当然，演示的方式有无数种形式。如果是有备而来，有时间精心准备一段表达内容，那么图片、视频、道具都不失为一种理想的演示方式。如果是即兴发言，或者来不及准备素材，那么有没有一种随时随地就能演示一下的方法呢？有！以下，让我们对比一下演示前后的表达效果有什么差异吧！

衡水中学毕业的张锡峰在网上有一个流传甚广的演讲《青春与梦想》，他前半部分的演讲内容辞藻华丽，但是少了些让人印象深刻的创意。那他是靠什么反转的呢？两大杀手锏：一是"讲故事"；二是"会演示"！他在演讲开场之后，没有让演讲落入俗套的基调中，而是精彩地讲述了他在衡水中学的故事，用故事引发大家的情感共鸣。之后，他用了一段精彩的"随身演示"，把整个演讲的气氛推向了高潮，内容如下：

"请大家五指并拢，放于腰间，慢慢高举，举过头顶，张开。成功了吗？恭喜你，你给自己放了个烟花。可是，烟花虽美，转瞬即逝。现在，请同学们捧着你的烟花，把掌握成拳置于你的耳边。如果你能清楚地听到脉搏的律动，那么，我告诉你：这，是生命。我们梦想很美、很远大，但是只有把掌握成拳，用尽全力挥向生活，这样才是青春路上该有的姿态。"

怎么样，有画面感了吗？这就是"随身演示法"的舞台魅力！你的肢体，也就是站在舞台上的你这个人，就是你随时随地都可以赋予其象征意义，用来诠释主题的"杀手锏"。而且这种"随身演示法"还有一个图片演示和视频演示都无法媲美的优势，那就是互动感和参与性很好，让听众越投入，他们才越有共鸣。

二、特效药

使用"随身演示法"，共分为以下三个步骤。

第一步：确定主题

用一个词或者一句话把你要表达的主题精准地概述出来。演示是为主题服务的，没想好主题就去演示，那一定是喧宾夺主、画蛇添足的。

例如："我们梦想很美、很远大，但是只有把掌握成拳，用尽全力挥向生活，才是青春路上该有的姿态。"

第二步：设计动作

在确定了主题之后，你就要调动类比思维去设计一组动作，帮你演示主题。在设计动作的时候有两种思路：

第一种是互动式，像张锡峰那样带领大家一起做动作，那就需要把设计的动作再用语言呈现出来，像指令一样引导观众跟随你一起完成。

例如："请大家五指并拢，放于腰间，慢慢高举，举过头顶，张开。"还有：

"现在，请同学们捧着你的烟花，把掌握成拳置于你的耳边。"这就是在把动作变成口令，引导观众互动。

第二种思路是观看式，就是演讲者自己做动作，其他观众看他呈现的效果。这时候不用把每个动作说出来，自己把动作做出来就可以了。

例如："大家看，我给自己放了一个烟花。"（语言表达。）

又如："五指并拢，从腰间慢慢举过头顶。"（动作呈现。）

第三步：自圆其说

接下来就需要举例证明和升华主题。新颖的演示可以博人眼球一时，但能深入人心、引人思考的还是言之有理和言之有物的内容。

例如，张锡峰在这段演示之后就举了自己的事例，并且升华了主题："我曾把自己向往的大学、热爱的城市拍成照片贴在课桌上。每当我精疲力竭时便要看它一下，然后质问自己：'就这样了？你就这点东西？你真的到了最后歇斯底里、不能坚持的地步了吗？'你的理想是诗、是梦、是远方的田野、是穿越世界的旅行。但现在你能做的只是把手握紧、厚积薄发。你只有付出，付出你的时间，赌上你的尊严，拿出你的全部、你的 everything。"

三、案例多

"超级演说家"的冠军刘媛媛在《不作就不会活》的演讲中就运用了"随身演示法"。在她的这段演讲中，她所谓的"作"不是酗酒、飙车、赌博这种不健康的作死生活方式，而是不安于现状、突破舒适圈，去过自己内心真正想要的生活。为了让大家形象地感受什么叫作舒适圈、什么叫作生活中的束缚，她伸出了右手食指，一边演讲，一边给我们画出了一个格子。

"亲爱的朋友们，从小到大，我们就在听着别人的声音给自己的人生画格子。左边这条线是要学业有成，右边是要有稳定的好工作，上边这条线是要有幸福的婚姻，下边这条线是一定要生个孩子。好像只有在这个格子里才是安全的，才会被认为是幸福的。一旦跳出这个格子，别人就会说你作。可每个年轻人都有点想作的冲动吧！明明应该考个经济、法律、土木工程专业，你却想当演员去演电影；明明应该跟一个条件不错的男人结婚，你却想要分手去追求爱情；明明工作得好好的，你却想辞职去旅行；明明应该听从父母的安排回到家乡当公务员，你却想去大都市，即使每天灰头土脸、疲于奔命。明明知道不作死就不会死，我们为什么还要如此折腾自己？可能是因为我们还年轻，因为年轻，因为还有勇气，所以我们还能听从自己内心的声音，做一点看起来不怎么对的事情。年轻的时候，我们其实根本不知道自己想要什么。你知道自己想要的到底是什么吗？我都不知道自己将来到底该干什么，只是知道自己不想要什么，不想要循规蹈矩、平平淡淡的生活，不想要一眼能看到生命尽头的日子。作不作都是要死的，作死总比安分守己地生活在格子里等死好。"

按照"随身演示法"的步骤，我们拆解一下她以上的演讲，如图 2-12-1所示。

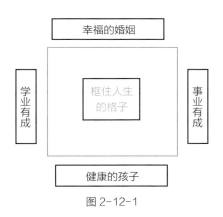

图 2-12-1

第一步：确定主题

她在演讲表达中确立的主题是：要冲出循规蹈矩的格子，过真正精彩的人生。

第二步：设计动作

有了这一主题，她就设计了上面的一组动作，用右手食指画出了格子的四边形，分别代表的是四个世俗眼中的成功。

第三步：自圆其说

接下来，她自圆其说，举了一组事例：这个世界上有很多冲出格子的人，有的人要跨专业去当演员，有的人分了手去追求爱情，有的人辞职去旅行，还有的人扔下"铁饭碗"去大城市闯荡。然后，她用自己的想法升华了主题："不想要循规蹈矩、平平淡淡的生活，不想要一眼能看到生命尽头的日子。作不作都是要死的，作死总比安分守己地生活在格子里等死好。"

四、疗效好

练习题目

请运用"随身演示法"，谈谈你对"顺境逆境，不过心境"这句话的理解。

方法二

道具类比法

一、诊断室

知名辩手詹青云曾深刻指出："在演讲的广阔舞台上，巧妙而富有创意地运用道具，其所带来的震撼力以及对观众感受与体验的触动，往往能够超越单纯的文字与冰冷的数据。"这番话绝非空穴来风，它精准地揭示了演讲中的一个核心真理：尽管人们可能会随着时间的流逝而逐渐忘却那些具体的言辞与行为，但那些精心设计过的演讲所激发的深刻感受，却会长久地镌刻在他们的记忆之中。因此，在面向公众的表达过程中，善于运用道具来调动听众的情绪，无疑能够极大地加深他们对演讲内容的感受，从而在他们的心中留下难以磨灭的深刻印象。

试想，如果我们仅仅依赖语言描述"玻璃心"这一社会现象，其效果会如何呢？或许，在听完"玻璃心"的定义与一系列特征之后，听众能够在理智上理解其含义，但对于其内在的脆弱性以及如何才能使心灵变得更加坚强，他们仍然缺乏一种直观而深刻的感受。

然而，如果我们借助道具来进行类比，那么效果将会截然不同。想象一下，一位演讲者走上舞台，在喝完一杯水之后，他手握一个看似普通的玻璃杯，向观众提出一个问题："如果我此刻松手，大家认为这个杯子会怎样？"听众或许会异口同声地回答："它会摔碎。"但出乎意料的是，当演讲者松手，杯子落地发出清脆的声响后，它却依然完好无损，没有丝毫破损的迹象。这时，演讲者趁热打铁，解释道："通常，大家都会认为这个杯子一定会碎。然而，这并非是一个普通的玻璃杯，而是由坚固的玻璃钢制成的。"紧接着，演讲者话锋一转，点明了演讲的主题："有些人的心灵就像一个普通的玻璃杯一样脆弱，稍微遇到一些挫折就会崩溃。而有些人的心灵则如同这玻璃钢一般坚韧不拔，即使面临再大的困境，他们也会紧紧抓住生命的希望之手，永不放弃。"

通过这样的道具类比，是否成功地传达了更为强烈、更为深刻的情绪感受？是否引发了听众的深思与共鸣？答案无疑是肯定的。

二、特效药

"道具类比法"，是一种极具创意和实效的演讲技巧，它共分为三个步骤。

第一步：确立主题

无论道具多么生动、多么吸引人，都必须紧紧围绕演讲的主题来展开，否则就会喧宾夺主，使听众感到困惑不解。

第二步：寻找类比

在确立了主题之后，接下来需要运用"工字法"迅速寻找一个恰当的道具进行类比。具体来说，"工字法"的上横部分用来描述内心坚强之人的特点，即他们能够在挫折中保持完好无损；中间的"竖"部分则是"就像"这个词，它起到了连接和过渡的作用；而下横部分则是用来进行类比的道具，比如前例中的由玻璃钢制成的杯子。

第三步：道具演示

在这一步中，演讲者需要手持道具，将动作、语言、互动与效果巧妙地串联起来，形成一个完整而连贯的呈现过程。就像在前一个例子中，演讲者通过一系列的动作、语言、互动以及杯子落地后仍然完好无损的效果，成功地传达了演讲的主题和观点。

三、案例多

在演讲的舞台上，众多高手都擅长运用"道具类比法"增强演讲的效果。根据不同的演讲目的，道具所起的作用也各不相同。有时，道具可以用来直观地展示产品的优越性。例如，当乔布斯发布 Macbook Air 时，他并没有直接说出这款电脑有多么轻薄，而是巧妙地将它从信封中取出，让观众通过直观的视觉感受来领略其轻薄之美。观众的掌声和尖叫声就是最好的证明，无须多言，他们就已经深刻感受到了 Macbook Air 的轻薄之处。

再如教育家陶行知先生的一次经典道具类比。1938 年，他在武汉大学进行演讲时，先拿出了一只大公鸡和一捧米。他强迫大公鸡吃米，但大公鸡拒绝了；他又硬将米塞入鸡嘴，但大公鸡挣扎着吐了出来；最后，他放手让大公鸡自由吃米，大公鸡便自食其力。在观众充满好奇的时候，陶行知先生亮出了自己的观点："教育就像喂鸡一样。如果我们强迫学生学习，就像硬灌知识一样，他们不仅不愿意学，而且即使学了也难以消化。但是，如果我们让他们自由学习，发挥他们的主观能动性，那么效果就会更好！"

虽然没有视频能够还原当时的现场情景，但仅凭文字的描述，我们就已经能够感受到"大公鸡"这一道具类比所带来的惊艳效果。运用"道具类比法"解析陶行知先生的思考路径，我们可以清晰地看到：第一步是确立主题——教育不可强硬灌输；第二步是寻找类比——就像喂鸡一样；第三步则是道具演示——通过舞台上的一系列动作和效果展示，生动地传达这一观点。

四、疗效好

请运用"道具类比法"，谈谈你对"虚心使人进步，骄傲使人落后"这句话的理解。

故事力

第三章

言 之 有 序

成为表达高手的 36 计 72 法

第十三计

选材有戏

方法一　你我它法
方法二　高大上法

方法一

你我它法

一、诊断室

我们常说"巧妇难为无米之炊",无论厨艺多么高超,都需要一定的食材才能做出一顿可口的佳肴。同样,讲好故事的前提也一定是有故事可讲。

有一位辩手曾分享过一个理念,我深以为然。她说:"我们每个人的脑海里,其实都存储了非常多的故事素材或段子,比如一则听过的笑话、一段有趣的经历、一个有趣的冷知识等。但突遇要表达或分享的时候,我们却常常不知道该说什么。其实原因很简单,就是想不起来了。哪有什么'书到用时方恨少',只是'书到用时想不起来'而已。"

在教学中,我也发现学员们并非没有故事可讲,只是他们突然头脑空白,一时想不起来发生在自己身上的事情。在一次直播解说课上,我让学员们用讲故事的方法来推销五常大米。结果,他们寥寥数语就讲完的故事非常个人化,很难让观众产生共鸣。例如,有人在超市买了一袋假的五常大米,煮饭很难吃;有人曾经减肥期间戒碳水,但后来看到一碗大米饭就破防了;还有人提到朋友寄给自己一袋大米,很好吃。

接着,我给学员们播放了东方甄选的主播董宇辉讲述的有关大米的故事,大家瞬间觉得特别有共鸣。有一位网友更是被他的故事深深打动,连续在董宇辉的直播间买了四袋大米。以下,我们来一起看看董宇辉是如何讲述的。

第一次进直播间，听到董老师说："你后来吃过很多菜，但是那些都没有味道了，因为每次吃菜的时候都得回答问题，都得迎来送往，都得小心翼翼，你不放松。你还是怀念回到家里炒一盘土豆丝，炒一盘麻婆豆腐，炒个西红柿鸡蛋，那个饭吃得真让人舒服。"这位网友买了第一袋大米。

第二次进直播间，董老师在说："我想把天空大海给你，把大江大河给你，没办法，好的东西就是想分享与你。譬如朝露，譬如晚霞，譬如三月的风与六月的雨，譬如九月的天和十二月的雪，世界美好都想赠予你。你对我的好，就像这盛夏一样，就像莎士比亚那句诗'我是否可以将你比作夏日'。"于是，这位网友又买了第二袋大米。

第三次进直播间，董老师还在卖大米，这一次又是不同的文案："我没有带你看过长白山皑皑的白雪，没有带你去感受过十月田野吹过的微风，没有带你看过弯下腰有如智者一般的谷穗儿，没有带你去见证这一切。但是亲爱的，我想让你品尝一下这个大米。"这位网友又买了第三袋大米。

第四次进直播间，没有意外，他又被感动，又买了一袋大米。董老师说："大概在一万年前新月湿地，就是现在的两河流域这里，人类驯化了小麦。所以在尤瓦尔·赫拉利看来是小麦驯化了人类，而不是人类驯化了小麦。因为以前我们学会了直立行走，为了种小麦，你弯下腰去。亚洲的另一端，一万年前，中国人驯化了水稻。人类一共有 700 万年的历史，真正重要的只有这一万年。一万年的历史很久，但我只爱与你在一起的每一分每一秒，每一朝每一夕。我爱这世间的三样东西：The sun, the moon, and you！太阳、月亮和你。太阳是白天，月亮是晚上，你是永远！"

怎么样，是不是特别动人？奥秘就在于董宇辉在故事选材的时候比我们的学员多了一个"你我它"的技巧，因而能把故事讲得更能让听众产生共鸣。所以，真的是应了那句话："哪有什么'书到用时方恨少'，只是'书到用时想不起来'而已。"的确，没有无故事可讲的人，只有不会讲故事的人罢了。

二、特效药

揭晓一下，董宇辉讲大米用到的方法是"你我它法"，如图 3-13-1 所示。

可以用这三个问题来帮助你确立故事的选材：

"你"（观众）和主题之间有什么故事？

"我"（表达者）和主题之间有什么故事？

"它"（主题）本身有什么故事？

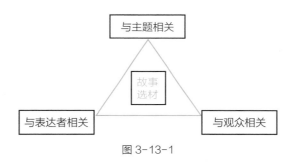

图 3-13-1

以主题作为桥梁，把表达者和观众都连接起来的故事选材才能产生共鸣，见表 3-13-1。

表 3-13-1

角度顺序	引导问题	董宇辉文案
你和它	"你"和"大米"之间有什么故事？	"你后来吃过很多菜，但是那些都没有味道了，因为每次吃菜的时候都得回答问题，都得迎来送往，都得小心翼翼，你不放松。你还是怀念回到家里炒一盘土豆丝，炒一盘麻婆豆腐，炒个西红柿鸡蛋，那个饭吃得真让人舒服。"
我、你和它	"你"和"我"之间与"大米"有什么故事？	"我没有带你看过长白山皑皑的白雪，没有带你去感受过十月田野吹过的微风，没有带你看过弯下腰有如智者一般的谷穗儿，没有带你去见证这一切。但是亲爱的，我想让你品尝一下这个大米。"

（续）

角度顺序	引导问题	董宇辉文案
它和我、你	"大米"的故事对我们之间关系的影响？	"一万年前，中国人驯化了水稻。人类一共有 700 万年的历史，真正重要的只有这一万年。一万年的历史很久，但我只爱与你在一起的每一分每一秒，每一朝每一夕。我爱这世间的三样东西：The sun, the moon, and you! 太阳、月亮和你。太阳是白天，月亮是晚上，你是永远！"

三、案例多

罗振宇 2022 年的跨年演讲主题是"原来还能这么干"。在 4 个小时的演讲中，他讲了 53 个故事，大部分都是第三人称"他"还能这么干：为了给孩子治疗罕见的疾病，自己在家研制药品的徐伟；为了荣耀用户，把每一个用户的名字都打在大屏幕上的汽车品牌岚图；为了让等待的时刻不再焦急，某个城市的一个街道把红绿灯的形状变成了心形。

不过，最令我印象深刻的还是他讲到的与"你、我、它"都有关的故事，就是他自己的亲身经历：

"今年的跨年演讲，因为场地调整，第一次没有现场观众。我面前的 12000 个座位全都空着。接到这个消息的时候，距离跨年只剩 90 个小时了。还是那句话：行就行，不行我再想想办法。空场演讲的难题是没有互动的对象，无法感知观众的情绪。我们想了一个办法，我对面的音乐导演飞羽老师，已经陪着跨年演讲五年了。今天，我邀请他把键盘乐器搬到了场中央，就坐在我对面。一张琴，两个人，待知音，这个意象多好。飞羽老师身边的那些大熊猫玩偶，就代表我们所有的观众来到了现场。飞羽老师就是我想到的那个办法。让我们一起，见证今天晚上的那个主题：原来还能这么干！（我和主题的故事。）

"你也可以倒上一杯酒，或者是泡上一壶茶，遇到心有所感的人和事，你可

以举杯敬他，也敬自己心里这点触动。"（你和主题的关联）

我们来分析一下，为什么这个故事的选材更能共情。首先，表达者讲述自己与主题关联的故事会更加有真情实感，更有感动观众的力量；其次，在结尾升华的时候再把演讲主题和台下坐着的每一个"你"进行关联，就会让听众更有代入感。因此，同时能够包含"你、我、它"这三个角度的故事，就是一个非常适合在公众表达时讲述的故事选材！

四、疗效好

练习题目

请运用"你我它法"，谈谈你对学习新事物的体会。

方法二

高大上法

一、诊断室

如果说生活是一部分宏大的文学巨著，那么每一个故事则是其中璀璨的篇章。在有限的时间里，我们无法详尽无遗地叙述整部作品，只需摘取其中数个精彩的篇章细细品味与讲述。然而，当话题涉及个人生活经历时，许多人便会陷入纠结：从小到大，自己经历的事情数不胜数，因不知从何讲起而感觉似乎无话可说。以"生活百态图"为例，在我的引导下，学员们会尝试从不同角度回顾自己的生活，思考亲身经历过或目睹过或耳闻过的事情，努力调动五感去追忆那些难忘的瞬间。在回忆的过程中，脑海中或许会浮现出许多事件，例如，终于鼓起勇气上台表演，外婆学会了使用智能手机，外公开始练习书法。但越是思绪纷飞，事件越多，人们就越难以抉择该讲述哪件事，仿佛置身于琳琅满目的珍宝馆，最终却可能空手而归——选项过多，往往导致无法抉择！

那么，选材方面究竟有何秘诀？是否存在某种标准？答案是肯定的！你可曾记得那部经典名著《红楼梦》？贾宝玉不是神仙，也不是英雄，他只是大观园中的一位公子。他生活在贾府这个小小的世界里，与园中的众姐妹、丫鬟们相知相识，他的天地似乎就是这座园子。然而，《红楼梦》却流传千古，成为无数人心中的瑰宝。宝玉的经历，让我们相信"繁华落尽见真淳"的哲理。他虽生于富贵之家，却心怀慈悲与纯真；他虽历经情感波折，却始终坚守着对美好事物的追求。是的，阅读《红楼梦》，你能深刻感受到宝玉在复杂情感与世事变迁中的坚韧与纯真，让人心生共鸣。曹雪芹以细腻的笔触描绘了宝玉平凡而又真实的生活。无数读者为之倾倒，赞叹其人间真实。宝玉的一生中可讲的故事那么多，曹雪芹究竟是如何选择情节，构建这部鸿篇巨制的呢？接下来，让我们一同探寻筛选素材的秘诀吧！

二、特效药

要告别"故事选择恐惧症"，瞬间"一锤定音"，我们可以遵循三个选材的标准（见图3-13-2），即"高大上"。这三个字分别代表了三个最想讲且别人也想听的故事选材方向。

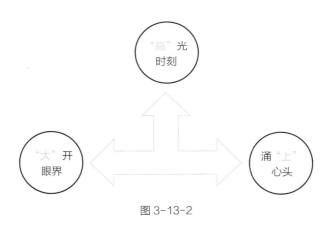

图 3-13-2

"高"光时刻

绝大多数人的高光时刻是平常人生每一天的坚忍，是悉心串联起日常的珍珠，总有那么一束光照耀你的生活。我们要做一个追光者，铭记生活中的每一个高光时刻。

引导的问题是：有没有哪个高光时刻让你觉得非常自豪与骄傲呢？

例如，在贾府的生活中，高光时刻不胜枚举。但最为人称道的莫过于贾宝玉与林黛玉的初次相遇。那日，宝玉初见黛玉，便被她那"两弯似蹙非蹙罥烟眉，一双似喜非喜含情目"所深深吸引。这一瞬间，不仅照亮了宝玉的心房，也成为整个《红楼梦》中最闪耀的高光时刻。

"大"开眼界

大开眼界是"此曲只应天上有，人间难得几回闻"的沉醉；大开眼界是"大鹏一日乘风起，扶摇直上九万里"的艳羡。大开眼界是生活的夜空里令人炫目的烟花，是往后余生中挥之不去的印记。

引导的问题是：有没有哪次经历让你觉得大开眼界？或者，有没有哪次事件让你觉得难以置信，刷新了认知？

例如，贾府中的大开眼界之事最令人难以忘怀。当刘姥姥初入大观园时，那奢华的景致、精致的物件，以及众人的排场，都让她惊叹不已。这一情节不仅展现了贾府的富贵荣华，也巧妙地讽刺了当时社会的等级差异。

涌"上"心头

李清照有诗云："才下眉头，便上心头。"能让你在听到话题的一瞬间就涌上心头的事，一定是让你印象最深刻的。

引导的问题是：有没有一件难忘的事让你瞬间涌上心头？最开心、最难过、最害怕的事都可以讲一讲。

例如，在贾府的生活中，最令人难忘的莫过于那些涌上心头的深情时刻。林黛玉病重时，宝玉守在她身边，尽显那刻深深的忧虑与不舍；贾母去世时，整个贾府沉浸在悲痛之中，尽显那刻沉重的哀伤与怀念。这些时刻都让人感受到了人性的真挚与深情。

三、案例多

关于"父亲"这一话题的演讲，我们也可以从不同角度进行选材。以下是一些成功的案例，它们展示了如何从不同的角度挖掘和讲述关于父亲的故事。

陈铭：父亲的"'高'光时刻"

在《超级演说家》中，陈铭讲述了身为人民警察的父亲破重案要案的高光时刻。他生动描述了父亲如何与犯罪头目谈判，最终成功将罪犯抓捕归案的场景。这个故事不仅展现了父亲的智慧和勇敢，还体现了他悲天悯人的情怀。通过这个故事，听众对陈铭的父亲产生了深深的敬佩和感激之情。

崔永平：继父的深情付出，"涌'上'心头"

演说家崔永平深情地回忆了自己艺考时继父陪考的感人故事。他描述了继父如何发高烧还坚持陪他考试、如何在车站为他送行时说"祝你好运"的细节。这些生动的描述让听众仿佛亲身经历了那些场景，感受到了继父对崔永平的深深爱意。这个故事也成为崔永平演讲中最感人的一幕。

梁植：普通人的非凡坚守，令人"'大'开眼界"

著名演说家梁植曾分享过一个令人大开眼界且感动至深的故事。他讲述了一个普通人欧兴田如何用 30 年的时间去寻找战争中失散的战友遗体并为他们建了一个烈士陵园的事迹。欧兴田走遍了中国的大山和险滩，找到了他们的遗体，并把其一个一个地都接回了家。他甚至从家中搬出来，住进了那个陵园，到现在已经住了将近 30 年。这是一种对许诺的坚守和对战友深情的体现。梁植通过这个故事，让听众对人性的至善至美有了更深刻的认识和感悟。

生活是由无数个故事组成的，每个故事都有其独特的魅力和价值。在选择和讲述故事时，我们应该遵循"高大上"的选材标准，寻找那些能够触动我们内心、引发听众共鸣的故事。通过巧妙地讲述这些故事，我们可以更好地展现生活的多彩和人性的光辉，让听众在聆听中感受生活的美好和力量。同时，我们也可以通过分享这些故事，传递正能量和价值观，让更多的人在故事中找到共鸣和启迪。

四、疗效好

请运用"高大上法",讲一个有关"信念"的故事。

第十四计

要素
有戏

方法一　故事山法
方法二　STAR 模型法

方法一

故事山法

一、诊断室

以网络上热门的视频系列"三分钟解读经典电影"为例，该系列中的某一期关于《肖申克的救赎》的解读就很好地展示了选材与讲述方法的重要性。在早期的一期视频中，博主尝试平铺直叙地讲述电影的每一个细节，从主角安迪入狱开始，到他与瑞德的友情，再到他策划逃狱的每一个步骤，但由于缺乏明确的选材和讲述框架，整个视频显得冗长且缺乏重点，观众很难从中深刻感受到电影的精髓。

然而，在后续的一期视频中，博主采用了"故事山法"重新解读这部电影。他选取了安迪与瑞德的友情、安迪逃狱的策划以及他最终重获自由的三个关键片段，让观众能够深刻地感受到电影的情感深度、人物性格的塑造以及主题的升华。使用"故事山法"后，博主的讲述变得更加紧凑、有力，观众也能够更加深入地理解电影的内涵。

那么，如何做到像这位成功的博主一样呢？这就引出了我们接下来要探讨的"特效药"——以"故事山法"塑造冲突，让你的讲述更加引人入胜。

二、特效药

在讲故事的入门阶段，一个非常适合塑造冲突、讲出精彩故事的方法是"故事山模型",如图 3-14-1 所示。这个模型就像一座山,山上有 6 个关键词,分别对应 6 个问题,这 6 个问题又构成了讲述一个精彩故事的骨架。接下来,我将以《肖申克的救赎》这部电影为例,详细阐述如何运用"故事山法"讲述一个故事。

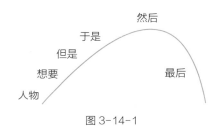

图 3-14-1

人物:

故事的主人公是安迪·杜佛兰,一个被冤枉入狱的银行家。

想要:

安迪想要重获自由,证明自己的清白,并揭露监狱中的腐败。

但是:

安迪遇到了很多麻烦。首先,他被冤枉入狱,失去了自由和名誉。其次,他在监狱中遭受了非人的待遇和欺凌。最后,他还发现监狱中的高层存在腐败行为,这使他的处境更加艰难。

于是:

遇到这些麻烦后,安迪并没有放弃。他开始利用自己的金融知识为监狱长洗钱,并逐渐赢得了监狱长的信任。同时,他也开始秘密策划逃狱,寻找能够证明自己清白的证据。

然后:

在安迪的努力下,他逐渐在监狱中建立了自己的地位,并赢得了其他囚犯的尊重和友谊。他还秘密地挖了一条通往自由的隧道,准备在合适的时机逃狱。同时，他也开始收集能够证明自己清白的证据，并准备揭露监狱中的腐败行为。

最后：

安迪成功地逃出了监狱，揭露了监狱长的腐败行为，并领走了监狱长贪污的黑钱。他重获了自由，并开始了新的生活。他的坚韧和智慧赢得了观众的敬佩和赞赏。

通过运用"故事山法"，我们可以更加清晰地讲述《肖申克的救赎》这部电影的故事。这一方法不仅适用于电影故事的讲述，也同样适用于现实生活中的故事讲述。掌握了它，我们就能够在任何场合讲出精彩的故事了。

三、案例多

在央视的《主持人大赛》中，选手们纷纷讲述了一个又一个感人至深的正能量故事。在文艺组决赛中，蔡紫抽到的题目是串词模拟主持，这三个词语分别是"草原""列车""妈妈"。她的这段表述也体现了"故事山法"在塑造冲突效果上的作用，让草原额吉都贵玛的形象闪闪发光。

现场的各位朋友，欢迎来到今天的《中国故事》。人类可以发出的最美好的语言就是"妈妈"，在蒙语当中，妈妈又被叫作"额吉"。

20 世纪 60 年代初，一场自然灾害席卷南方大地。在周恩来总理的亲自关怀下，3000 名孤儿坐着列车，从黄浦江边来到了内蒙古大草原，大草原成为他们的第二故乡。

人物：当时 19 岁的都贵玛是草原上的一位保育员。

想要：她没有结婚，没有孩子，却毅然收养了 28 名孤儿。从学喂饭、喂奶粉、换尿布开始，都贵玛用爱呵护着这些孩子们成长。

但是：孩子们刚来草原的时候，不适应这里的环境，想家，想妈妈。

于是：都贵玛就整夜整夜地用草原的歌曲呵护他们入睡。

然后：在她的悉心照料下，28 名孩子茁壮成长。

最后：都贵玛最开心的事情就是听孩子们叫她一声"额吉"，她感谢这些孩子，让他们体会到了做母亲的快乐。

我想，收养一个孤儿是善良，收养3000名孤儿则是民族的博爱。这些"国家的孩子"和草原的"额吉"，共同向我们抒写了超越民族、超越地域的传奇故事。

四、疗效好

练习题目

请运用"故事山法"，讲述一个与热爱有关的故事。

STAR 模型法

一、诊断室

中国人历来以内敛含蓄、谨言慎行为美，常言"君子讷于言而敏于行"，意指少说多做。然而，随着时代的发展，对新时代青少年的要求也在悄然变化，既要"敏于行"，也要"敏于言"。因此，能否在短时间内通过讲述自己的经历或故事让别人了解你、认可你，变得至关重要。

在教学中，我常鼓励学员通过谈论自己的优点来讲述个人故事，展现性格中的闪光点。不是每个人都能成为夜空中的明月，但每个人都可以挖掘自己的优点，成为夜空中最亮的星。在说优点时，常见的问题是"假大空"。"假"指的是描述与性格不符的优点，如一个内向的人声称自己活泼开朗。"大"与"空"则是用词太大、不具体，例如"我很执着""我很努力"。

那么，如何讲好优点、讲好故事呢？我的评价标准是：当学员说完自己的优点后，其他同学能否不假思索地复述出这些优点。例如，以下两个表达就让人印象深刻：

"我的沟通能力很强。我和大学室友曾在小吃街摆地摊，但总是抢不到好摊位。于是，我利用年龄优势，向好心的学长学姐们好言相商，结果他们总会给我让出位置。不仅暑假赚到了人生的第一桶金，还结识了不少朋友，每逢过节都会互致问候。"

"我的生活习惯很规律。从小到大，我几乎从不迟到，上班后也几乎总是满勤，即使天气恶劣也能保证准时。我记得有一次为了上班不迟到，甚至提前住在员工宿舍。我的入睡和起床时间也很有规律，按时按点。我觉得生活习惯规律能让内心节奏不乱，做事有条理，我很享受这样的状态。"

这两段表达之所以真实可信、印象深刻，一是因为选词"大而化小"，如将"开朗活泼"转化为"沟通能力很强"，将"自律"换成"生活习惯很规律"；二是因为它们通过具体事件具象化地展现了优点。

二、特效药

那么，如何讲好自己的优点故事或他人的光辉事迹呢？你需要一个非常经典的"STAR 模型法"，让你的故事中的人物像星星一样闪闪发光。STAR 模型是四个英文字母的缩写，如图 3-14-2 所示。

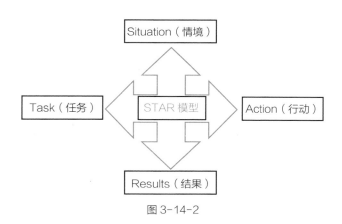

图 3-14-2

Situation（情境）——"当时的情况怎么样？是什么原因导致这种情况发生的？"

例如："我和伙伴在创业初期面临资金短缺的困境。"

Task（任务）——"你当时有什么任务？""你的目的或目标是什么？"

例如："我们的任务是筹集足够的资金来启动项目。"

Action（行动）——"你对当时情况有何反应？""你实际上做了或说了什么？"

例如："我主动联系了多位投资人，进行了深入沟通和洽谈，最终成功筹集到了资金。"

Results（结果）——"事情的结果如何？""产生了什么样的影响？"

例如："我们成功启动了项目，并在市场上取得了初步的成功。"

三、案例多

"STAR 模型法"在实际应用中魅力无穷。以下这段关于《感动中国》2020年度人物张定宇的颁奖词和事迹介绍非常感人，同时也很好地运用了"STAR 模型法"来讲述故事。

1. 颁奖词：

步履蹒跚与时间赛跑。（S 情境：描述张定宇面临的艰难情境。）

只想为患者多赢一秒。（T 任务：表明他的紧迫任务和心愿。）

身患绝症与新冠疫情周旋，顾不上亲人已经沦陷。（A 行动：描述他在困境中的英勇行动。）

这一战，你矗立在死神和患者之间。（R 结果：突出他抗争的成效和位置。）

那一晚，歌声飘荡在城市上空，我们用血肉筑成新的长城。

2. 事迹介绍：

S（情境）：

武汉市金银潭医院是最早接诊武汉的新冠患者的定点医院，收治病人全部为重症和危重症患者，是抗击疫情的最前沿。（准确描述了事件的背景和紧迫性。）

T（任务）：

身为院长的张定宇日夜坚守，果断决策，处理得当，带领全体医护人员为抗击疫情做出重要贡献。（明确指出了张定宇的任务和职责。）

A（行动）：

张定宇自己还是一位病人，2018年10月他被确诊为患有渐冻症。在新冠疫情袭击武汉时，张定宇隐瞒了病情，也无法照顾已感染新冠病毒的妻子，一直坚守在抗疫一线。他说："能帮助到别人，觉得很幸福！"（详细描述了张定宇在困境中的英勇行动和牺牲。）

R（结果）：

在抗击新冠疫情的战役中，张定宇率领的金银潭医院医疗团队为患者建起了一道生命屏障。（突出了张定宇和团队的努力所带来的积极结果。）

整体上，这段颁奖词和事迹介绍非常感人，并且"STAR模型法"的应用使故事更加拥有表现力，引人入胜。

四、疗效好

练习题目

运用"STAR模型法"，谈一谈你最喜欢的一位诗人。

第十五计

构思
有戏

方法一　故事五环法
方法二　汉堡包法

故事五环法

一、诊断室

以"小王子和玫瑰花"的故事为例，简单的复述可能是这样的：小王子的星球上绽放了一朵娇艳的玫瑰花，他爱上这朵玫瑰并细心呵护。然而，当他来到地球，发现5000朵完全一样的花朵时，才意识到他拥有的只是一朵普通的花。

这样的复述虽然言简意赅，却缺乏深度和吸引力。如果我们运用"故事五环法"来构思这个故事，就可以这样讲述：

"你是否听过那首令人感慨的歌曲，'后来我总算学会了如何去爱，可惜你早已远去消失在人海'。每当这首歌响起，我都会想起那朵娇艳却略带任性的玫瑰花。她像所有的女孩子一样，时不时地折磨着她的小王子。她要求小王子将她放在玻璃罩里，抱怨这个地方没有她原来的家舒适。尽管明白她的虚荣与任性，小王子依然细心地包容着她。然而，终有一天，小王子的耐心耗尽了，他离开了B612星球，去寻找更美好的事物。但当他发现无论遇到多么美妙的事物，都依然想念他的玫瑰花时，当他意识到地球上5000朵玫瑰花都无法替代他那朵独一无二的花时，他开始深深地想念她。为了回到星球，他付出了所有的努力。最终，他明白了一个道理：有些花朵，一旦错过，就不会再有了。"

这样的讲述，是不是比简单的复述更加有滋有味了呢？它更像是我们烘焙出来的独特"故事蛋糕"，散发着诱人的香气，让人回味无穷。这就是从复述到构思的提升，是让故事更加精彩的关键所在。

二、特效药

怎么才能在演讲中把故事讲好呢？你需要一个故事五环，如图 3-15-1 所示。

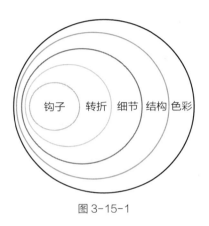

图 3-15-1

（一环）钩子

钩子就是在看到故事后，给故事加上一个"标签"，并将它存在脑海中。就像我们在整理衣柜时，会按照衣服的颜色或四季贴上一个标签一样。

例如：给小王子和玫瑰花的故事加上"珍惜""错过"这样的关键词，在以后谈论到"珍惜""错过"时，就可以说"我想给你讲一个小王子和他的玫瑰花的故事"。

（二环）转折

为什么荧屏上那些情节曲折甚至让人觉得惊心动魄的故事被很多人一讲述出来就索然无味了呢？这是因为讲述者没有抓住故事中的转折。故事之所以好听、好看，就在于它的一波三折，就像过山车一样扣人心弦。捕捉到故事中的转折，就像抓住了故事中的一条线，牢牢牵引着听众的注意力。

如何捕捉故事中的转折？用好一个关联词："虽然……但是……"。这里的"但是"就是转折。讲述一个故事时，最好有三处转折，并且详略得当，其中有一处作为重点。

例如："虽然小王子在他的星球每天都在做除草这些杂事，但是有一天他发现了一颗种子。虽然这朵玫瑰花让小王子十分喜欢，但是它非常娇气，总是用一些小花招折磨小王子。虽然小王子一直在精心照料着玫瑰花，很舍不得玫瑰花，但是有一天小王子还是离开了 B612 星球。"

（三环）细节

细节可以是一个物件，也可以是一句话、一个画面。细节不需要刻意，能触动你的细节也一定能触动别人。

例如：《小王子》故事中的玻璃罩。

（四环）结构

讲故事也要排兵布阵，像搭积木一样重新搭建故事的结构是很重要的。

很多文学作品会采用插叙、倒叙的方法来设置悬念，吸引观众。

如前所述，先从一首歌《后来》开始，这会让人产生疑问：《小王子》的故事和歌曲《后来》有什么联系呢？从而吸引听众往下探寻。为了方便你给故事排兵布阵，我用三个标点符号帮你形成初步的结构意识。

1."问号"开场

在故事开始的时候设置一个悬念，如同把一个个"问号"打在了观众的心中，吸引他们继续聆听。

2."感叹号"居中

中间设置几个一波三折的情节，用矛盾、冲突牵引观众，如同把一个个"感叹号"打在了观众的心中。

3."省略号"结尾

结尾在意犹未尽之时，留给听众更多的想象空间，如同把一个"省略号"留在了观众的心中。

（五环）色彩

在第一环我们知道了要讲什么故事，在第二三四环我们学会了在内容的设置上如何讲故事。接下来，我们要在第五环学会选准基调，把故事的色彩精准地表达出来。为了让大家更好地把握讲故事的节奏和基调，我们给不同情绪的故事加上了不同的色彩，见表 3-15-1。

表 3-15-1

色彩	性质	基调	味道
黑色	至暗时刻	痛苦 / 沮丧	苦
蓝色	深刻教训	紧张 / 凝重	辣
粉色	暖心感动	深情 / 舒缓	酸
红色	趣事糗事	轻松 / 愉快	甜

"故事五环法"你掌握了吗？教你一个小妙招，可以用思维导图的方式把关键词列出来，待思路清晰之后就可以轻松地讲述出一个完整的故事了，如图 3-15-2 所示。

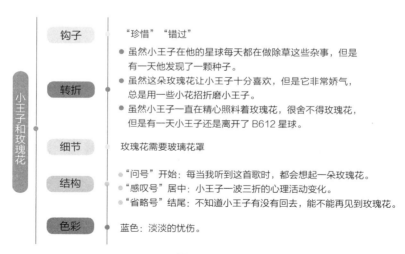

图 3-15-2

三、案例多

《主持人大赛》的选手李莎旻子，在《热爱》的演说中就体现出了"故事五环法"的构思："青春就是和热爱相守相依，而今天我所讲的故事的主人公就把他的一切都给了热爱。他从小到大成绩都很好，高考前别人问他一个问题：'你想干什么呀？'他跟他的父母一样选择了学医，可是在大三的时候却突然放弃了，他说要追求自己的动画梦想。'你不当医生搞动画，你脑子进水了？'面对否定他就像一个拾荒者，小心翼翼地捡起别人口中的垃圾，想把荒凉变成光亮。就这样他选择了与热爱并肩，可是呢，却和现实逆行。没有老师只能自学，去打工来积累经验，所有人都否定他，只有父母给他买了一台电脑说'你喜欢就试试看'。后来他辞职了，专心做动画，可是没有收入的生活更难。父亲去世以后，只能靠母亲每个月一千多元的退休金来维持生活，可母亲就说了一句话'儿子，我相信你可以'。就凭着这一句'可以'，他终于做出了自己的短片作品。我们恭喜他终于成功了，可是他依然失败着。当他带着已经小有成就的短片作品去找投资人说要做动画长片的时候，得到的都是一个问号：'你如何收回成本呢？'几乎没有人敢为他的热爱买单。那就自己买单——剧本创作了 66 次，人物形象做了 100 多个版本，没有动作指导就自己上，他相信'我命由我不由天'。终于，他把别人口中的笑话变成了票房超 40 亿元的动画电影，他是谁呢？他就是电影《哪吒之魔童降世》的导演杨宇。是他的热爱，让梦想犹如一团烈火。你有过这样的热爱吗？它是别人的不屑，却是你的一切，是再累都要努力去征服别人口中的'不可以'。所以，今天的主人公不仅仅是杨宇，是你是我，是每一个为热爱拼过命的人。音乐剧演员在大幕拉开那一刻，哪怕台下只有一个人，他也会热情地唱完；午夜电台主持人在打开话筒的那一刻，哪怕只能温暖一个人的回家路，他也会说下去。我爱这个舞台，所以今天我站在了这里。朋友们去热爱吧，就好像跟梦想谈一场恋爱。执子之手，与子偕老，相信梦会发声。"

接下来，用"故事五环法"来给你拆解一下李莎旻子的故事思维：

钩子：她的主题是"热爱"，这既能引发观众的共鸣，也表达自己对舞台的那份热爱。

转折：故事中的主人公经历了多次转折，从学医到放弃，再到追求动画梦想，每一次转折都让观众的心随之起伏，如图 3-15-3 所示。

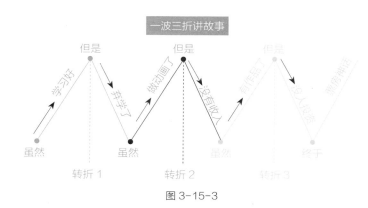

图 3-15-3

细节：这个故事之所以讲述得精彩生动，是因为关键性的细节触动人心：妈妈说的那句"儿子，我相信你可以"；"剧本创作了 66 次，人物形象做了 100 多个版本"这种数字细节表现了主人公的决心和毅力。

结构：故事的一开始是问号式开头，一直隐去了主人公的名字，用"他"来设置悬念。中间采用"感叹号"式展开，描述了一波三折的矛盾冲突。故事以"省略号"式结尾给人以意犹未尽之感，一句"相信梦会发声"给人未来可期的憧憬。

色彩：这是一段粉色的故事，给人一种暖心的感动，让人有一种鼻子酸酸的感觉；故事的基调也是深情 / 舒缓的。

四、疗效好

请运用"故事五环法",谈一谈你看过的一部电影。

方法二

汉堡包法

一、诊断室

如果故事讲得好，听众就会爱听、想听，甚至会追问："后来呢？后来发生了什么？"那么，怎么才能把故事讲得跌宕起伏、悬念十足、引人入胜呢？你需要掌握"汉堡包法"。这可不是快餐店卖的那个汉堡包，而是一种根据大脑的思维特性设置出来的一种让故事充满悬念感的方法。

我们先来对比一下故事《狼来了》的两个版本的讲述。第一个版本是这样的：

"从前，有个放羊娃每天都到山上放羊。一天，他觉得十分无聊，就想捉弄大家寻开心。于是，他向着山下正在种田的农夫们大喊：'狼来啦！狼来啦！救命啊！'农夫们听到了喊声，急急忙忙地拿着锄头和镰刀往山上跑。他们边跑边喊：'不要怕，孩子，我们来帮你打饿狼！'农夫们气喘吁吁地赶到山上，可是连狼的影子也没有看到。放羊娃哈哈大笑：'真是有意思，你们上当了！'农夫们听完之后生气地走了。第二天，放羊娃又故技重演，善良的农夫们又冲上来准备帮他打狼。可还是没有见到狼的影子，放羊娃笑得直不起腰：'哈哈，你们又上当了！'大伙对于放羊娃接二连三地说谎感到十分生气，从此再也不相信他说的话了。过了几天，狼真的来了，一下子闯到了羊群里面。放羊娃害怕极了，拼命地向农夫们喊：'狼来了，狼来了，快来救命啊！狼真的来了！'农夫们听到他的喊声，以为他又在说谎，大家都不理他，没有人去帮他，结果放羊娃的许多羊都被狼咬死了。"

这个版本就是我们熟悉的按照"起因——经过——结果"的顺序讲述的，是不是有点平铺直叙且少了悬念感呢？因为它很容易让人听了开头就猜中了结尾，从而觉得索然无味。

还记得《大话西游》中的经典台词吗？"我的意中人是个盖世英雄，有一天他会踩着七色的云彩来娶我，我猜中了开头，可是我猜不着这结局……"紫霞仙子的"意难平"正是因为结局的"未料到"。但是，大部分时候我们要讲的故事都很少有出人意料的结局，都如同上面的故事：听到放羊娃多次说谎的时候，就能猜到他的羊最终会被狼吃掉的结局。

那么还能把这个故事讲得精彩且有悬念感一些吗？当然能！你需要"汉堡包法"来调整讲述的顺序，可以这样讲述：

"从前有一个村庄的后山上经常有狼出没，冲进羊群吃羊。于是，村民们就约定，有危险就喊'狼来了'，大家一起去帮忙。可是，有一个放羊娃在放羊的时候，狼闯进了羊群。放羊娃害怕极了，拼命地向村民们喊：'狼来了！快救命呀！狼来了！'可是，大家都不理睬他，没有人去救他。后来，放羊娃的许多羊都被狼咬死了。那么为什么没有人帮他呢？原来是因为放羊娃总是谎报'狼来了'的假消息。喊得次数多了，村民们就不相信他的话了。"

是不是上面的新表述更有悬念感呢？把过程中发生的意外留到结局来揭晓，使听众的好奇心被激发了："为什么村民不遵守约定呢？这中间到底发生了什么呢？"带着这样的好奇，听众就能认真投入地听到故事的结尾，然后明白了其中的道理："说谎的孩子被狼吃！"

为了方便你记忆，我们把故事类比成汉堡包的结构：最上面的那片面包是故事的起因，中间的经过是汉堡包的肉，故事的结尾是最下面的那片面包，如图3-15-4所示。常规版的讲法就是两片面包夹一块肉，按照起因、经过和结果的顺序讲述。而设置悬念版本的讲法调整了顺序，把肉留到最后。

"汉堡包法"模型

给故事挖个坑　引起对方的兴趣

①起因

③经过　问题 ⇒　阐述核心

②结果

图 3-15-4

二、特效药

"汉堡包法"可分三步走。

第一步，即上一片面包：先讲故事的背景或起因。例如："大家约好如果狼来了就呼喊。"

第二步，即下一片面包：再讲述故事的结局，引起大家的好奇："中间发生了什么？"例如："放羊娃拼命地喊'狼来了'，却没有一个村民来救他，最后他的羊都被狼叼走了。"

第三步，即中间的肉：最后讲故事的经过，满足大家的好奇心，揭晓中间发生了什么。例如："原来是因为放羊娃在狼没来的时候总说谎戏弄村民，导致狼真的来时就没人相信他了。"

三、案例多

很多经典的影视剧就很喜欢采用"汉堡包法"，把故事"中间的肉"抽掉，用倒叙的方法再补上。例如经典电影《了不起的盖茨比》，如果按照时间顺序简单转述，就是这个效果："一个叫盖茨比的人突然发财了，为了追求他喜欢的女人，散尽千金，最后被人设计陷害了！"这样转述出来估计没人愿意听。可是，有人却是从这部电影的原著作者的背景这样来讲述的：

"菲茨杰拉德把自己分成两半，一半沉迷在豪宅中的派对，不醉不归；而另一半则冷冷地站在窗外，观察着派对背后所有的幻灭与失落，他都能算得仔仔细细。哪怕在最风光的时候，菲茨杰拉德也有能力感到幸福的深处已经产生了巨大的缝隙，他能听到幸福深处裂开的声音。所以，我们回过来再看《了不起的盖茨比》，确实弥漫着悲剧的前兆。菲茨杰拉德却是最先听到全社会幸福深处有吱吱嘎嘎开裂的声音的人。"

听到这一段的铺垫，大家是不是就很想知道，为什么主角菲茨杰拉德能在最风光的时候听到幸福深处开裂的声音？又为什么说这部电影弥漫着悲剧的前兆呢？中间究竟发生了什么？这正是用"汉堡包法"来设置悬念，从而激发观众的好奇心。

四、疗效好

> **练习题目**

请运用"汉堡包法"，用"苹果、医院、泪水"这三个词语串讲成一个故事。

第十六计

结构
有戏

方法一　3分钟 "W" 形法
方法二　1分钟 "V" 形法

方法一

3分钟"W"形法

一、诊断室

故事教练许荣哲曾经说过："每个人都有讲故事的天分，只要遇到对的人，就能把讲故事的开关打开。"而他也曾提及过那个打开他"故事开关"的恩师："我永远记得编剧班的第一堂课是'故事公式'，台上的老师是个70多岁且拥有30多年经验的老编剧，他站在台上自信满满地说，只要问自己'7个问题'，就可以在3分钟之内立刻说出一个'有头，有尾，有冲突，有转折'的完整故事。"

就是这样的一个"缘起"，改变了当初还是理工男的许荣哲的一生，也改变了我研究故事思维的走向。大学就学过专业编剧课程的我，以前总觉得讲好故事急不得，要从人物性格塑造、矛盾情节设置、画面细节描述等这些基本功慢慢入手，哪怕是教学生讲故事也要进行有体系、分步骤的系统教学。直到后来，机缘巧合在书店看到了许荣哲的书《故事课》，随手一翻就看到了一个任何人都可以在3分钟之内讲好一个故事的"靶心人公式"。初看这个公式的时候没觉得多惊艳，可是后来我竟然不知不觉地就运用上了这个公式教学生讲故事，也明白了什么才是"大道至简"。你也来学习一下吧，看看是不是真的有我说的那么简单、好用。

首先，我们先来对比一下表达效果：没有学过故事结构公式的人是这样讲述科幻小说《八十天环游世界》的："这本书说的是一位名叫福格的绅士和他的仆人，用了八十天的时间环游了地球一周。旅途中，他们遇到了各种各样的困难，有天灾也有人祸。但是他们最终还是历尽千辛万苦，成功地用八十天环游了地球整整一周。他们不但赢得了朋友的赞许，还向人类证明了只要努力，一切皆有可能。我认为福格绅士的胜利靠的不是运气，而是他那种善于思考和勇于面对困难的精神。"

怎么样？这样的讲法是不是有一种简练有余，但吸引力不足的感觉呢？ 而运用了故事公式后是这么讲述的：

"主人公福格跟朋友打赌，他要在八十天之内环游世界一周，以双方全部财产作为赌注。就这样，福格从英国伦敦出发，展开他追赶时间的旅程。但是，他却遇到了重重阻碍：福格被误认为银行大盗，所以沿途遭警察用各种方法阻拦。福格还是个软心肠的好人，常出于各种善意而耽误了行程。例如，他从印度婆罗门教徒手中救了一个即将陪葬的印度女孩。主人公用尽各种方法追赶时间。例如，他冒着生命危险，骑大象抄捷径走进死亡丛林；乘坐火车强行飞越底下是滚滚河水的断桥……好几次都差点丢了性命。起初福格以为自己输掉了比赛，因为他一共花费了八十天又五分钟。令人意想不到的是，根据出发地英国伦敦的日期显示：福格只花费了七十九天又五分钟。不是八十天又五分钟吗？怎么突然变成七十九天又五分钟？原来因为地球'自转'造成了各地时间不一，形成了所谓的'时差'。所以，当福格往东走，绕地球一圈，所花费的天数就会减少一天；反之，如果往西走，则会多出一天。就这样主人公福格不仅赢得最后的比赛，还因为好心肠而抱得美人归。"

怎么样？这个版本讲述得是不是精彩多了，而且还详略得当，在 3 分钟之内准确捕捉到了故事中的关键情节和主要矛盾转折点。掌握了故事公式，你也可以在 3 分钟之内把任何一个你记得清楚的故事都能复述精彩！

二、特效药

你是不是很想知道，那位 70 多岁的老编剧讲授的改变许荣哲一生的"故事公式"究竟要问自己哪"7 个问题"呢？这就给你揭晓：

问题 1：主人公的"目标"是什么？

问题 2：他的"阻碍"是什么？

问题 3：他是如何"努力"的？

问题 4："结果"如何？（通常是不好的结果。）

问题 5：如果结果不理想，代表努力无效，那么有超越努力的"意外"可以改变这一切吗？

问题 6：意外发生，情节会如何"转变"？

问题 7：最后的"结局"是什么？

把上面的 7 个问题简化之后，你就可以得到故事公式：目标→阻碍→努力→结果→意外→转变→结局。

不管是小说、电影还是漫画，只要它的核心是故事，大部分都有类似的戏剧结构。《八十天环游世界》就是按照故事公式梳理和讲述的：

1. **目标**：主人公福格要在八十天之内环游世界一周。

2. **阻碍**：福格在一路上遇到了各种阻拦，耽误了行程。

3. **努力**：主人公用尽各种方法追赶时间，好几次都差点丢了性命。

4. **结果**：环游世界一周，花费了八十天又五分钟，输掉了比赛。

5. **意外**：令人意想不到的是，英国伦敦的日期显示福格只花费了七十九天又五分钟。

6. **转变**：情节大逆转，因为地球"自转"造成了各地时间不一，形成了所谓的"时差"。

7. **结局**：主人公福格不仅赢得了最后的比赛，还抱得美人归。

怎么样，是不是记住关键的情节点之后再具体填充一些让你印象深刻的几个情景，这个故事讲述起来就生动而饱满了呢？后来，我在教学过程中，为了让大家有一个视觉上的记忆，把这"7个问题"画成了一个 W 的形状，这样一来学员即使在最开始记不住这些问题分别是什么，也能通过图形记忆感知到讲故事最重要的是一波三折地讲出推动故事发展的关键情节，如图 3-16-1 所示。

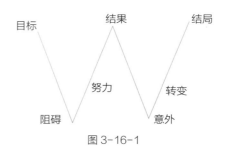

图 3-16-1

当然，看这个 W 图形最后向上的走势就知道最终多是喜剧式的结局。

例如，《西游记》的故事情节走势是：

1. **目标**：唐僧师徒四人要去西天取经。

2. **阻碍**：一路上遇到的九九八十一难。

3. **努力**：取经路上一直都在打怪和磨炼自己。

4. **结果**：终于求取了真经。

5. **意外**：在通天河失落了经书。

6. **转变**：原来这个遭遇是九九八十一难中的最后一难。

7. **结局**：最终师徒四人一路降妖除魔，取得真经。

那么，像《红楼梦》这样的悲剧式的故事如何讲述呢？聪明的你一定猜到了：图形走势就是反转过来的 M 形状。

三、案例多

在许莱哲的《故事课》中，他应用"W"形法讲述褚橙的创始人褚时健的故事，我们一起来学习吧：

1. **目标**：褚时健，一个农村孩子，目标是想要成就一番事业。

2.**阻碍**：褚时健年轻时参加过战争，当过游击队员。经过战火洗礼的他养成了军人性格，既直接又执着，常常一不小心就得罪人，连他自己都不知道。

3.**努力**：努力了大半辈子，一直到 51 岁，褚时健才好不容易当上了一个小卷烟厂的厂长。曾经上过战场的褚时健，不只有老鹰的眼光，还有老虎的行动力。他做了一个关键性的重要决策：跳过烟草公司，直接从烟农手里买货，然后自己铺设专卖店，自己卖货。

4.**结果**：褚时健在 18 年内，为国家创造了 991 亿元的税收，成了中国的"烟草大王"。

5.**意外**：一封突如其来的匿名检举信，把褚时健从天堂打入地狱。褚时健被控贪污，这是一个不容抹杀的事实。就这样，褚时健被处以无期徒刑、剥夺政治权利终身。这时的褚时健已经 70 多岁了。

6.**转变**：三年后，被关在牢里的褚时健因为身体不好，办了保外就医。当时的他已经 75 岁了，对很多人而言，人生已经要落幕了，但农村出身、军人性格的褚时健还在想自己如何才能重新开始。最后他决定回云南老家，承包 2400 亩荒山，开始种橙子。

7.**结局**：10 年后的他能称为"橙子大王"。他种的橙子叫"褚橙"，每年创造数千万元的营收。人们抢着吃他种的橙子，倒不是因为多好吃、多美味，而是它多么传奇、多么励志。

四、疗效好

练习题目

请运用"3 分钟'W'形法"，讲述一次让你难忘的经历。

1分钟"V"形法

一、诊断室

如果说"W"形法教会你如何在3分钟内将一个故事讲得完整、有冲突、有转折，那么，"V"形法则是一种更为精炼的表达技巧，它教你如何在1分钟内捕捉故事的核心冲突与情节，言简意赅地传达主题。在许多限时或特定场合的表达中，故事往往只是用来强化主题的工具。因此，简明扼要地讲述主要情节，随后深入阐述主题才是关键。

为了更直观地展示"V"形法的应用，让我们来看一个例子。在某次即兴口语表达的比赛中，选手李明采用了这种方法。他这样说道：

"大家好，想象一下，这是一档广播节目《时光之声》。今天，我想分享两位人物的故事。第一位分享人物是一位外科医生，他的职业生涯充满高光时刻。但这一切的起点却是40年前的一个遗憾。那时，他刚步入医坛，一个小女孩因气管异物被紧急送医，尽管全力抢救，女孩还是离世了。在抢救室，女孩的爷爷含泪对家人说：'隔壁还有手术，谁也不许哭出声来。'那一刻的安静，医生铭记了40年，他时刻提醒自己肩上不仅承载着病人的健康与生命，更关乎每个家庭的幸福。第二位分享人物是一位广播新闻节目主持人……"

至此，听众已能猜到，第二位主人公正是李明自己。他继续道：

"这张照片中右侧的人，就是那位医生，他是吉林省长春市的一名耳鼻喉科医生，名叫李伟。而他身边的主持人就是他的儿子李明。父亲用 40 年时间，用'医者仁心'为世界增添了许多幸福的家庭。而我，通过新闻报道与这个世界互动，也愿用我的 40 年传递这个时代的力量。最后，愿你我都能找到那份值得坚守一生的事业。"

李明的讲述节奏精准，1 分钟内概述了父亲的故事，再稍详细展开自己的故事，最后合力升华主题，如同左右手紧紧相握。

在成人即兴口语表达的修炼之路上，"V"形法无疑是一把利器，它教你如何在有限的时间内精准传达故事的核心与主题，让你的表达更加有力且引人入胜。

二、特效药

用"1 分钟'V'形法"可以迅速讲述两种最常见的故事：一种是关于努力的故事，另一种是关于意外的故事。

关于努力的故事的四个步骤如下：

目标→阻碍→努力→结局。

关于意外的故事的四个步骤如下：

目标→意外→转变→结局。

为了方便你能形象记忆，我帮你把这两种故事的讲述步骤画成了"V"形，如图 3-16-2 和图 3-16-3 所示。

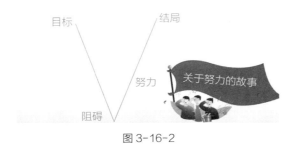

图 3-16-2

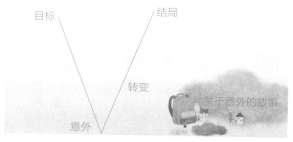

图 3-16-3

我们还可以通过表 3-16-1 和表 3-16-2 对比一下，同样一个"登上世界第一高峰"的目标，分别讲成关于努力的故事和关于意外的故事会有什么区别呢？

表 3-16-1　1 分钟讲述关于努力的故事

目标	主角的目标是登上世界第一高峰，这是他年轻时的梦想
阻碍	年轻时，拼事业的主角没空去圆梦，现在他被诊断出罹患癌症，而且只剩三个月的寿命，讽刺的是现在他终于有时间去圆梦了
努力	完全没登山经验，再加上体力虚弱，主角一次又一次地失败。先是高山向导因为天气不佳不愿上山，但主角不愿放弃；后来是病症发作，救护车来了，呼吸器都用上了，但主角还是不愿放弃
结局	被折磨到只剩最后一口气的主角，终于爬上世界第一高峰。看着脚下的美丽风景，想起年轻时的梦想，主角流下最后一滴眼泪

表 3-16-2　1 分钟讲述关于意外的故事

目标	年轻的鲁滨逊怀揣着对未知世界的渴望和探险的梦想，决定踏上海洋航行的旅程，希望借此机会积累财富并实现自己的冒险梦
意外	在一次航行中，鲁滨逊所在的船只遭遇了可怕的风暴，船只被巨浪吞没，只有他一人幸存，漂流到了一座荒无人烟的孤岛上。这突如其来的灾难彻底打破了他的原计划，生存成了他面临的首要挑战
转变	面对绝境，鲁滨逊没有放弃希望。他利用船上残留的物资，以及岛上的自然资源，巧妙地建造了住所、种植了粮食，甚至驯养了动物，逐渐在孤岛上建立起一个小小的"文明"。在这个过程中，他还救下了一个土著人，取名为"星期五"，两个人成了忠实的朋友，共同面对生活的挑战

（续）

结局	多年后，鲁滨逊和"星期五"终于迎来了转机，一艘船意外地发现了他们的信号，将他们从孤岛上解救出来。鲁滨逊带着丰富的经历和宝贵的生命体验回到了文明社会，他的故事激励了无数人面对困难时要保有勇气和智慧。而鲁滨逊也意识到真正的财富不仅仅是物质的积累，更是心灵的成长和对生活的深刻理解

通过上面的阐述，我们可感知到：有关努力的故事中的主人公是垂直思考的，其目标一旦设定了，就会一直努力下去，不会偏离目标；而有关意外的故事中的主人公是水平思考的，一旦遇到阻碍就会更换目标，这样的人最后常常偏离了最初的目标。

三、案例多

许多人对即兴发言存在误解，认为那些临场反应出色的人是因为思维敏捷且不紧张才能讲得好。然而，事实并非如此。真正的关键在于他们拥有丰富的素材储备。尼克松总统便是一个很好的例子。他被誉为出色的演讲者，大家都认为他反应迅速。但当被问及即兴发言的秘诀时，他的回答却是："不要即兴发言。"这是因为他深知真正的公众演讲讲求的是表达效果，而精彩的发言都是"有备而来"的——备观点、备素材、备状态。

我曾听过一个关于马云的案例，印象颇深。马云能将一个关于《红旗法案》的故事巧妙地应用于各种讲话场合。这充分证明了所谓的"即兴发言"并非真正即兴，而是平时积累了固定的素材，并能在不同场合灵活运用。

19世纪英国议会通过了《红旗法案》，规定每一辆机动车前50米必须有一个人不断摇动红旗为车开道。这个原本旨在促进发展的法案却意外地增设了阻拦，最终让英国错失了成为汽车大国的机会，而让美国占了先机。这个故事蕴含的道理很简单：过多的干扰会成为发展的"拦路虎"。

马云在不同场合都会提到这个故事。在互联网大会上，他说："我们要用积极的眼光看待互联网的发展。这让我想到英国当年的《红旗法案》……"在谈论公司管理时，他说："英国曾经出台过一个《红旗法案》……这就让我想到公司管理要保持开放，不要遏制任何发展的机会。"在商业大会的演讲中，他说："英国曾经出台过《红旗法案》……这不禁让我觉得，不要让《红旗法案》成为电商发展的下一个'拦路虎'。"

由此可见，只要准备一个有趣的故事，在任何演讲场合都能成为你演讲的素材。平时多积累这样的故事，你的即兴发言能力定能得到显著提升。

四、疗效好

练习题目

请运用"1分钟'V'形法"，谈一谈你参加过的一次公益活动。

第十七计

创编有戏

方法一　金手指法
方法二　配角法

金手指法

一、诊断室

故事新编，顾名思义，就是将经典故事用现代的思想重新改编情节，从而赋予其新的寓意和表达效果。我们通过创作具有教育感染价值的新作品，将老故事加工编排成一个新版本的故事，由于这些故事本就为大众所熟知，因此能够迅速吸引听众的注意力。

那么为何要改编经典故事，而不是讲述一个全新的故事呢？这是因为在表达时，为了保持观众的注意力，我们需要掌握好"已知信息"和"未知信息"的比例。如果讲述的内容对观众来说都是未知的且陌生的，就需要花费时间进行铺垫才能调动起观众的倾听欲望。而如果所讲的内容都是观众已知的且熟悉的，他们可能又会失去耐心。如何掌握好这个比例呢？故事新编就是一个非常有效的方法。

例如，《龟兔赛跑》的故事可以改编成一只善良的兔子为了帮助乌龟赢一次比赛，因而在路上假装睡着；《井底之蛙》的故事可以改编成小青蛙跟着小鸟飞出井后，感受到了外面世界的精彩与无奈，最终选择回到井底，甘愿继续做一只井底之蛙，只是它的心态已经改变了，它知道了外面的世界有多大，也明白了自己的井底有多好；《西游记》的故事也可以改编成唐僧师徒四人途经"时间王国"，穿越到了当今社会，当他们看到现代科技的便捷时，团队内部产生了对取经意义的分歧。

通过这样的故事新编方式，我们既能迅速将观众带入剧情，又能在新编的情节中引发对当下社会问题的新思考。

看到故事新编如此有趣，你是否也跃跃欲试了呢？

然而，你可能会发现，第一道难关就是"灵感"。有时，我们可能一时想不到如何改编情节，例如，如何打造《愚公移山》《东施效颦》等故事的新编版本？那么，请试着在脑海中构思一下，你能否为这些故事赋予新的情节和鲜明的主题呢？

在尝试将想象力转化为故事情节时，你可能会发现想法仍然有些模糊，故事的脉络不够清晰。怎么办呢？解锁"金手指法"吧！只有将灵感转化为技能，我们才能更稳定地输出内容。

二、特效药

"金手指法"总共分三步，如图 3-17-1 所示。

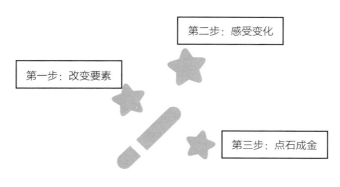

图 3-17-1

第一步：改变要素

用你的"金手指"点在时间、地点、人物、事件这四个要素中的任意一项，让它发生变化。例如，上文提到的《龟兔赛跑》的故事改编了主人公们的品质；

《井底之蛙》的故事改编了地点；《西游记》的故事改编了时间。

第二步：感受变化

打开五感：看一看、听一听、闻一闻、碰一碰、尝一尝，描述一下变化前后在感受上有什么不同。例如，在《龟兔赛跑》的新编故事中，我们可以描述小兔子听到的批评声以及它与妈妈的对话。

第三步：点石成金

在故事的结尾点明主题，揭示新的故事蕴含的新道理。故事改编的目的是为了传递一个与原故事不同的价值观，让观众在不知不觉中完成一次认知的升级。例如，《井底之蛙》新编故事的结尾揭示了"尝试过才知道什么是最适合自己的"这一道理；《西游记》新编故事的结尾则强调了"取经的最大意义在于过程中的每一难"。

三、案例多

《奇葩说》中的辩手马薇薇曾经从马文才的视角改编了经典的《梁祝》故事，让我们重新感受到了那些伟大爱情中"小透明"般的配角其实也是有血有肉有思想的人。接下来，我们一起再来感受一下这个新编故事：

我是马文才。（第一步：改变要素，改变了主角。）

我没做错过什么事，我只是在 16 岁的时候爱上了一个姑娘。她在我家隔壁的院子荡秋千，头发乱了，小脸红扑扑的。当我娘说我与她定了亲时，我让小厮们选了一棵最粗壮的树，挂了一个漂亮的秋千。（第二步：感受变化，视觉描述。）

由于礼法的缘故，我并不能经常见到她。我常去拜访她哥哥，他们眉宇间有隐隐的相似。如果她是个男孩子，也会是很俊朗的吧。她哥哥说她读了些书，我说这也好，他却一脸担忧。我喜欢读书的女孩子，喜欢荡秋千的女孩子，喜欢这个我见不到的女孩子。

太久没有见面了，我快忘记她的样子了，可是我还记得我的喜欢。熬着熬着，我们的婚期就近了。我亲眼看着我家的聘礼出门，过了几天，又亲眼看着她的嫁妆进门。我在新房里看来看去，生怕委屈了她，还偷了我爹的书画挂在里面——我想，读过书的女孩子可能会喜欢这个。

爹追着我在家里打，他说我不学好，连偷画都偷了最不值钱的。我怎么知道呢？我又不爱读书，考不上秀才。可是我会做生意，家里的铺子我都打理得妥妥帖帖，我保她一世衣食无忧，她荡秋千、读书，我看着就好。

我去迎亲，我不会作诗，好在大舅哥也不为难我，他们好像跟我一样着急呢。她披着红盖头从屋里被背出来，一动不动。她跟我一样紧张吗？我跟王公子学了好多笑话，晚上一个个讲给她听。

我在马背上挺直脊背，她会不会掀起轿帘偷偷地看我？好累啊，明明就在隔壁，却要绕着城走一大圈。据说这是她提出来的。是啊，出嫁嘛，总要风风光光地告诉大家。想着想着就到了郊外，荒山野岭的，我们的幸福要告诉谁呢？更何况前面还有坟，我觉得不吉利，就招呼队伍走快些。

然后，不知道为什么就乱起来了。后来我怎么也想不起来她是怎么到了坟前的。墓碑上有她的血，我没有避嫌地冲过去抱起她。她满脸是血，红扑扑的，嫁衣也红艳艳的。她是一团红色的仙气，马上就要消散了。我再也不用避嫌了——我的妻子，在嫁给我的这一天，跟别人殉情了。

她没有进我家的门，我来不及问她喜欢秋千吗、喜欢字画吗、喜欢我吗。她没有认识我，她的爱情定格在别人的墓碑前，我的也是。（第三步：点石成金，揭示主题。）

听说那坟里飞出了一对蝴蝶，又听说那是他们，还听说他们早早相识。真好啊，我也没去拆那个秋千架，我在秋千上一晃一晃的，思绪随着秋千的起伏而飘远。那对蝴蝶在空中翩翩起舞，仿佛是在向我诉说着他们的故事，又仿佛是在嘲笑我的痴情与不幸。然而，我心中并无怨恨，只有深深的感慨和释然。我开始明白，爱情本就是一场没有硝烟的战争，没有谁对谁错，只有愿不愿意。她愿意为了心中的那份情愫付出一切，哪怕是在最美好的时刻选择离去；而我，也愿意默默地守护着她，哪怕这份守护永远无法得到回应。

秋千架下的风，轻轻吹过我的脸庞，带走了我的忧伤，也带走了我的执念。我站起身，望着那对蝴蝶，心中默默祝福：愿你们的爱情能够跨越生死，永远缠绵；而我的世界也将重新开启，我要去寻找属于我自己的幸福和归宿。爱一个人，是宿命，也是成长。虽然这段爱情注定是场劫难，但我也因此学会了放手，学会了祝福。在未来的日子里，我会带着这份经历，继续前行，直到找到那个愿意与我携手共度余生的人。

四、疗效好

练习题目

请运用"金手指法"，改编《守株待兔》的故事。

方法二

配角法

一、诊断室

在即兴口语表达中，故事的创编不仅是为了传递新的价值观，更是为了锻炼我们的思维能力，使我们成为思考维度更加多元的人。正如黄执中所言："说故事的方式，影响了我们怎样去思考，怎样去理解这个世界。"为了创编出更具新意的故事，我们可以在"金手指法"改编人物要素的基础上运用"配角法"进一步深化。

以我们熟知的《白雪公主》为例。如果从主角白雪公主的角度讲述，整个剧情就显得过于熟悉和单调。然而，如果我们转换视角，从故事中的配角出发，例如七个小矮人、猎人、王子，或是隐藏在背后的国王，甚至是无生命的事物如毒苹果、魔镜等，那么剧情就会焕发出新的活力。

让我印象特别深刻的是黄执中老师以"魔镜"为第一人称讲述的白雪公主的故事。他通过给无生命的事物——魔镜拟人化，增加了其主动性，让它在故事里活了起来，成为有思想、有对话、有选择的主角。这样的创编方式使故事听起来更加生动有趣。

黄执中老师是这样讲述的："我是一个魔镜，我一直都挂在皇后的墙上。长久以来，皇后每天都会问我同一个问题：'魔镜啊魔镜，谁是世界上最美的女人？'而我每一次都回答她：'皇后，您就是这个世界上最美的女人。'但事实上，我知道她不是。因为在东边的一座小村庄里，村长的女儿比皇后更美；在西边的某一个港口，镇上有一位千金也比皇后更美。但是我不能说，因为我知道皇后是个什么样的人。我知道，一旦皇后发现有别人比她更美，那些女孩会遭不测。所以每一次，我都会告诉皇后：'您就是世界上最美的女人！'而皇后很信任我，她每次都相信。但现在情况不一样了，皇宫里的白雪公主变得越来越美，所有人都能看得出来她比皇后更美。所以，如果我依旧告诉皇后，她依然是世界上最美的女人，那么皇后迟早会发现我在说谎。而一旦皇后知道了我会说谎，她就再也不会相信我了，我就再也没有办法保护其他女孩了。所以，当皇后这次问我谁是世界上最美的女人时，我告诉皇后：'是白雪公主，她才是这个世界上最美的女人。'于是后来的故事你们都知道了，我没有办法，我只是一面魔镜，静静地挂在墙上，我得做出选择。"

通过"配角法"的创编，我们可以从一个全新的视角思考和理解故事。即使是故事中最不起眼的配角，从他们眼中诠释出来的故事也会给我们带来全新的思考和感受。这种方法不仅可以锻炼我们的创意思维，还可以提升我们的口语表达能力，使我们在即兴口语表达中更加游刃有余。

二、特效药

在讲述故事时，我们往往习惯于从主角的视角出发，却忽略了那些同样富有生命力的配角。其实，换一个角度，把配角"扶正"，不仅能给听众带来新鲜感，还能挖掘出故事更深层次的内涵。那么，如何运用"配角法"讲故事呢？以下将分三步进行阐述。

第一步：选定配角

选择一个能给你带来灵感，能触动你，让你想从另一个角度看故事的配角。例如，黄执中为什么会选择魔镜作为主角来讲述故事呢？他认为魔镜这个角色很有触动性。他说："魔镜在故事里是一个关键角色，但它其实是一个典型的

NPC[⊖]，就像一个有魔力、个性化的智能助理。如果魔镜有想法，它在故事里说的话都是主动选择的结果，那么故事会变成什么样呢？"因此，只要这个配角能给你带来一些感触和思考，都可以将其"扶正"。只有讲述者自己有感触的故事，才能触动别人。

第二步：确立主题

在确立了配角后，需要进一步思考的是，你想借这个视角传达出的主题是什么。以魔镜为例，用它的视角传达出的主题可以是："人之初，性本善，但善良有的时候也会向现实的无奈屈服。"这样的主题既深刻又富有启发性，能够引起听众的共鸣。

第三步：故事创编

接下来，从"故事山法""3分钟'W'形法"和"1分钟'V'形法"中任选一个，重新梳理故事的情节。以"故事山法"为例，我们可以将魔镜作为主角代入其中。

人物：魔镜。

想要：魔镜想要获得皇后的信任，保护那些比皇后更美的女孩，不让她们惨遭毒手。

但是：近在皇宫的白雪公主变得越来越美，所有人都看得出来她比皇后还美。

于是：当皇后再次询问时，魔镜已经不能再骗她说"您就是世界上最美的女人"了。

然后：为了保护其他的女孩，这一次魔镜不能再说谎了。

最后：白雪公主因此迎来了命运的转折，而魔镜依然挂在墙上，坚守着自己的原则和信念。

⊖ NPC 即"Non-Player Character"的缩写，指游戏中由计算机或游戏设计者控制的角色，它们通常不受玩家控制，用于与玩家互动、推动游戏剧情或提供任务等。

通过这样的创编方式，我们让魔镜这个角色焕发出了新的生命力。它不仅是一个简单的道具或 NPC，更是一个有着自己思想、情感和选择的主角。这样的故事更加引人入胜，也能够更好地传达出我们想要表达的主题和思想。

三、案例多

在成人即兴口语表达中，运用"配角法"讲述故事，往往能收到意想不到的效果。以下是一个成功的案例：

有一套备受推崇的绘本故事，名为"历史翻个面系列"，其中包括《忠犬：尤利西斯的阿尔戈斯》《奇石：米开朗琪罗的大卫》《弯钉：特洛伊木马的最后一钉》。这套绘本巧妙地运用了"配角法"，将名人故事与文学传奇重新演绎，从忠犬、奇石和弯钉的视角，重新讲述了米开朗琪罗、尤利西斯和特洛伊战争的故事。

以米开朗琪罗雕刻大卫像为例，当巨大的大理石遇到米开朗琪罗，从它的视角看，故事是这样的："每个早晨，大师都会在我面前伫立许久，一场静默的谈话缓缓开启，我们彼此驯服了对方。等待，是我一生中最幸福的事。"当大理石最终化作大卫雕像，它的眼中看到的米开朗琪罗是这样的："他用锤子敲击着凿子。最终，我自由了，我的石头外壳终于化作一片灰尘。他向后退了几步，贪婪地盯着我，时间静止了。"

再以尤利西斯的忠犬阿尔戈斯为例，它重新讲述了《奥德赛》中关于等待和守望的故事。在漫长的等待中，阿尔戈斯的内心独白是这样的："战争似乎已经结束，但尤利西斯没有返回家园。自他离去，已过十年。我伫立在最喜欢的那块岩石上，还在守候。我的眼睛老想骗自己，闪出些温柔的幻象抚慰我，予我希望。"当尤利西斯终于历险归来，阿尔戈斯的感慨深刻而动人："我身上的每一个毛孔都认得他，我疲惫的心灵，我生而为犬的魂魄都认得他。他就是尤利西斯。他也认出了我，透过我灰白的毛发和若无其事的样子。他冲我微笑，涌出幸福的泪水，因为我是他的狗。"

最后，以一颗钉子的视角重新刻画特洛伊战争中木马屠城的故事，也同样精彩。钉子在心中默念："当使命降临到我身上，我将成为英雄。待凯旋之时，人们将唱颂我那非凡的经历。我的伊利亚特，我的奥德赛。我将成为这场战役的压轴戏。"当十年战争终于胜利，钉子躺在被战火摧毁的废墟上，它的内心独白充满了幽默与释然："当太阳升起，我还躺在那里。弯弯曲曲，扭折歪斜。一片锈点开始蚀咬我，我却在笑。再也停不下来，笑得像个疯子，我已失去理智。"

这就是故事创编的魅力所在。整套绘本故事以"配角法"开启了全新的故事讲述视角，又以诗歌般的语言和充满表现力的画面，给读者带来了生动的美学启蒙。

我们在即兴口语表达中，同样可以运用"配角法"来创新讲述传统故事或现代故事。例如，从赵仕程的视角重新讲述唐婉和陆游的爱情故事，就能挖掘出千古伤心赵士程背后那份深情的痴情。正如歌曲《成全》所唱："他许你的海誓山盟蜜语甜言，我只有一句不后悔的成全。"这样的讲述方式不仅新颖独特，还能深深触动听众。

四、疗效好

在《三国演义》中，"扶不起的阿斗"成了刘备之子刘禅最大的标签，好像此人就是一个昏庸无能、傻里傻气的亡国之君。可是实际上刘禅并不傻，甚至刘备还称赞过他："年方十八，天资仁敏，爱德下士。"如此仁敏的刘禅，后来为什么成为乐不思蜀的阿斗？他是胸无大志，还是为了自保呢？请运用"配角法"，以阿斗为第一人称，重新讲述一下这段故事。

第十八计

氛围有戏

方法一 故事"MV"法
方法二 景仁宫法

方法一

故事"MV"法

一、诊断室

"故事'MV'法",是一种将故事讲得生动如电影的方法。它帮你用一帧一帧的画面创造想象,再铺上主题旋律,瞬间将氛围感拉满。为什么画面感如此重要?研究人员发现,如果你只是听到某个信息,可能只能记住大约 10% 的内容;但如果你不仅听到,还看到了一张图片,那么你就有可能记住 65% 的内容。这就是为什么我们小时候要通过看图来识字,画面感能够极大地增强我们的记忆和理解。

因此,提升讲故事的能力也是在训练你的具象化思维,让你在表达时能够在听众的脑海中建立画面感,调动他们的情绪,让他们感同身受。

比如,在谈论"你爱你的祖国吗?"这个话题时,没有画面感的人可能会这样回答:

"我爱我的祖国,我的祖国有今天的繁荣富强来之不易,革命先烈们抛头颅洒热血才换来了我们今天的幸福生活。我爱我的祖国,我们的祖国 56 个民族是一家,团结向上、友爱互助。"这样的回答虽然宏大,但可能缺少了个人的真情实感。而有了画面感的表述,则更能让人产生共鸣:

"作为一个懒人,我在我的国家,那是过得相当幸福。我懒得逛商场,于是就在电商平台下单,只有我想不到的,没有我买不到的。我懒得做饭,轻轻点击订餐软件，美食分分钟被送上门。下了地铁我懒得步行回家，拿出手机扫一辆共享单车，骑在单车上享受被风吹过的夏天，真是太惬意了。出门旅行我懒得去机场，那就买张高铁票，享受飞机的速度同时体验着火车站的距离。我的祖国太可爱了，科技的强盛，不仅提升了国防的实力，也提升了日常的幸福感！"

以上这几个生活场景的描述是不是生动、具体又鲜活呢？

会讲故事的人善于用语言营造氛围，激发听众的联想和想象，让听众在脑海中呈现故事画面，甚至还能让听众联想起自己过往经历的画面，从而喜欢这个故事，记住这个故事，传播这个故事。

二、特效药

让故事在听众脑海中创造画面感，产生共鸣，方法很简单，就像制作一段"MV"一样，总共分三步。

第一步：定主旋律

音乐 MV 的旋律是由音乐的情感基调决定的，有的音乐节奏比较伤感，整体的旋律就是抒情低沉的；有的音乐节奏很欢快，整体的旋律就是欢快积极的。而故事 MV 的旋律则是由主题决定的。如果要表达的主题是"我爱我的母校""我爱我的祖国"，那么整体的旋律就应该是温暖与有爱的。

第二步：截取画面

在制作音乐 MV 的时候，人们会提前写好脚本，脚本的作用就是给每句歌词都填充上相对应的画面。同样，有了故事的主旋律之后，我们就需要在脑海当中搜索相应的画面，找到适合的就在头脑中"截屏"保存。

例如，根据"热爱校园"这一主旋律，你可以在脑海中截屏这样的画面：一是数学老师做出微信中举手捂脸的表情；二是他做出伸手握拳的表情；三是在数学课堂上，同学们笑成一片。

第三步：渲染播放

在剪辑软件上，没有渲染前，播放铺上音乐和画面的视频和音频会卡顿不流畅；而在渲染后的合成文件中点击播放，就会非常流畅动人。同样，仅仅有了旋律和画面，还只是储备了素材，接下来需要组织语言，调动内心的情绪，配合上肢体表情，才能把故事讲得流畅自然，达到氛围"有戏"的效果。

三、案例多

《奇葩说》节目中有几个特别会讲故事的辩手，总能把氛围感拉满。而我自己特别喜欢的一段就是这个节目第六季第一期肖骁的一段演说，简直让人泪目。他用语言让所有人心里下了一场粉红色的雪。

那期的辩论话题是：奇葩星球黑科技，每个人都可以按键复活一位最爱的人，你支持吗？肖骁从"是否选择最爱的人复活"转为讨论"是否接受最爱的人离开"，并以"离开其实是在另一个地方更精彩地生活"为切入角度，整个表述就是在用一帧一帧的画面，铺上走心的怀念旋律，完成了一段精彩的故事 MV。

接下来，我将他的演说内容给大家呈现出来：

"奇葩星球黑科技，一个按钮复活一个你最爱的人。这有什么好讨论的，本能啊！但是因为是我最爱的人，所以我要去思考一下，他们用哪种方式回来：一个得了绝症痛苦离世的病人，他能否健康地回来？一个耄耋之年寿终正寝的老人，他能否年轻的回来？一个穷凶极恶的罪人，他能否忘却前尘，善良地回来？都没有说。它直接把一个最甜美的结果放到我的面前：你最爱的人，拍下去，他就能回来。这个时候我想起别人对我的一句忠告：'往往最诱惑你的选择，不是上天给你的机会，而是恶魔给你的考题。'今天这道题我要怎么解？它要问我的，是我要复活我的最爱吗？不，它要问我的，是我能否接受别人的离开。

奇葩星球是个什么地方？我在这里待了快六季了。我看到有的人走，我也看到有的人来。有的人是被迫离开，他尊重的是奇葩星球的规则；有的人是主动离开，他坚守的是自己内心的选择。有的人要到外面的世界去打怪，在那个世界，山的顶峰有一座最佳女主角的奖杯；有的人选择去旅行，她的目的地叫星辰大海；有的人都已经离开奇葩星球了，却依然在别的宇宙中心呼唤爱……而有的人还在，有的人还在，因为有的人还在。

每一天，每一年，我都听到这个按钮的啪啪声，很多爱他们的人，要把他们拍回这个奇葩星球。面对你最爱的人，为什么要压抑自己的天性，不按呢？我们不按，是因为他们曾经告诉我们，他们一生温暖纯良，唯一不舍的是爱和自由。他们不在这儿，所以你们觉得他们走了，但他们在这儿（指心脏），所以他们从未离开。

《海贼王》里的希鲁鲁克，用他一生的时间去创造一场在他脑海里的粉红色的雪，身边的人笑他疯了，痴了，傻了。但在他临死之前他成功了，他让全世界都看到了一场粉红色的雪。临死前他告诉乔巴：子弹射穿胸膛不会死，得了绝症不会死，只有被遗忘，才是真正的死亡。

那些你们深爱过的人啊，那些离开了你们的人啊，那些曾经生活在奇葩星球的男孩女孩啊，他们不会死，因为他们都曾经在你的心里，为你下过一场粉红色的雪……"

听过这一段后，我的脑海当中真的就会浮现出粉红色的雪。相信每个人脑海当中都有自己独一无二的一场粉红色的雪。什么是粉红色的雪？就是那些不会被时光带走，永远深埋心底的美好回忆呀。

在肖骁的这段讲述中，他就用了一帧一帧的画面，唤起每一个听众在脑海中对这些辩手最深的回忆。当他说道："有的人要到外面的世界去打怪，在那个世界，山的顶峰有一座最佳女主角的奖杯。"我们会想起范湉湉在舞台上激情咆哮："冲啊，不要压抑自己的天性。"当他说道："有的人都已经离开奇葩星球了，却依然在别的宇宙中心呼唤爱。"我们会想起离开《奇葩说》后的陈铭，在各个语言的舞台上一个又一个掷地有声、振奋人心的演讲。而当他说出了那句"粉红色的雪"，我们脑海中的画面已经从《奇葩说》的舞台转移到了自己的人生舞台。

而想到的人，也从这些离开舞台的《奇葩说》辩手延伸至那些给过我们温暖、带来过美好的回忆，但是如今已经消失在人海、离开了我们的人。

这个"脑补"的过程其实就是听众的自我代入以及与讲故事的人产生共鸣的过程。所以，故事中的氛围感就是代入感。

四、疗效好

练习题目

请运用"故事'MV'法"，谈谈你最尊敬的人。

方法二

景仁宫法

一、诊断室

一提到"景仁宫",你想到的是什么呢？是《甄嬛传》中那个"多行不义必自毙"的皇后宜修吗？或者你会想到某首为景仁宫新出的景点主题曲："折枝青梅，看景仁宫的人来人往，晓看雨水，听朝代的风浪沉浮。"

可见，"景仁宫"这三个字本身就很有故事性和氛围感。其实，"景仁宫法"是一种能让我们在故事中加入对话来营造氛围感的方式。接下来，我将先带你回顾一下央视《主持人大赛》中选手的表现，再来感受一下故事氛围感是怎么营造出来的。

大赛开播第一集便收视率夺冠，选手们的发挥被网友誉为"神仙打架的最高水准"，评委的发言则被称为"王炸般状态的点评"。在第一期中，12 位高手经过两轮比拼，最终 6 位脱颖而出。他们首战告捷的原因是什么呢？是面貌好、思维反应敏捷、台风落落大方吗？这些只能让他们从成千上万的报名选手中脱颖而出，只是他们能拿到比赛入场券的基本素质。他们取得好成绩的原因是：讲好故事。

在文艺类的选手中，有两位女主持人，她们都是样貌清秀、台风极佳且经验丰富的地方卫视主持人，专业水平不相上下，但结果却是一个晋级一个淘汰。晋级的是李莎旻子，淘汰的是迟茜。她们不仅实力相当，而且选择的故事也都是与电影相关的。

既然都是讲故事，迟茜跟李莎旻子相比，差异到底在哪里呢？差在通过生动形象的对白营造故事的氛围感。如何在最短的时间内把故事讲得活灵活现，吸引住听众，靠的就是细节的力量。而所有的细节中，最生动形象的就是对白。恰当地运用对白，并且准确地用语气还原当时的场景，就会给人一种身临其境的代入感。

例如，胜出的李莎旻子在故事的一开始就塑造了三种不同语气的对白，非常有代入感：

在主人公刚刚高考过后，周围热心的人询问他："你想干什么呀？"

在主人公弃医从影后，周围的人批判他："你不当医生搞动画，你脑子进水了。"

而故事中主人公母亲的那句话，也让我们非常感动："儿子，我相信你可以的。"

这些对白虽然都是一句话，但是非常精准地传达了说话者或支持或反对的态度。反之，如果故事的对白太啰唆，就会给人感觉冗长絮叨。所以，故事中的对白一定要"精练"，李莎旻子对这一点把握得恰到好处。

二、特效药

如何通过生动形象的对白来营造故事的氛围呢？方法很简单，那就是运用开篇说到的"景仁宫法"，这是"景人供"的谐音，即场景、人物、提供，也就是在故事的关键场景下，一位关键人物提供了一句关键性的对话。

例如，李莎旻子的演讲稿《热爱》中就有几句台词用到了"景仁宫法"：

场景：在"所有人都否定他，只有父母给他买了一台电脑"的关键场景下。

人物：父母。

提供了一句对话："你喜欢就试试看啊。"

再来看这一段：

"父亲去世以后，只能靠母亲每个月一千多元的退休金来维持生活。可母亲就说了一句话：'儿子，我相信你可以的。'就凭着这一句'可以'，他终于做出了自己的短片作品。"

场景：父亲去世以后，只能靠母亲每个月一千多元的退休金来维持生活。

人物：母亲。

提供了一句话："儿子，我相信你可以的。"

什么是关键场景呢？想想看，在电影里，每当剧情发展到重要关头，是不是从音乐到动作都会让人紧张起来，调动着观众的情绪进入关键场景。讲故事的时候，也是同样的道理：目标遇到了阻碍，阻碍重重依旧努力坚持，这些场景都是矛盾冲突的关键场景。

三、案例多

能够用对话代替叙述，很多场景就会有很大的不同。《红楼梦》里宝玉与黛玉初见的桥段就是这样的：

黛玉一见，便吃一大惊，心下想道："好生奇怪，倒像在那里见过一般，何等眼熟到如此！"……宝玉看罢，因笑道："这个妹妹我曾见过的。"贾母笑道："可又是胡说，你又何曾见过她？"宝玉笑道："虽然未曾见过她，然我看着面善，心里就算是旧相识，今日只作远别重逢，亦未为不可。"……宝玉便走近黛玉身边坐下，又细细打量一番，因问："妹妹可曾读书？"……又问黛玉："可也有玉没有？"众人不解其语，黛玉便忖度着因他有玉，故问我有也无，因答道："我没有那个。想来那玉是一件罕物，岂能人人有的。"宝玉听了，登时发作起痴狂病来，摘下那玉，就狠命摔去，骂道："什么罕物，连人之高低不择，还说'通灵'不'通灵'呢！我也不要这劳什子了！"

你看，这你来我往的对话之间，就让读者感受到了宝玉和黛玉之间的心有灵犀。而如果去掉了这个关键场景里这些人物的关键对话，把它改成"宝玉和黛玉一见如故，心有灵犀"，那就不会成为经典了。

当然，关键人物也可以是自己，因为"最重要的对话是你和自己的内心对话"。在故事的矛盾冲突中，如何让观众感受到主角内心的挣扎呢？最好的方式就是让主角跟自己对话，把思维和决策过程中的内心斗争暴露给观众。

四、疗效好

练习题目

请运用"景仁宫法"，讲述一段让你觉得遗憾的往事。

精

04

第四章

准

—

力

言 之 有 序
成为表达高手的 36 计 72 法

第十九计

概述
精准

方法一　炼金术法
方法二　颁奖词法

方法一

炼金术法

一、诊断室

"炼金术法"是一种精准概述事件的方法。顾名思义,它就是用高度凝练的语言,把一个需要概述的事件像提炼金子一样,将重点信息提炼出来,也称创造性概述。

学会精准地概述材料,不仅能提高你的表达能力,还能提升你的思考和判断能力。不信你对比一下,同一个事件,概述的水平不同,就能看出思维品质的高低,见表4-19-1。

表4-19-1 概述分等级

等级	方法
版本(一)详细概述	(不提倡)
版本(二)简要概述	3W法
版本(三)渲染概述	炼金术法

事件:近日,长沙理工大学的涂老师驾车外出时遇到一对夫妇路边紧急求助,他们怀中的小男孩昏迷不醒。涂老师毫不犹豫,立即让夫妇和孩子上车,并一路疾驰将孩子送往医院抢救。然而,由于一路上闯了七八个红灯,涂老师的驾驶证面临被吊销的风险。

大部分没有学过"炼金术法"的学员可能会这样详细概述：

版本（一）详细概述：

"最近，长沙理工大学的涂老师开车外出，遇到一对夫妇路边紧急求助，他们怀中的小男孩昏迷不醒。涂老师二话不说，立即让他们上车，并一路上闯了七八个红灯将孩子送到医院抢救。这件事引起了人们的广泛议论，我十分欣赏这位老师的做法。"

像这样"眉毛胡子一把抓"的详细概述方式难以突出重点，如同脚踩西瓜皮，滑到哪里算哪里。因此，一定要尽量避免。

我们再来看一下第二个版本，这个版本在详细概述的基础上省去了"二话不说，立即让他们上车"等细节描述，直接概括事件后鲜明地亮出了观点，是不是就简明清晰了很多呢？

版本（二）简要概述：

"长沙理工大学的涂老师为救昏迷的小男孩而连闯七八个红灯，驾驶证面临被吊销的风险。在我看来，涂老师的行为是正确的。规则诚可贵，生命价更高。"

除了上面的两个版本概述，还能让语言更凝练且渲染得更有情绪和画面感吗？来看看第三个版本的概述。

版本（三）渲染概述：

"一边是疾驰的汽车，承载着鲜活的生命；一边是鲜亮的红灯，警示着人们遵规守纪。当二者不能两全时，孰轻孰重？是生命还是规则？这是一个值得深思的难题。"

怎么样，是不是这样进行渲染概述更能体现语言的功力呢？

二、特效药

方法一：简要概述公式

版本（三）的渲染概述是不是很精彩？但是，我建议你在初学概述阶段先练习版本（二）的简要概述。

我在这里给大家一个好用的公式：3W+观点。

3W 就是：WHO/WHAT/WHY，即什么人 / 做了什么事 / 为什么。（你也可以根据表达的需要调整顺序。）

具体示例见表 4-19-2。

表 4-19-2

版本（二）简要概述	WHO	长沙理工大学的涂老师
	WHAT	连闯七八个红灯，驾驶证可能要被吊销了
	WHY	为救昏迷的小男孩
	抛出观点	在我看来，涂老师的行为是正确的。因为"规则诚可贵，生命价更高"。

方法二：炼金术句式

接下来，我要教你"炼金术"句式（见表 4-19-3），这个句式的口诀就是：

一边一边，矛盾抓取；对比碰撞，亮出观点。

表 4-19-3

版本（三）渲染概述	一边一边矛盾抓取	一边是疾驰的汽车承载着一个鲜活的生命，一边是鲜亮的红灯警示着人们遵规守纪
	对比碰撞亮出观点	当二者不能两全时，孰轻孰重？是生命还是规则？这是一个难题

"一边一边"比较好理解，事件中都会有矛盾点：

例如，食品安全类的材料，其中的矛盾就是：一边是商家想要谋取利益，一边是消费者想要吃到放心的食品。

再比如，小学生过度补课的问题也有矛盾点：一边是家长望子成龙心切，怕孩子输在起跑线上；一边是小学生超负荷学习，丧失了童年的快乐。材料中都有矛盾，通过"一边一边"的句式，简单的抓取提炼，要胜过大段的材料复述和铺陈。

我们再来说"对比碰撞，亮出观点"这句话。表 4-19-3 中提到的："当二者不能两全时，孰轻孰重？是生命还是规则？这是一个难题。"生命和规则这两个词就已经亮出了观点。

如果你的语言灵活性强，可以用这样丰富的语言，亮出观点。如果想上手更快，我推荐给你非常好用的"符号体"，见表 4-19-4。

表 4-19-4

口诀	1	一边一边
	2	矛盾抓取
	3	对比碰撞
	4	亮出观点

当二者发生碰撞的时候，我的心里不禁出现了一串又一串的问号。（通过问句抛观点）

或者当二者发生碰撞的时候，我的心里不禁出现了一个大大的感叹号！（通过感叹句抛观点）

三、案例多

在即兴口语表达中，运用画面想象与矛盾冲突的渲染手法可以让语言更加生动有力，触达人心。正如陈滢在 2022 年冬奥会上对羽生结弦的解说，她通过丰富的画面想象和特写抓取，结合文学加工，使得整段解说既充满了矛盾冲突的闪光点，又蕴含了古典诗词的华美意境。

我们来感受一下她的语言渲染能力：

"容颜如玉，身姿如松，翩若惊鸿，矫若游龙。"

"他让我想起了一句话——命运，对勇士低语：'你无法抵御风暴。'勇士低声回应：'我就是风暴……'"

"时光作渡，眉目成书，从此我们的深情不被辜负。"

"幸得识卿桃花面，从此阡陌多暖春！"

"他就像一把镶了钻的宝剑，即使被藏在金丝楠木的书柜里，也无法遮挡它那耀眼的光芒。"

"他的造型让我想起了樱花——樱花绽放之前，就要抱着凋零的决心。"

"长得就像日本动漫里的男主角，他把自己的人生活成了一部热血动漫。"

"天意终究难参，假若登顶成憾，与君共添青史几传，成败也当笑看。"

在《人民日报》的新闻评论中，也常见到这种"一边一边"的句式，它直接展示了人物面临的矛盾冲突，在对比碰撞中凸显闪光的精神品质。以下是一个典型的案例。

"某市一位小学老师在暑假期间，一边忙着为学校准备新学期的教学计划，一边还要照顾自己年幼的孩子。为了不耽误工作，她常常将孩子带到学校，安排在走廊的角落里等待。在这位老师身上，我们看到了两种角色的交织：在室内，她是孩子们敬爱的老师；在室外，她是为孩子付出的伟大母亲。她既是可爱的老师，又是伟大的母亲，这种精神品质在对比碰撞中显得尤为闪光。"

这个案例通过"一边一边"的句式，将老师的职业责任与家庭责任之间的矛盾冲突展现出来，同时在对比中凸显老师作为教育工作者和母亲的双重身份所展现出的崇高精神。这样的表达方式既符合成人的认知能力，又符合逻辑，是即兴口语表达中值得借鉴的手法。

四、疗效好

请运用"炼金术法",分享一下你对终身学习的理解。

方法二

颁奖词法

一、诊断室

一提到颁奖词，我们都不陌生。每一年的央视《感动中国》人物的事迹都会有一段特别精彩的颁奖词来精准地概述人物事迹。这些颁奖词语言凝练，充满力量，能够深刻地打动人心。例如，写给黄旭华的颁奖词就让人印象深刻。黄旭华为中国核潜艇事业的发展做出了重要贡献，被誉为"中国核潜艇之父"。他的事迹被这样凝练地概述：

"时代到处是惊涛骇浪，你埋下头，甘心做沉默的砥柱；一穷二白的年代，你挺起胸，成为国家最大的财富。你的人生，正如深海中的潜艇，无声，但有无穷的力量。"

这样的语言，既精准又富有诗意，让人不禁感慨："这语言功力太深厚了！"你可能会说，这种《感动中国》的颁奖词都是由全国著名的文化学者深思熟虑后凝练出来的，普通人可能说不出这么好的话。没关系，我们可以学习这种概述人物事迹的思维方式和表达句式。下面，我就给你总结出一学就会的"颁奖词法"，赶紧来学习一下吧！

二、特效药

我们还是以写给黄旭华的颁奖词为例，来看看如何运用"颁奖词法"。

第一步：捕捉三处贡献

从材料中截选出黄旭华最主要的三处贡献：（1）"中国核潜艇之父"；（2）在科研领域做出了不可磨灭的贡献；（3）被习近平总书记授予共和国勋章。

第二步：组成排比句式

运用"颁奖词法"，将这三处贡献组成排比句："他被誉为'中国核潜艇之父'，他在科研领域做出了不可磨灭的贡献，他被习近平总书记授予共和国勋章，他就是黄旭华，他用毕生的奉献诠释了爱国主义精神的内涵！"

第三步：如何弘扬精神

谈一谈自己受到的鼓舞，以及如何传承和弘扬这种精神："也许平凡的我们不一定有机会做黄旭华这样惊天动地的大事，但是我们每个人都可以在自己平凡的世界中做好本职工作。为政者谋长治久安便是爱国，为师者育栋梁之材便是爱国，为民者守社会秩序便是爱国。爱国没有想象中的那么难，每个人都扮演好自己的角色，这就是一种爱国！"

三、案例多

我们再看看中央电视台 2023 年春晚主持人王嘉宁是如何运用"颁奖词法"来高度评价英国姑娘邓扶霞的。

第一步：捕捉三处贡献

从材料中截选出邓扶霞最主要的三处贡献：（1）四次获得饮食界的烹饪写作大奖；（2）让世界人民爱上中国菜；（3）通过文字，让中国菜的滋味在世界范围内得以传播。

第二步：组成排比句式

王嘉宁运用了排比句式来高度评价邓扶霞："她不仅自己爱上中国菜，更让世界人民爱上中国菜；她不仅自己品味到中国美味佳肴的滋味，更通过文字让世界人民品味到中国菜的滋味；她不只是一个留学生，更是一个中国文化的传播者。"

第三步：如何弘扬精神

王嘉宁在表达中先是用了一句话肯定邓扶霞的贡献："为世界了解中国文化打开了一扇窗。"接着她又在节目中呼吁更多的留学生来到中国："吃一吃好吃的中国菜，品一品好喝的中国茶，讲一讲好听的中国话，来到中国的大好河山走一走、看一看。"

通过这样的分析我们可以看到，无论是黄旭华还是邓扶霞，运用"颁奖词法"都能够精准地概述其事迹，并深刻地打动人心。这种句式不仅适用于大型颁奖活动，也可以在日常的口语表达中运用，让我们的语言更加凝练、富有力量。

四、疗效好

请运用"颁奖词法",讲一个与"诚信"有关的故事。

第二十计

立意
精准

方法一　放大镜法
方法二　四边形法

方法一

放大镜法

一、诊断室

在日常的交流与表达中，我们常常会遇到这样的情况：心中明明有千言万语，却难以用一句话精准地概括出来。这就像茶壶里煮饺子，心里有数却倒不出来。其实，这是因为我们的观点还停留在感性层面，未经思维加工。以下，我们就来介绍"放大镜法"，帮助你精准提炼观点，让表达更有深度。

我们来分析一个常见的表达问题。临近毕业季，校园里废品车穿梭，一箱箱的书以"白菜价"被当作"累赘"处理。这些书籍中不乏新书，甚至有的还未拆封，但其最终归宿却是废品堆。面对这样的现象，很多人心中都有感慨，却难以用一句话精准表达。

其实，这个现象背后蕴含着一个深刻的观点：资源的浪费与价值的忽视。我们可以运用"放大镜法"来提炼这个观点。首先，我们观察现象：毕业生们将书当作废品处理，这些书中有很多是新的、有价值的。然后，我们思考这个现象背后的原因：为什么这些有价值的书会被当作废品处理？是因为毕业生们没有意识到它们的价值，还是因为其他原因？最后，我们提炼出观点：毕业生们在处理书时往往忽视了它们的价值，这实际上是一种资源浪费。

在日常生活中，我们可以多运用"放大镜法"来提炼观点。无论是阅读文章、观察社会现象还是与他人交流，我们都可以尝试用一句话来概括自己的观点。这样不仅可以提高我们的表达能力，还可以帮助我们更深入地思考问题。

二、特效药

以毕业季书籍处理为例，我们可以运用"放大镜法"来提炼观点，步骤如下（见图4-20-1）。

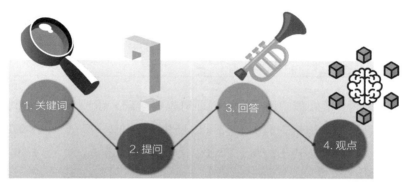

图4-20-1

第一步：聚焦关键词

在材料中，我们可以找到"累赘""白菜价""新书"等值得深挖的关键词。这些词语都反映了毕业季学生处理书的某种现象或问题。

第二步：放大来提问

针对这些关键词，我们可以进一步追问原因。为什么书成了"累赘"？为什么要以"白菜价"卖掉？为什么毕业季卖的书都是"新书"呢？通过这些问题，我们可以更深入地思考现象背后的原因。

第三步：回答得观点

根据上一步的问题，我们可以给出一个回答，并总结成观点。例如，我们可以说："毕业季书籍成'累赘'，以'白菜价'出售令人痛惜，'新书'闲置浪费资源，应引起社会关注。"这个观点既概括了现象，又指出了问题的严重性。

在初始阶段为了观点的精准，我们可以通过表格的形式把大脑内部的思考用一问一答的形式显性化地呈现出来，见表 4-20-1。

表 4-20-1

关键词	提问	回答	观点
累赘	为什么书成了"累赘"？	因为学生觉得快递费太贵，书本寄回去了也没用了	别让知识留在校园
白菜价	为什么要以"白菜价"卖掉？	没有更好地被循环利用	书本应该循环使用
新书	为什么毕业季卖的书都是"新书"呢？	没看过，上学的时候玩重于学	大学也应该与书为伴

除了毕业季书籍处理的例子，我们还可以将"放大镜法"应用于其他场景。例如，针对职场中的加班现象，我们可以聚焦"加班""疲惫""效率"等关键词，追问："为什么加班成为常态？""为什么加班会导致疲惫？""为什么加班并不一定能提高效率？"之后，我们可以从中提炼出关于职场加班现象的观点。

为了更快速地提炼观点，我们还可以使用 12 字口诀："判断是非，寻找原因，正确做法。"这个口诀可以帮助我们在短时间内对问题进行全面思考，并提炼出有深度的观点。

三、案例多

在即兴口语表达中，如何开篇以吸引听众的注意力，并引导他们深入思考，是每一位演讲者都面临的挑战。梁植，作为《我是演说家》的冠军，他巧妙地运用了一种自问自答的开篇技巧，不仅抛出了鲜明的观点，还极大地增强了听众的代入感。这种技巧正是"放大镜法"中的提问与回答步骤的生动体现。

以梁植的一次演讲为例，他开篇就提出了三个问题：

"如果你在不到三年的时间内从美国名校获得博士学位，导师邀请你留下并承诺给予一流科学家的待遇，你会如何选择？"

"如果你的伴侣告诉你，他／她即将调动工作，但去哪里、做什么、去多久都不能说，你会如何应对？"

"如果你因为自己的努力让中国在某个领域崛起，提高了国家的话语权，你认为自己应该获得怎样的奖励？"

这三个问题，不仅紧扣演讲的主题，还通过具体的情境设置让听众在思考中逐渐感受到演讲者所要传达的深刻内涵。而梁植的偶像——邓稼先，正是用他的一生回答了这三个问题。

梁植没有将邓稼先神话，而是通过设问的方式，让每个听众都设身处地去思考，如果自己面临邓稼先所遇到的这三个问题会如何做出选择。然后，他再娓娓道来邓稼先是如何用他的一生回答了这三个问题。这样，梁植要弘扬的精神力量就在这三个答案中深入人心。

"哪有什么天生的偶像，只不过是有人在面临人生的重大选择面前，为了实现更崇高的价值，比常人更能经得住考验，交上了一份满意的人生答卷。"

梁植的这种自问自答技巧，实际上是一种非常巧妙的开场方式。它不仅通过问题引导听众思考，还通过问题的设置将听众的注意力迅速聚焦到演讲的主题上。同时，这种技巧还要求演讲者具备深厚的语言功底和敏锐的洞察力，能够准确地抓住听众的心理，提出引人深思的问题。

总之，"放大镜法"中的提问与回答步骤不仅是一种有效的思考工具，还可以成为提升即兴口语表达能力的有力武器。通过巧妙地运用这种技巧，我们可以让演讲更加引人入胜，让观点更加深入人心。

四、疗效好

请运用"放大镜法",谈一谈你对"消费者应该如何维权"的看法。

方法二

四边形法

一、诊断室

思想家王夫之曾言："意犹帅也，无帅之兵，谓之乌合。"此言道出了主题立意在内容创作中的核心地位。主题立意的准确与否、高下之分，直接关乎表达的成败得失。那么，如何使我们的主题立意既精准凝练，又兼具高度与深度呢？"四边形法"助你从四个维度精准定位你的主题立意。

在教学实践中，我曾让学员们探讨近年来备受瞩目的词汇——"松弛感"。这一网络热词源自一位博主分享的旅途经历：一家人在旅游时遭遇行李全部被退回的意外，却无人紧张或生气，而是重新安排行李后继续愉快地聊天。

在未学习相关方法之前，一位学员的表述如下：

"我认为我们也应该这样，遇到事情时保持从容，心态平和，不要总是对身边的人发脾气。多一点松弛感，就会少一点焦虑感，这样不仅自己身心愉快，也能让家人幸福快乐，同时也有利于人际关系的和谐。"

这段表述略显浅显与空泛，缺乏对该词汇的深入理解及个人感悟。接下来，该学员在学习"四边形法"后重新表达，立意更为深远：

"顾名思义，松弛是一种放松、自然的状态，不紧绷、不焦虑地享受生活。苏轼便是如此，即使从云端跌落至蛮荒之地，他依然能松弛且豁达地享受人生。'竹杖芒鞋轻胜马，谁怕？一蓑烟雨任平生。'即便被贬至天涯海角，他也能发现美味的生蚝，在美食中品味生活的美好。

苏轼的松弛感在于他能接纳发生的一切，'得之淡然，失之坦然，顺其自然'。这一点对于今人来说尤为重要。我们之所以活得不够松弛、过于紧绷，是因为我们总希望一切事情都按照理想的状态发展。甚至当'松弛感'这个词走红后，很多人又开始努力学习'松弛'，其实松弛从来都不是努力得来的。顺其自然，才是松弛感的精髓。

'境随心转'总是太难，'心随境转'方得自在。"

对比前后两个版本的表达，主题立意上的提升显而易见！这便是语言思维的魅力所在，它能充分发掘你的表达潜力。只要掌握恰当的方法，你的表达也可以更有深度、更有内涵！

二、特效药

"四边形"的四条边分别代表：定义、案例、归因和启发。按照这四个步骤思考，你的主题立意就清晰准确了。

第一步：定义——是什么（见图 4-20-2）

对于一个现象，每个人可有不同的定义，而不同的定义，则会有不同的立意。

例如："顾名思义，松弛就是整个人处于放松、自然的状态，不紧绷、不焦虑地享受生活。"

图 4-20-2

第二步：案例——具象化（见图 4-20-3）

当你把抽象的定义用一个具体的例子诠释后，原本模糊的主题立意也逐渐清晰起来。

例如："苏轼便是如此，即使从云端跌落至蛮荒之地，他依然松弛且豁达地享受人生。'竹杖芒鞋轻胜马，谁怕？一蓑烟雨任平生。'"

图 4-20-3

第三步：归因——为什么（见图 4-20-4）

归因，通俗的理解就是归结他人或自己行为的原因。找到了原因就相当于找到了钥匙，"立意"的大门即将为你打开！

例如："苏轼的松弛感在于他能接纳发生的一切，'得之淡然，失之坦然，顺其自然'。"

第四步：启发——怎么做（见图 4-20-5）

通过案例归纳出来的这一原因，对你有什么样的启发？这个启发就是你最深有感触的"立意"。

例如："其实松弛从来都不是努力出来的。顺其自然，才是松弛感的精髓。'境随心转'总是太难，'心随境转'才得自在。"

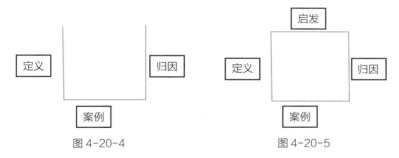

图 4-20-4   图 4-20-5

经过以上四个步骤推导出的立意，不仅"精准"而且"真实"，是你发自肺腑地想要与别人分享的真心话，用真心最能够换来真心！

三、案例多

超级演说家陈铭的演讲《父亲》，主题立意就非常精准而且有深度，引人深思。下面，我用"四边形法"给你拆解一下这一主题的立意。

第一步：定义 ——是什么

[表达者在思考什么样的父亲是一个合格的父亲。]

今天我的演讲的题目是《父亲》。既然要说父亲，当然得从女儿说起，女儿推出产房的第一瞬间，当我看到她的时候，不是惊喜是惊恐。我当时就问护士："是不是抱错了，为什么长得这么丑。"护士看了我一眼说："女儿都是随爸爸的呀。"我就释然了很多，然后还是没有欢喜，心里充满的是很仓皇的感觉，为什么会仓皇呢？我一直在问自己，我到底做好了成为一个父亲的准备了吗？什么样的父亲是一个合格的父亲呢。这个问题我完全没有头绪，所以我就带着这个问题回去问我的父亲。

第二步：案例——具象化

[通过讲述父亲的故事，逐渐有了做合格父亲的答案。]

在我的整个童年印象当中我都非常少地跟我的父亲说话，因为我根本见不到他。他是一名干了 40 多年的老警察，在隐蔽战线工作，这就意味着他不仅很少回家，而且在他不回家的时候他在哪里、在干什么，我和我的母亲都不可能知道，也决不能去问。

1978 年，中央第一公安民警干校在沈阳重新开始招生，我的父亲非常荣幸地成为中央警校 1978 级的学员。大屏幕上呈现的是我父亲刚入学时的照片，很帅吧，但是做警察这件事情光有好颜值是没有用的，要看本事，他本事到底怎么样呢？警校毕业后没多久，他遇到了人生中第一次大挑战。

1981 年 1 月 2 号，湖北省铁山区一座军火库失窃了，被偷盗的手枪、冲锋枪、半自动步枪等一共 16 支，子弹 5800 多发，手榴弹 60 多枚，这是新中国成立以来在被偷盗军火数量上难以企及的一次军火失窃案，震惊全国。

我父亲当时在外地办案并被迅速召回，他当时已经有两个多月没有回过家了。他这次连家门都没有走进一步，直接到了一线进行拉网式的搜索。他先是在一个水库边找到了手榴弹试爆的痕迹，然后在水库边的一张大便纸的背面找到了残存的指纹和笔记，一步一步地压缩着搜索的区域。铁山区是崇山峻岭，搜索难度非常大。

那一天他和两名干警开着一辆吉普车一户一户地排查摸底，山中有一座老房子，平时并没有多少人去住，但那一天我父亲在外面从窗户看屋里人影幢幢，他觉得有点奇怪，便与另外两名同事说："这样，你们在门口稍微帮我把一下，我进去探探什么情况。"

推门进去，屋子中间有一张大圆桌，七个壮汉唰地一下全部都站了起来，所有人都看着他。我父亲进门第一件事情是看地上的鞋印，感觉跟当时失窃的军火库的鞋印高度吻合。他就大大咧咧地笑，一边笑一边往里走。所有人都看向这七个人当中的一个，即便是这个团伙的头目。这名头目慢慢地向桌子的左后方挪动，后面有一张床，他慢慢地把手伸向枕头的方向。

我的父亲一秒钟都没有停顿，一个箭步钻到他的身后，右手先一步把手枪从枕头下面抽出来，左手手臂锁喉，右手手枪抵头，然后对着所有人都说："不要动，全部都不要动，把枪放下。"剩下的六个人掏枪的掏枪，解衣服的解衣服，情况万分危急，怎么办呢？

出乎所有人的意料，我父亲把左手松了下来，并把右手那名头目的手枪递给了他。父亲还掏出了自己枪套里的那把 64 式手枪放到了桌上，跟着还将自己的警官证也一起推了过去。

我父亲从我小的时候就跟我说战士的生命就是枪，任何时候枪不离手，但是在那一瞬间，他把他的生命推了过去。其他人的枪都放了下来，那名头目回头看他，一脸不解，我父亲还是笑，并说道："你知道就这个屋子我们已经盯了很久了，现在外边里三层外三层，军方警方已经全部围死了，里面只要枪一响，外面立马开火，一个人都活不下来，肯定的。我今天敢进来，就根本没想出去，我来是跟你聊聊天的，你是老大吧，你知道你今天偷的枪支弹药的数量被法院抓了怎么判都是死刑，我来是因为我这有条活路。如果今天你放下枪跟我走，我今天敢进来，就敢用我的命保你这条命不被判死刑。你信我，把枪放下跟我出去就是活路；你不信我就开枪，一起死，你选。"

我父亲后来说这是他人生中最漫长的两分钟。两分钟之后，团伙头目放下了手中的枪，伸出了双手，让我父亲拷上。在将其押至警车后，我父亲才扭过头小声跟随行的两名警员说："赶紧通知军方过来。"

十多分钟之后，大批的作战部队赶到，真真正正地把这个房子里三层外三层围了起来，所有罪犯一一被铐了出来，三名警员一枪未开，滴血未流，所有嫌疑人抓捕归案，所有的军火完璧归赵，震惊全国的"铁山 1 · 2 特大枪支弹药失窃案"至此彻底告破。

在法庭判决的时候，我的父亲出庭作证，认为主犯有重大立功情节。最后，法庭判决主犯死刑缓期两年执行，因为主犯在监狱中表现良好，减刑至 20 年。庭审结束后，这名主犯的老父亲，八十多岁，头发花白，涕泪横流地登门致谢，感激对他儿子的救命之恩。

我讲的是我手中的这枚军功章背后的历史。从这枚军功章之后我的父亲正式进入国家隐蔽战线工作。这也注定了刚才讲的这个故事成为我的父亲职业生涯中为数不多的我可以在这里跟各位分享的故事。

我父亲是中央警校 1978 级学员的班长，他们同学之间经常会打电话联系，聊着聊着有一位同学牺牲了，聊着聊着又有一位同学牺牲了，他们牺牲在哪里不知道，他们为什么事情牺牲不知道，还没有过保密期。

第三步：归因——为什么

[一个父亲具备"忠诚、智慧、勇气、奉献"这些美好的品质，这就是孩子最好的榜样。]

各位，我们目力所及的、习以为常的平静和安宁的背后，到底由多少鲜血和生命铸就呢？每当我想到这些连声响都没有的逝去，连丰碑都没有的牺牲，我只能从我自己内心最深处向他们致以最崇高的敬意。

屏幕上还有一张照片，是我父亲的一张登记照。从我初中毕业开始，我就把他放在我的钱包里，一直到我博士毕业没离开过。父亲之于我早已不再是偶像，已经类似有一点信仰的味道。他的那张照片很多时候我碰到时，我就觉得安心和踏实，我看到他的样子我就仿佛看到了忠诚，看到了智慧，看到了勇气，看到了奉献。每当我彷徨无依的时候，我就会问自己如果是我的父亲他会怎么做。当我睁开眼睛，我就可以看到方向，我就可以感受到从心底深处那股无尽的力量。

第四步：启发——怎么做

在父亲的案例中，陈铭获得了启发，也揭示了演讲的主题"想让孩子成为一个什么样的人，你就先做一个那样的人给他看"。

"父母是孩子永恒的生命范本，到底该怎么做一个合格的父亲，也许我已经找到了答案。你想让孩子成为一个什么样的人，你就先做一个那样的人给他看。芷诺，我的女儿，虽然你现在还听不明白你父亲的这篇演讲，但我希望等你到了我这个年纪的时候，提到你的父亲你也可以有好故事可以说，你也可以自豪地微笑，你也可以由衷地骄傲。献给天下所有的父亲。"

四、疗效好

练习题目

请运用"四边形法"，谈一谈你对"家风"的理解。

第二十一计

用词精准

方法一 三点一线法
方法二 温度计法

方法一

三点一线法

一、诊断室

在介绍一个人或一处景物时，我们往往从外形开始描述。然而，每个事物都有其独特之处，可说的地方实在太多了。那么，我们应该如何选择并精准形容呢？这就涉及细节捕捉的重要性。

以房琪的旅行视频记录为例，她不仅描述现场，还通过细腻的细节刻画，给观众带来了沉浸式体验："我最喜欢的城市的名字是香格里拉，藏语意为心中的日月。徘徊在松赞林寺上的红嘴山鸦，俯瞰着虔诚的人们走走停停。清晨的拉姆央措泛起涟漪，梵音阵阵在心头叩击。只有当远方有了轮廓，这些努力才有了意义。一直在前行，一直在路上。"这样的描述，正是因为捕捉了现场的细节，才形成了具象思维，在我们的脑海中留下了深刻的记忆点。

为什么细节如此重要？因为细节是构成事物独特性的关键元素，也是形成我们记忆的重要节点。就像电影《泰坦尼克号》中的物件——项链"海洋之心"，以及杰克和露丝站在甲板上迎着夕阳的那幅画面，还有那句经典的台词："You jump, I jump!"这些都是经典作品通过细节刻画，给我们塑造出的刻骨铭心的记忆。

那么，你如何拥有这样精准描述细节的语言魔法呢？其实很简单，只需掌握"三点一线法"就能做到。所谓"三点"，就是描述三个细节；而"一线"，则是用一句话来概括整体的印象。接下来，我们就来详细解锁这个方法。

二、特效药

"三点一线法"可分为三个步骤。

第一步：找出细节（见图 4-21-1）

锁定三个有代表性的细节。什么叫有代表性？那就是要有特点，一眼望去和其他事物不同。

例如，"红嘴山鸦、湖水、梵音"是香格里拉有代表性的细节。

图 4-21-1

第二步：选形容词（见图 4-21-2）

选出三个最精准的词语来形容找出的三个细节。

例如，徘徊的红嘴山鸦，泛起涟漪的湖水，叩击心头的梵音。

图 4-21-2

第三步：整体印象（见图 4-21-3）

再用一句话说明整体给人留下的印象。

例如，只有当远方有了轮廓，这些努力才有了意义。

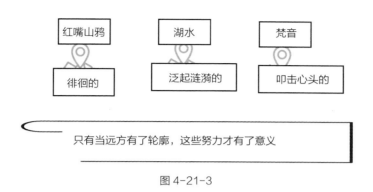

图 4-21-3

三、案例多

以人教版小学语文课中郑振铎的文学作品《燕子》为例，他仅用了四句话就抓住了燕子最主要的特点，构成了一个整体印象，仿佛给我们画出了一幅鲜明的速写："一身乌黑光亮的羽毛，一对俊俏轻快的翅膀，加上剪刀似的尾巴，凑成了活泼机灵的小燕子。"

如何做到像名家一样精准描述呢？你可以遵循以下三个步骤。

第一步：找出细节

锁定三个有代表性的细节。在郑振铎的描述中，小燕子的羽毛、翅膀和尾巴就是这些细节。这些细节是构成事物独特性的关键元素。

第二步：选形容词

选出三个最精准的词语来形容找出的三个细节。郑振铎的形容词选得非常精准：他用"乌黑发亮"来形容小燕子的羽毛；用"俊俏轻快"来形容小燕子翅膀；用"剪刀"做类比来形容小燕子的尾巴。这些形容词使得描述更加生动、具体。

第三步：整体印象

再用一句话说明整体给人留下的印象。郑振铎用"凑成了活泼机灵的小燕子"来形容小燕子给人留下的整体印象。这句话简洁明了,却让人对小燕子有了非常直观鲜明的整体感受。

再举一个经典的案例,冯骥才在《珍珠鸟》中的描述:"红嘴红脚,灰蓝色的毛,只是后背还没生出珍珠似的圆圆的白点;它好肥,整个身子好像一个蓬松的球儿。"

按照之前的步骤分析:

第一步:找出细节——嘴、脚、毛是作家给珍珠鸟选出的三个最有代表性的细节。

第二步:选形容词——嘴和脚作家选的是"红";毛选的是"灰蓝色"。

第三步:整体印象——整体是"好肥,像一个蓬松的球儿。"

这个方法你掌握了吗?用形容词加名词的方法可以让你的描述更加精准、具体。然后再用一句话介绍一下你对这个事物的整体印象,这句话也要精准传达出你对这个事物的情感和认知。通过这样的练习,你也可以像名家一样,用精准的语言描绘出事物的独特之处。

四、疗效好

练习题目

请运用"三点一线法",描述一处风景。

温度计法

一、诊断室

斯蒂芬·金曾言："每位作者都应备有一个工具箱，以备写作之需。"而他强调，工具箱中最顶层且最为关键的工具便是词汇。这一观点揭示了词汇在语言表达中的重要性。

许多人在写作或日常表达时，常感言语在喉，却难以找到合适的词汇来表达。这往往与我们对"词汇温度"的敏感度不足有关。近年来，网络语言的流行使越来越多的人，尤其是年轻人，开始为自己的语言表达能力退化感到担忧。他们习惯于用"YYDS""绝绝子"等网络流行语来概括各种情感和情境，而原本丰富多彩、细腻入微的文字表达却在这一过程中逐渐消失了。

这种词不达意、难以用恰当的词汇清晰表达自己观点和感受的状态，其实是一种"文字失语症"。它更像是一种时代病，反映了我们在习惯了网络语言的直接和简洁后，在面对需要当众讲话的重要场合时，难以迅速从词汇库中调动出得体与恰当的词语的困境。

"文字失语症"的本质其实是一种思维的惰性，即不愿深入思考如何更准确、细致地进行表达。然而，改变这种状况并非遥不可及，只需要我们在日常生活中点点滴滴地坚持和努力。

令人欣慰的是，网络上已经出现了许多"文字失语症互助小组"。在这些小组中，组员们纷纷记录了自己恢复语言敏感度的过程。有的人选择每天抽出固定时间写作，记录生活中的小事；有的人则从深度阅读开始，扩展自己的词汇量，用阅读严肃文学作品的时间来替代刷短视频的碎片时间；还有的人从正确使用标点符号做起，不再用空格代替逗号，用感叹号来过度表达激动的情绪。

那么，如何进行精准词汇表达呢？这里有一个既有趣又有效的方法——"温度计法"。经常进行这个词汇量的练习，会让你的用词越来越精准。

二、特效药

"温度计法"总共分三步。

第一步：体会感受

在开始练习的时候，你可以规定一个感受。随着调取词汇的速度越来越快，在话题表达中，你就越能自己去捕捉内心的感受了。

第二步：衡量温度

也就是在内心判断一下这个感受的程度。同样都是高兴的情绪，但程度却可能完全不同。程度低的温度也就低，程度高的温度也就高。

第三步：选择词语

应用场景不同、感受的温度不同，选择的词语也就不尽相同。情感的颗粒度是越磨越细致的，词语的使用也会越来越精准。

以"喜"为例，根据不同的场景和温度，我们可以选择不同的词语来表达（见图 4-21-4）：

放假前你把工作做完了，国庆长假终于可以好好地玩几天啦，这是 20℃ 的情感——"喜悦"。

和朋友一拍即合，决定去迪士尼乐园玩，你开心极了，这是你心心念念好久的事情，这是 40℃ 的情感——"兴奋"。

到了迪士尼，你看到好多可以玩的游乐项目，特别激动，这是 60℃ 的情感——"兴高采烈"。

出了迪士尼，你买了一张刮刮乐，中了一个大奖，你开心极了，这是80℃的情感——"欣喜若狂"。

经过了多年的爱情长跑，你终于和恋人步入了婚姻的殿堂，这一刻，你的情感是100℃的——"喜极而泣"。

通过"温度计法"的练习，我们可以逐渐提高自己对词汇的敏感度，更精准地表达自己的情感和观点。这不仅有助于提升我们的口语表达能力，还能让我们在文字的世界里找到更多的乐趣和可能性。

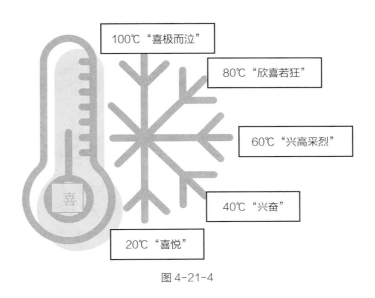

图 4-21-4

三、案例多

在蔡康永老师的情商课程中，他提出了一个富有启发性的概念，即"情绪颗粒度"。这一概念指的是，情绪颗粒度越细的人，对于情绪相关的词汇使用得越精准。他们不仅能够精确地识别自己的情绪，还能够准确地表达他人的情感。这实际上是一种高情商的表现。由此可见，练习词汇的精准度对于提高情商也是大有裨益的。

　　为了更深入地理解情绪颗粒度，蔡康永老师分享了一个有趣的例子。他提到了一位德国作者约翰·凯尼格（John Koenig），他花费了 7 年时间制作了一本《悲伤词典》（*The Dictionary of Obscure Sorrows*）。这本词典收录了 8000 个形容不同种类的悲伤的词汇。凯尼格发现，生活中有很多模糊的情绪难以找到确切的词语来表达。于是，他请朋友们详细描述他们所经历的悲伤情绪，然后总结出来，创造出一个新的词汇来表达这种特定的情绪。

　　比如，词典中有一个词"Anecdoche"，它表示的是当大家都在热烈交谈时，你也想要参与，但却没有人愿意听你说。如果你熟悉《康熙来了》这个节目，你就会发现节目中的陈汉典就常常遭遇这样的处境。另外还有一个词叫作"Rollover Reaction"，它指的是你原本对某一个人有着美好的印象，但突然之间这个美好被打破了。像这样细腻、各式各样的悲伤情绪，凯尼格一共总结出了 8000 个。也就是说，在凯尼格看来，当你流下一滴眼泪的时候，可以有 8000 个不同的理由。

　　这个例子让我们深刻地意识到，即使是同一种情绪，也可以用成百上千的词语来描述。这种对词语精准度的打磨，确实需要我们从意识上先重视起来，再通过科学的教学方法进行训练，日积月累后才能运用得得心应手。

　　在演说家的舞台上，有一位叫董仲蠡的选手，他在《教育的意义》这篇演讲中，以一个段子的方式谈到了教育对于语言丰富性的意义。他说："网上前段时间流行过一个段子，说我们之所以要多读书多受教育，就是因为当看到湖面上有一群鸟飞过的时候，我们能吟诵出'落霞与孤鹜齐飞，秋水共长天一色'，而不是在那吵吵：'我去，全都是鸟！'当我们去戈壁旅游骑着骏马奔腾之时，心中默念着'大漠孤烟直，长河落日圆'，而不是在那喊：'哎呀妈呀都是沙子，快回去吧！'当然这是一种调侃，但不自觉间，就道出了教育的核心含义。教育不仅仅是传授给人知识，更是提高个人的修为，增强我们对生命的感受力。"

　　确实如此，不仅词语有"温度计"，就连我们的诗词佳句也都有自己独特的场景和温度。精准地使用这些诗词佳句，就会为我们的语言增光添彩。因此，我们也应该从"词语温度计"的训练逐步提升到"语言温度计"的应用，不断拓展语言的丰富性。通过这样的训练和实践，我们的口语表达能力将会得到显著的提升。

四、疗效好

练习题目

请运用"词语温度计法"，提炼出这段台词选段要传达出的情感。

台词选段：

"兰博，战争结束了！

不！战争没有结束！没有，你不能结束它！不是我要打的，是你们要我打的！"

第二十二计

表意
精准

方法一　红花绿叶法
方法二　FFC 赞美法

方法一

红花绿叶法

一、诊断室

"如果你要写风，就不能只写风，你要写柳条轻轻柔柔飘入你心中。"

"如果你要写思念，就不能只写思念，要写长亭写折柳，写玉门关外的羌笛与浊酒；要写巴山写夜雨，写不肯轻言的别绪和挽留。"

在这两段话中，你是否感受到了表意的精准性和情绪的感染力？这种效果往往需要借助其他事物进行烘托，就像被绿叶衬托的红花会格外鲜艳一样。有对比、有反衬，更能让表达的主体深入人心。然而，我在教学中发现，很多人常常缺乏"反衬"的意识。例如，下面这段内容（版本一）平铺直叙地正面介绍先进人物事迹：

"从 1988 年至 2019 年，马军武和张正美夫妇 31 年风雨无阻地巡逻在边防线上。荒凉的哨所，方圆数公里杳无人烟。2006 年，两个人才搬进通了电的新哨所；2010 年，哨所前才铺了水泥路。31 年如一日，他们坚守着'一生只做一件事，我为祖国当卫士'的誓言，也是几代军垦人家国情怀的生动体现。"

我们再来对比一下下面经过修改的内容（版本二）：

"'一生只做一件事，我为祖国当卫士。'这一当就是 31 年。31 年的时光，说到底是由许多个日夜构成，它不仅包含着职责也关乎着生活。身处荒凉的哨所，方圆数公里杳无人烟，这意味着夫妻俩是彼此唯一的依靠，也意味着需要熬过无数寂寞的时光。2006 年，当手机、电脑都已成为平常物件时，哨所还没有通电，很难想象他们如何与外界沟通，又如何打发岗位之外的时间。2010 年，水泥路才通到哨所，足以说明曾经那里与外界的距离多么遥远。当宏大的使命被分解到生活细节中，变成日复一日的荒凉，变成生活里的诸多不便，变成都市里的你我无法想象的困难时，人们能够真正体会到，在边防线上的这对夫妻究竟担负起了怎样的重量。"

怎么样？是不是这两个版本进行对比后，情绪的感染力高下立见？这就是运用"红花绿叶法"进行反衬的魅力。

二、特效药

"红花绿叶法"可分三步（见图 4-22-1）。

第一步：确定红花

想好你要强调的主体的"特点"是什么。

例如，版本二要突出的是"边防线上的这对夫妻究竟担负起了怎样的重量"。

第二步：寻找绿叶

用哪些客体来"反衬"主体可以让其特点更鲜明呢？

图 4-22-1

例如，用都市里的你我在同一时期的生活水准来衬托这对夫妇的艰难。

第三步：红花也要绿叶衬

把选定的红花和寻找的绿叶连起来表达，让你的介绍特点更鲜明、感受更强烈。

例如："2006 年，当手机、电脑都已成为平常物件时，哨所还没有通电，很难想象他们如何与外界沟通，又如何打发岗位之外的时间。2010 年，水泥路才通到哨所，足以说明曾经那里与外界的距离多么遥远。当宏大的使命被分解到生活细节中，变成日复一日的荒凉，变成生活里的诸多不便，变成都市里的你我无法想象的困难时，人们能够真正体会到，在边防线上的这对夫妻究竟担负起了怎样的重量。"

三、案例多

在文学创作中，我们经常用到"以动写静"的反衬手法。例如王维的《鸟鸣涧》：

"人闲桂花落，夜静春山空。月出惊山鸟，时鸣春涧中。"

这首诗就是把"鸟鸣"当成了绿叶来衬托"幽静"这朵红花。

还有许地山的经典名篇《落花生》，文章中的父亲将花生与"鲜红、嫩绿的苹果、桃子、石榴"相比，揭示了花生的可贵品格：质朴无华，低调务实。文中父亲的话意味深长：

"你们爱吃花生吗？"

我们争着回答："爱！"

"谁能把花生的好处说出来？"

姐姐说："花生的味道美。"

哥哥说："花生可以榨油。"

我说："花生的价钱便宜，谁都可以买来吃，都喜欢吃。这就是它的好处。"

父亲说："花生的好处很多，有一样最可贵：它的果实埋在地里，不像桃子、石榴、苹果那样，把鲜红嫩绿的果实高高地挂在枝上，使人一见就生爱慕之心。你们看它矮矮地长在地上，等到成熟了，也不能立刻分辨出来它有没有果实，必须挖起来才知道。"

我们都说是，母亲也点点头。

父亲接下去说："所以你们要像花生，它虽然不好看，可是很有用。"

我说："那么，人要做有用的人，不要做只讲体面，而对别人没有好处的人。"

父亲说："对。这是我对你们的希望。"

我们谈到深夜才散。花生做的食品都吃完了，但父亲的话却深深地印在我的心上。

"以动写静"的反衬手法在口语中的作用同样显著，它不仅能够丰富语言表达的层次感和立体感，还能够使表达更加生动有趣，引人深思。

在口语交流中，运用"以动写静"的手法，可以通过对比和反差，突出想要表达的重点。

例如，在描述一个安静的环境时，我们可以通过提及其中突然的声响来反衬其静谧。这种手法能够迅速吸引听众的注意力，引导他们更加深入地感受和理解所描述的场景或情境。

此外，"以动写静"还可以用于强调某种品质或特点。就像许地山的《落花生》中，父亲通过对比花生与其他水果的不同来强调花生的质朴无华和低调务实。在口语中，我们也可以运用类似的手法，通过对比不同人或事物的特点来突出我们想要强调的品质或价值观。总的来说，"以动写静"的反衬手法在口语中的作用是多方面的，它可以使表达更加生动有趣，引导听众深入思考，同时还可以用于强调某种品质或特点。因此，在口语交流中，我们可以灵活运用这种方法来提升我们的表达能力和交流效果。

四、疗效好

练习题目

请运用"红花绿叶法",分享一段让你感动的经历。

方法二

FFC 赞美法

一、诊断室

在人际交往中，恰如其分的赞美不仅能够拉近人与人之间的距离，还能够打开一个人的心扉。然而，许多人在赞美他人时往往把握不好尺度：要么言过其实，给人感觉过于浮华油腻；要么三言两语，让人觉得缺乏真心和诚意。为了测试你的赞美技巧，这里有一个"情商小测试"：

假设，你的一位女性朋友今天穿了一件漂亮的裙子，你会怎么说？

A："你今天好美。"

B："你今天的装扮给我眼前一亮的感觉，裙子与你的风格非常搭，而且鞋子、帽子和配饰也相称，比一般的女孩会打扮多了。"

是不是大部分人在平时都像 A 一样，赞美别人时总是直截了当地说观点？然而，一句"你今天好美"难免会给人一种客套敷衍、不够用心的感觉。而 B 的赞美则会给听的人一种言之有物、真心诚意的感受，被这样夸赞的女孩心情一定会非常好。

其实，想学会像 B 一样夸赞别人，只需要应用"FFC 赞美法"。这个方法非常简单又实用，特别适合亲子沟通。我在一次线下亲子公开课中曾教过家长们如何夸赞孩子更走心，效果非常好。

例如，一位妈妈这样夸赞她的孩子："宝贝，你今天听课很认真。一整节课都没有和小朋友打闹玩耍，而是全程都在认认真真地跟着老师做练习，而且你还一直都有主动举手参与，在舞台上也大方自信，把老师教你的方法都用上了。你真是比以前大有进步，真是长大了。妈妈给你点赞，继续加油！"

相较于敷衍了事地说一句"孩子你今天听课真认真"，这样真诚的赞美是不是会让孩子更加有信心了呢？赶紧好好学习一下"FFC 赞美法"吧！做一个"会赞美，能共情"的高情商人！

二、特效药

"FFC 赞美法"是三个英语单词的首字母，它们分别是：Feeling（感受）、Fact（事实）和 Compare（对比）。先用细腻的语言来表达自己的感受，然后再通过陈述事实中的某些细节让对方相信你的感受是真的，最后通过比较赞美对方。

给大家拆解一下上述的赞美案例是如何运用这个方法的。

（1）情商小测试中的 B 选项：

Feeling（感受）："你今天的装扮给我眼前一亮的感觉。"

Facts（事实）："裙子与你的风格非常搭，而且鞋子、帽子和配饰也相称。"

Compare（对比）："比一般的女孩会打扮多了。"

（2）妈妈夸赞宝贝听课认真（见图 4-22-2）：

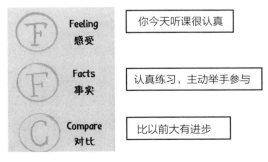

图 4-22-2

Feeling（感受）："宝贝，你今天听课很认真。"

Facts（事实）："一整节课都没有和小朋友打闹玩耍，而是全程都在认认真真地跟着老师做练习，而且你还一直都有主动举手参与，在舞台上也大方自信，把老师教你的方法都用上了。"

Compare（对比）："你真是比以前大有进步，真是长大了。"

三、案例多

美国女记者格蕾丝·西登 1920 年来到中国，在她的著作《中国灯笼：一个美国记者眼中的民国名媛》中，她恰到好处地运用了"FFC 赞美法"来描述末代皇后婉容。这一法则的运用不仅使描述生动且富有层次，还极大地增强了表达的感染力和说服力。

Feeling（感受）："她文雅地走近，像风信子一样摇曳生姿，伸出她瘦削而冰凉的手，用英语向我打招呼：'认识您很高兴'。"这一句通过细腻的感受描绘，让读者能够直接感受到婉容的优雅和风度，仿佛身临其境。

Facts（事实）："她穿着淡粉紫色的毛边丝袍，上面绣着象征皇室的蓝色牡丹，身材显得更为修长。她大方地直视着我，嘴唇饱满，笑容温和。她长着好看的鹰钩鼻，鹅蛋脸型，皮肤光洁，胭脂和口红恰到好处。"这一句则通过具体的事实描述，将婉容的外貌和气质展现得淋漓尽致，使读者能够对她的形象有一个清晰而具体的认知。

Compare（对比）："她真的很漂亮，倾国倾城。"这一句通过对比，将婉容的美貌提升到了一个极高的境界，使读者对她的赞美之情油然而生，同时也增强了整个描述的感染力和说服力。

"FFC 赞美法"的好处在于，它能够通过感受、事实和对比三个层次，逐步深入地展现被赞美对象的优点和魅力，使赞美之情更加真挚、生动和有力。这种方法不仅适用于书面表达，也同样适用于口头赞美，是提升人际交往能力的重要技巧之一。

四、疗效好

请运用"FFC 赞美法",夸奖一个你欣赏的人。

第二十三计

判断精准

方法一　编绳法
方法二　裁判法

方法一

编绳法

一、诊断室

古往今来，那些总能在关键时刻做出精准判断的人都具备极强的辩证思维。本节介绍的"编绳法"正是将辩证思维转换成了一个通俗易懂的方式，帮助你在表达中能够精准地分析事物之间的矛盾和关联，使你不再局限于"买或者不买""好或者不好"这些二元对立的判断，而是能够进行理性分析、精准判断。

我曾让一位学员谈一谈智商和情商之间的区别和联系。在学习这个方法之前，他无法立刻精准地判断出这两个词语之间的区别和联系，于是他的表达就变成了对这两个词语的简单解释：

"智商就指一个人的智力水平，智商高的人记忆能力特别好，学习成绩也比较好。情商指的是一个人与别人沟通交往的能力，一般情商高的人，人缘都比较好。"

我们再来看一下学习了"编绳法"之后的表达效果，是不是能够更好地理清这两个词语之间的区别和联系呢？

"智商和情商都很重要！它们都是衡量一个人能力的指标！智商是IQ，首字母是I，I也是'我'的英文，它强调的是自我的智力水平！而情商EQ的首字母是E，是'每个人'（Everybody）的英文单词首字母，它指的是和其他人相处的能力，也就是能让每个人甚至包括自己都感到舒适的能力。

在与人交往的场合，情商很重要。例如，电视剧《欢乐颂》中的曲筱绡，她就是靠着高情商和能干，实现了事业和爱情的双丰收。而在需要以理服人的场合，智商则很重要。例如，《欢乐颂》中的安迪，她就是凭借高智商和专业知识，帮助剧中的姐妹们解决各种难题，自己的事业也是蒸蒸日上。

所以，智商和情商是相辅相成的。智商高，可以让你走得更快；情商高，则能够让你走得更远。"

在遣词造句时，分析判断两个词语之间的区别和联系至关重要，这正是我们汉语言文学的魅力所在。解锁"编绳法"，让你的判断更精准，表达更出色。

二、特效药

会编辫子就会"编绳法"，可分为以下四步。

第一步：打结（见图 4-23-1）

一起打个结，就是要谈一谈智商和情商两个词语之间的共同之处；这就是"求同。"

例如："智商和情商都很重要！它们都是衡量一个人能力的指标。"

第二步：分份儿（见图 4-23-2）

单独分份儿准备编织，就是要谈一谈智商和情商两个词语的不同之处；这就是"存异。"

图 4-23-1   图 4-23-2

例如："智商高的人智力水平高，学习和做事能力强；情商高的人能说会干，让每个人甚至包括自己都感到舒适。"

第三步：交织（见图4-23-3）

有时拿起这股儿，有时拿起那股儿！这就是要谈一谈不同的场景下智商和情商哪个词语更重要；这就是"分场景"。

例如："举一个有对比性的例子，电视剧《欢乐颂》中的曲筱绡和安迪，分别是高情商和高智商的代表。"

第四步：系扣（见图4-23-4）

编到最后系一个扣，也就是在结尾对智商和情商两个词语再进行一次总结。

例如："所以，智商和情商都很重要，二者相辅相成，缺一不可。"

图4-23-3　　　　图4-23-4

三、案例多

"简约与繁复"是一道二元对立命题，这两个概念并不是非黑即白的关系，简约有简约的价值，繁复也并非一无是处，要看具体的情境。在高考作文中有这样一篇《说繁道简》的优秀范文，它让我们看到了"编绳法"思维的体现。

阳春三月，繁花似锦，这是"繁"的写照；清秋时节，水落石出，则是"简"的描绘。"座上客常满，杯中酒不空"，这热闹的场景是"繁"；"君子之交淡如水"，这淡泊的情谊便是"简"。"台下十年功"，说的是长久的积累与付出，是"繁"；而"台上一分钟"，展现的是瞬间的辉煌与成就，是"简"。（分份儿：分别谈繁与简的表现。）

繁与简，看似相互对立，实则相辅相成，共同构成了这个世界的多彩与奇妙。

繁是由简组成的。26 个拉丁字母组成了纷繁复杂的英文，也承载了一段辉煌的文明。赤橙黄绿青蓝紫，这 7 种单调的色彩，却能够让世界多姿多彩。一个个简简单单的细胞，却繁衍出了整个地球的生命。一切繁杂的背后，都是由若干个简单元素构成的。没有这些简单的元素，繁复将无从谈起，就像一幢楼房不能没有砖瓦一样。（交织：二者之间的联系——繁是由简组成的。）

繁是简的过程，简是繁的结果。一场动人的演出，若没有先期烦琐的训练，哪来最后成功的简洁？而那最后的简洁，又何尝不是那一连串烦琐所要达到的目标？生命的演化过程繁纷复杂，从最初的单细胞生物到现在的多细胞生物，从海洋到陆地，从低级到高级，经历了无数的变化与繁衍。然而，这一切的复杂过程，达尔文却用一句再简单不过的话来总结："适者生存。"《进化论》成为生命复杂演化过程的简洁概括。没有经历风雨，怎么见彩虹？没有经历过复杂，怎么会有简单的结果呢？（交织：二者之间的联系——繁是简的过程，简是繁的结果。）

繁和简看似"死对头"，但实际上它们之间能够相互转化。春天树木繁茂，转眼间到了秋天，草木凋零，一切又归为简单。然而，在来年的春风召唤下，它们又重新复苏，焕发出新的生机。贾府大观园曾经繁华一时，令人羡慕不已。然而，俯仰之间，它已成为陈迹，只剩下断垣残壁、人去楼空，再"简"不过了。简与繁并不是一成不变的，当条件改变时，它们会发生变化；当对象改变时，它们也会发生变化；当心情改变时，它们同样会发生变化。（打结：二者之间的共性——繁即是简，简即是繁。）

其实，繁与简是一对孪生兄弟，关键在于你是否能穿透外表直观其本质。一篇好文章，有人用语华丽繁复，有人用语平淡简洁，但都能达到同样的表达效果。繁与简本就没有固定的差别，繁即是简，简即是繁。我们既能从繁中悟出简的真谛，也能从简中看出繁的韵味。（系扣：在结尾对两个词再进行一次总结。）

生活就是这样，我们不必拒绝外在的繁与简。让我们都成为生活之美不可缺少的部分，这才是我们应该追求的境界。无论是烦琐还是简洁，都是生活的一部分，都是我们应该去欣赏和珍惜的。

四、疗效好

请运用"编绳法"，谈一谈"方与圆"。

方法二

裁判法

一、诊断室

如果说"编绳法"是让你学会精准地判断两个词语之间的矛盾和关联，那么"裁判法"则是让你像裁判一样，在两个词语之间制定出一个比较的标准，进行二选一。例如，在智商和情商之间选择出你认为最重要的一个；在简单和反复之间比较出一个更优的选项。在这个训练中，不能含糊其词，例如不能说："智商和情商都很重要，二者缺一不可，相辅相成。"

运用"裁判法"后再来说"智商和情商哪个重要"这一话题，就能判断精准，以理服人。例如，你可以这样表达："在我看来，智商就相当于剑宗，上手快，但易遇瓶颈；而情商则相当于气宗，能协调好关系，游刃有余，行稳致远。就像《红楼梦》中的平儿，情商高，活得比情商低的晴雯更舒坦也更长久。所以我认为情商比智商更重要。漫漫人生路，我们要和时间做朋友。"

这个训练有一点像辩论场上的持方，你可以选择正方也可以选择反方，但是一定要自圆其说，把你的立场坚持到底。那话说回来，我们为什么要学辩论呢？黄执中有过一段很棒的解答："当你遇到抉择，不知道是该向左走还是向右走的时候，你可以借由辩论，找到指引和信念。"

因此，要想让你支持的观点能有说服力，你这个裁判需要制定出对己方有利的"判断标准"。

二、特效药

"裁判法"分为以下三步。

第一步：制定标准

首先，你需要给出一个关键词或标准，作为比较的基础。

例如，你可以选择"时间"作为标准来比较智商和情商哪一方从长远来看更为重要。

第二步：宣布结果

接下来，明确表态你的比较结果。

例如，你可以说："我认为情商比智商更重要，走得快不如走得远，漫漫人生路，我们要和时间做朋友。"这样的表态既清晰又有力，能够让听众明确知道你的立场。

第三步：举例论证

最后，通过举例来论证你的观点。你可以选择一个典型的例子，比如《红楼梦》中的平儿，用其来说明情商高的人可以活得更舒坦、更长久。你可以说："《红楼梦》中的平儿就是一个情商高的典范。她处事圆滑，善于化解矛盾，因此活得比情商低、处处得罪人的晴雯更舒坦也更长久。这证明了在这个'时间'的标准之下，情商确实比智商更为重要。"

通过"裁判法"，你可以让自己的即兴表达更加有说服力。无论是在工作汇报、团队讨论还是日常交流中，这种方法都能帮助你更好地传达自己的观点，赢得听众的认同和支持。

三、案例多

在2019年的《主持人大赛》决赛中有这样一道比较类的题目："作为主持人，更应该'言之有理'还是'言之有物'？"我们来学习一下选手们是如何运用"裁判法"进行精彩表述的吧。选手白影的持方是：更应该'言之有物'。她是这样表达的："物比理更重要，因为物是理的基础。所以作为主持人更应该言之有物。主持人大赛进行到现在，每一次我们都会带出一个鲜活的故事给大家。在我工作的 7 年主持经历当中，我的追求是希望能够把那些采访当中看到的人、遇到的梦想、感受到的力量说给大家听，大家自己去感受。观众更喜欢看有温度的节目，所以温度更重要。'言之有物'的鲜活故事比冰冷的道理更有温度。我相信，道理就像城市当中的高楼大厦一样，是冰冰冷冷的，是整整齐齐的，但是一个个鲜活的故事会像我们从早市上买回来的一条条扑腾着的活鱼，会像一捆小青菜，上面还有着露珠，你有 100 种烹饪它的方法。"

再来看一下，认为主持人更应该'言之有理'的选手邹韵是如何制定利于自己持方的标准的。

"一个优秀的主持人，更应该构建一个丰富的、深邃的精神家园。在这个精神家园当中，物不是唯一的，也不是最重要的，理反而是更加重要的那一个部分。著名作家梁晓声曾经说过：'我们每一个人都有一个现实家园，唯有书本可以构建一个精神家园。'因为主持人啊，不仅仅是一个简单的新闻事件的观察者，也不仅仅是一个时代的记录者。好的主持人，一定要懂得把事实收集起来，讲出这个物之后的道理、内涵和一些更加深邃的东西。在传播学里有这样一句话：'新闻是历史的第一卷手稿。'我想在这个手稿里面，事实部分可以交给记者和其他人来处理，而在理的部分应该由主持人来升华，因为这样才可以让这本厚厚的书更加深邃、更加丰富、更加耐人寻味。"

邹韵的第二段反驳更加精彩，一击即中。她也用"基础"这个标准来和白影对抗，以己之矛攻己之盾，最终完胜。

"从世界是客观的这个角度来看，物质决定意识。但从思想是主观的这个角度来看，意识反映物质，意识也就是道理，恰恰是那个基础。我是一个辩证唯物主义者，所以我其实相信物质决定意识。但是我更觉得在主持人的层面，我们应该反映出来的是意识去反映物质。因为主持人要做到的不是我们所有人可以看到的那幅风景，我们要解释的是风景背后的道理、风景背后的事实。这是什么意思？'你叫什么名字？'言之有物的人会说：'我叫邹韵。'而如果他把这个问题去问一位优秀的主持人撒贝宁老师，他作为一个言之有理的主持人，会说莎士比亚曾经说过：'What's in a name? That which we call a rose by any other name would smell as sweet.' 名字是什么？那就是你管玫瑰不管叫什么名字，它都是那样的芬芳。言之有物的人会说这些花一样，这些人不一样。但是如果你去问言之有理的董卿老师，她可能会说'年年岁岁花相似，岁岁年年人不同'。一个人受到了一些挫折，说'我被怼了''我遇到挫折了'。但是如果你去问康辉老师，他可能会说那个字念'怼'。同时泰戈尔曾经说过：'世界以痛吻我，我却报之以歌。'因此在我看来，一个主持人，一个优秀的主持人，他一定要言之有理，言之有物是最基本的要求，而言之有理，应该是一个优秀的主持人毕生的追求。谢谢大家。"

这一段非常精彩地论证了'言之有理'的主持人更能够透过现象看到本质，表达的内容让观众感受到了'言之有理'的表达应该成为一个主持人最基本的能力。

四、疗效好

练习题目

请运用"裁判法"，谈一谈你心目中的英雄。

第二十四计

分析
精准

方法一　SCQA 痛点法
方法二　KISS 复盘法

SCQA 痛点法

一、诊断室

李敖曾言："作家不能等有了灵感才写作。写作是一定要掌握方法和套路的，尤其是在新人入门时。"同样，登台表达也并非等灵感降临才能上台分享，而是需要善于运用思维模型，将脑海中天马行空的想法按照一定的路径转化为语言。其中，SCQA 便是一个极为高效的思维模型，尤其适用于在表达中需要切中听众痛点的场合。

对比以下两个版本的开场白，我们不难发现其表达效果的差异：

版本一：

培训师："今天我们这节课叫作提升你的优势力，让你尽快找到自己的优势赛道，帮你尽早实现升职加薪。准备好了吗？来，我们开始今天的课程！"

版本二：

培训师："我身边有很多人，他们或多或少都有这样的体验：不喜欢现在的工作，却不知道自己想要什么，对未来感到迷茫；每天重复着上班下班的生活，没有激情和动力，觉得很没意思。工作几年却毫无起色，不知道自己的核心竞争力是什么，看着裁员潮一波接着一波，内心充满了恐慌和被淘汰的焦虑。但很多时候，我们缺的并不是勇气，而是答案。那么，这个答案究竟是什么呢？其实，这个答案就藏在我们自己身上。在成长的过程中，我们或许都有过这样的体验：

在某件事上，我们总是能够轻而易举地比别人做得好，这就是我们的优势力。今天，我们的课程就是帮你尽快找到自己的优势赛道，尽早实现升职加薪。"

显然，版本二更能直击听众的痛点，一下子抓住学员的注意力，有效提升学员的兴趣与学习意愿。版本二运用的思维模型正来自 "SCQA 痛点法"。

二、特效药

SCQA 模型是一个 "结构化表达" 工具，由麦肯锡咨询顾问芭芭拉·明托在《金字塔原理》(*Pyramid Principle*) 中提出。它包括以下四个步骤（见图4-24-1）。

S（Situation）情景——由大家都熟悉的情景、事实引入。

C（Conflict）冲突——实际情况和我们的期望、要求有冲突。

Q（Question）疑问——遇到这种冲突怎么办？

A（Answer）回答——提供解决方案。

图 4-24-1

三、案例多

罗振宇老师在 2023 年的跨年演讲中也巧妙地运用了 "SCQA 痛点法" 来分析一个故事，给人留下了深刻的印象：

S（Situation）情景：

这是一个关于讲老实话的故事。你说该不该讲老实话？所有人都说，该讲。但遇到具体情境，讲老实话其实没那么容易。例如，有一家著名的酒庄就遇到了一个问题：有一年极端天气导致葡萄的品质大打折扣。

C（Conflict）冲突：

这对卖酒的人来说，就是个难题。你不说老实话吧，客户能尝出来；说老实话吧，又怕没人买。

Q（Question）疑问：

这事怎么办呢？

A（Answer）回答：

我在抖音上看到有个广告文案人——舒宸老师，他给这款葡萄酒写了一个广告文案："气候让葡萄略微酸涩，这一杯共敬这一年的不完美。"我觉得这个文案写得好，好就好在："不完美"变成了一个特色。

我就以茶代酒，你此刻也不妨给自己满上，来，咱们隔空共敬这一年的不完美。几乎是一模一样的情况，今年中国夏天高温，大闸蟹的发育受到影响，个头儿比往年小了不少。那你说，今年大闸蟹的广告文案该怎么写？还真有商家去年的词是："丰满肥嫩，晶红油润。"今年仍然是："丰满肥嫩，晶红油润。"这就叫不老实。我的朋友和菜头提供了一个方案："今年螃蟹虽小，亦是一期一会。"你看，大年也好，小年也罢，都是今年。今年过去再也不重来。无论多糟糕的一年，也是自己生命中特别的一年。我觉得这句文案比葡萄酒那句还要好。它给我的启发就是：既说了老实话又呈现了对自己一段经历的珍爱，还保持了对未来的期待，这才是高境界的老实话。始终保持希望，坚持说老实话，这也是一种英雄主义啊！

通过这样的分析和应用我们可以看到"SCQA痛点法"在即兴口语表达中的强大威力。它能够帮助我们更好地组织语言、切中听众痛点、提升表达效果。因此，在即兴口语表达中，称不妨尝试运用这一模型来优化自己的表达吧！

四、疗效好

请运用"SCQA 痛点法",谈一谈你对"坚持就是胜利"这句话的理解。

KISS 复盘法

一、诊断室

"KISS 复盘法"，不仅名字简洁易记，而且寓意深远：吻别过去，拥抱未来。这一复盘思维模型在多个领域都有着广泛的应用。原本，"复盘"是围棋术语，指的是在棋局结束后，按照原先的走法，把棋子重新摆一遍，以便分析哪里下得好，哪里下得不好，以及是否有更好的走法。如今，"复盘"已经演化为对过去经验的总结和对未来行动的规划。

古今中外，凡是有成就的人都非常注重自我反省、检视人生、总结规律。例如，孔子曰："每日三省吾身。"苏格拉底说："没有解释的人生不值得过。"马克·吐温也曾言："历史不会重演，但总是惊人的相似。"这些都强调了复盘和反思的重要性。

在即兴口语表达中，我们也可以运用"KISS 复盘法"来提升自己的表达能力。通过口头反思，我们可以锻炼自己的表达能力和精准分析力。然而，如果没有一个清晰的思维模型作为支撑，我们的反思可能会变得空洞无物。例如："这次活动总体来说很成功，但还有很多细节需要改进。我相信只要我们默契配合，一定可以在今后的活动中做得更好！"这样的表达既没有总结出可以借鉴的经验，也没有提炼出下一次需要改进的细节。

相比之下，运用"KISS 复盘法"后的表达会更加精准、言之有物。例如：

"首先，我来谈谈这次活动的经验总结：第一，讲师磨课很有必要；第二，开课前的环节打磨得更细致了。其次，我再来说一说这次活动中的不足与反思：我们的课前通知还需要做得更细致些。最后，我还想说一说这次活动后我们需要开始做的和需要停止的：我们需要及时对学员进行问卷调查以调整课程方向；同时，赠送的课程奖励可以缩小范围，只奖励优秀团队以增加激励性。"

通过两段文字的表述，我们可以清晰地看到，运用"KISS 复盘法"后的表达更加有条理、有深度，也更能够引起听众的共鸣和思考。

二、特效药

"KISS"代表的是四个英文单词的首字母，它们分别对应着复盘的四个重要步骤：Keep（需要保持的）、Improve（需要改进的）、Start（需要开始的）、Stop（需要停止的）。这四个步骤构成了一个完整的复盘框架，可以帮助我们全面地回顾和总结过去的经验，并规划未来的行动，如图 4-24-2 所示。

在即兴口语表达中，我们可以运用"KISS 复盘法"来提升自己的表达能力。具体来说，我们可以在表达中按照 KISS 的步骤来组织语言和内容。例如，在分享一次活动经验时，我们可以先表达哪些做法是值得

KISS 复盘模型

图 4-24-2

保持的（Keep），然后谈谈哪些环节需要改进（Improve），再说说接下来哪些事情是需要开始做的（Start），最后讲讲哪些事情是需要停止的（Stop）。

通过这样的结构安排，我们的表达会更加有条理、有逻辑，也更容易让听众理解和接受。同时，"KISS 复盘法"还可以帮助我们更好地总结和提炼经验，让我们的表达更加有深度和说服力。

三、案例多

在李筱懿的《情绪自控》一书中，每一个篇章都是作者本人发现问题、分析问题、解决问题的成长路径。而 KISS 复盘思维模型也在文章中有迹可循。例如，在第四章"选择困难症怎么办？"中，作者就运用了"KISS 复盘法"来反思自己的选择困难症。

作者先是分享了自己有严重的选择困难症，并描述了这种纠结状态给自己带来的困扰。然后，她按照 KISS 的步骤进行了反思和总结。在保持项（Keep）中，她明确了自己想要的是什么，并学会了当一个满足者而不是最优者。在需要改进项（Improve）中，她给自己制定了学习经济学概念中的成本思维的目标，以便提高自己的决策能力。在开始项（Start）中，她从 2014 年起就开始记录决定的过程和结果，以便更好地反思和总结自己的决策经验。在停止项（Stop）中，她提醒自己不要去考虑沉没成本，以免被过去绑架。

通过"KISS 复盘法"，李筱懿不仅清晰地梳理了自己的问题和经验，还给出了具体的解决方案和行动计划。这样的表达方式既有条理又有深度，很容易引起读者的共鸣和思考。同时，我们也可以看到"KISS 复盘法"在读书笔记、工作总结、团队讨论等多个场景中的广泛应用价值。它可以帮助我们更好地总结和提炼经验、发现问题并给出解决方案、规划未来的行动方向。因此，在即兴口语表达中，我们也可以尝试运用"KISS 复盘法"来提升自己的表达能力。

四、疗效好

请运用 ""KISS 复盘法"，谈一谈你的自律故事。

应

变

力

第五章

言 之 有 序
成为表达高手的 36 计 72 法

第二十五计

提问
机智

方法一　三乘四法
方法二　"问原方"法

三乘四法

一、诊断室

在日常生活中，许多人常困惑于"不会闲聊"：面对初次见面的人，往往难以找到既得体又能化解尴尬的话题；与心仪的对象交谈时，要么羞涩得沉默寡言，要么言谈无趣，令人兴致索然。这一现象，与我们从小所处的语言环境息息相关。相较于更擅长社交沟通的西方人，东方人的沟通表达往往显得更为含蓄和内敛。此外，市面上的口才课程大多聚焦于当众演讲、职场汇报等正式场合的表达技巧，鲜少涉及闲聊的特定思维方式和操作方法。因此，闲聊技巧常成为我们最易忽视却又至关重要的一环。

本节介绍的"三乘四法"，旨在为你补上闲聊这一课，使你能够像记者一样，无论面对何种年龄、职业的交流对象，都能进行有效的沟通。学会闲聊，将开启你的有效社交之旅。

我曾在课堂上邀请一位学员扮演记者去采访一位资深的市场营销专家，主题为"职场心得与成长之路"。起初的对话如下：

A："李先生，您好。您觉得市场营销这行最难攻克的是什么？"

B："这个问题挺复杂的，我想每个人的感受都不同吧。我个人觉得，最难的是持续创新和适应变化。"

A："那您在职场初期，是如何快速适应并脱颖而出的呢？"

B："就是努力工作，不断学习和实践吧。适应职场需要时间和经验积累。"

A："那您有没有什么特别的策略或方法，能在市场营销领域取得更好的成绩呢？"

B："没有特别的方法，就是保持敏锐的洞察力，不断学习新知识。"

A："好的，谢谢李先生，非常感谢您的分享。"

这样的提问显然较为泛泛，未能深入挖掘出有效信息，也未能充分展现被采访者的职场心得与成长历程。

掌握"三乘四法"后，学员再次进行提问，这次对话如下：

A："李先生，您在职业生涯中，有没有遇到过特别具有挑战性的项目或时刻，让您觉得自己的市场营销能力得到了显著提升？"

B："嗯，让我想想。我记得刚入职不久，我负责了一个新产品的市场推广项目。那时候，我面临了很多挑战，但也学到了很多，特别是关于如何精准定位目标市场和制定有效的营销策略。"

A："听起来那次经历对您影响深远。那您觉得，在那个项目中，是哪位同事或前辈给了您最大的帮助或启发呢？"

B："哦，那肯定是我的导师张经理。他教会了我很多关于市场分析和消费者行为的知识，还让我明白了团队合作的重要性。"

A："张经理的指导对您后来的职业发展一定有很大的帮助。那您觉得，在职场成长的过程中，除了专业技能的提升，还有哪些方面的能力或素质是特别重要的呢？"

B："我觉得沟通和协调能力非常重要。在市场营销这行，你需要和各种不同的人打交道，包括客户、同事和上级。所以，学会如何有效地沟通和协调是非常重要的。"

A："确实，沟通和协调能力对于职场成功至关重要。那您平时是如何保持自己的职业竞争力，不断学习和成长的呢？"

B："我会经常参加行业内的培训和研讨会，也会阅读相关的书籍和文章。我觉得，只有不断学习新知识，才能跟上这个行业的步伐。"

这样的闲聊方式不仅让对话更加深入和有趣，也让被采访者有更多的机会分享自己的经验和心得。记住，在闲聊中，问题是引导对话的"钥匙"，但现场的氛围和对方的反应同样重要。要随时根据对方的状态和聊天的内容调整问题的顺序和方向，让对话保持自然流畅。同时，在转换话题时要有承上启下的过渡，让闲聊更加轻松愉快。

二、特效药

我们可以设置一个"三乘四法"提问表格（见表 5-25-1）。"三"是纵向的时间维度：过去、现在和将来；"四"是横向的话题维度：时间、地点、人物和事件。

表 5-25-1

维度	时间	地点	人物	事件
过去				
现在				
将来				

上面的采访案例结合了"三乘四法"的结构，既考虑了时间维度（过去、现在和将来），又涵盖了话题维度（时间、地点、人物和事件），同时紧密结合了被采访者（市场营销专家李先生）的身份背景，能够引导出深入且有趣的对话，见表 5-25-2。

表 5-25-2

维度	时间	地点	人物	事件
过去	在您的职业生涯中，有没有一个特定的时间点或时间段，是自己观念发生重大转变的？	您在职业生涯初期，是在哪个城市开始您的市场营销工作的？	在您的职业生涯中，有没有哪位同事或前辈对您影响特别大？	您能分享一下，在职场初期，让您印象最深刻的一次市场营销活动吗？
现在	您每天是如何安排时间来保持自己在该领域的竞争力和创新能力的？	您目前所在的公司，市场营销团队的规模和工作氛围是怎样的？	您平时都是在办公室办公，还是需要经常出差去不同的地方进行市场调研？	您能谈谈，最近一次让您感到特别有成就感的市场营销项目吗？
将来	您对未来五年内的市场营销行业有哪些预测或期望？	您对未来几年的职业规划有什么特别的设想或目标吗？	如果将来有机会去国外深造或工作，您会选择哪个国家或城市，为什么？	您有没有想过，将来可能会尝试哪些新的市场营销策略或手段？

三、案例多

在 2022 年，"双减"政策一经出台，便在社会上引起了广泛讨论。其中，杨澜与"网红校长"郑强的访谈更是引发了大众的热议。郑强以其犀利的言论和充满正能量的观点而广为人知，他对于教育的全新排序——"体魄第一，人格第二，知识第三"，尤为让人印象深刻。

下面，让我们一同来学习，杨澜在这段访谈中是如何运用其出色的即兴口语表达能力引导话题并深入挖掘的。

杨澜首先明确了访谈的主题："郑教授，咱们来谈一谈最火热的话题吧，就是'双减'。"（聚焦话题范围，明确访谈方向。）

接着，杨澜从当前的教育环境出发，提问："从一个大学的教育者和大学的管理者的角度，你怎么看待'双减'这个话题？"（从"现在——事件"维度切入，探讨"双减"政策。）

郑强回应道，中国的孩子实际上是在起跑线上累倒的，他们过早地承受了巨大的学习压力，导致进入大学后对科学的渴望已经比较惨淡。

杨澜紧接着郑强的话追问："已经被累坏了，过去积压的压力一下子释放出来了。他实在是没有学习的热情了，是吧？"（接着对方的话语，从"过去——人物"维度追问。）

郑强对此表示赞同，并指出大学与中学的职责完全不同，大学强调的是自主学习，但很多孩子由于过去被过度压榨，进入大学后失去了目标和动力。

杨澜适时地切换话题，引入了中小学生情绪和心理问题的数据："最近其实有一个调查数据，就是中国的中小学生当中有高达24%的孩子是有某种程度的情绪或者心理问题的。抑郁症筛查已成为学校标准体检的一个规定项目。"她从这一社会现象出发，引导郑强发表对中小学生情绪和心理问题的看法。

郑强对此深感忧虑。他指出读书已经不再是快乐的事情，如果一个学生读到四年级时眼睛已经呆滞无光，那么这所学校的教育就已经基本失败了。

最后，杨澜从未来的角度出发，提问："我们知道'双减'的目的是给学生减负、减少家长的焦虑并促进教育的公平性。但也有人分析说，中考和高考的指挥棒没有变，需求还在那里。仅仅管住了供给方并不能从根本上解决大家的焦虑问题。您是怎么看待的？"她通过这一具有前瞻性的问题，引导郑强探讨如何在"双减"政策之后从根本上解决教育焦虑的问题。

郑强对此表示，中国家长送孩子去培训班往往是图个心里踏实，这实际上反映了全民幸福观和生活观的错误。他强调真正好的教育不是让人追求头衔和财富，而是让人拥有正常的心态和幸福的生活。

在访谈的结尾部分，杨澜巧妙地总结了郑强的观点，并归纳出教育焦虑背后的根本原因："其实您点出了这种教育焦虑背后的最根本的原因，是社会的一种评价体系的僵化和狭窄，所以给人的评判标准带来了一种压力，这种压力被传导到了孩子身上，而且常常是以孩子们牺牲了他们的学习热情、动力甚至失去了对生活的兴趣为代价的。"她通过这一精练的总结，为整个访谈画上了圆满的句号。

综上所述，杨澜在这段访谈中展现出了出色的即兴口语表达能力。她能够准确地聚焦话题范围、巧妙地切换话题、深入地追问并引导对方发表观点，最后进行了精练的总结归纳。这些技巧都值得我们学习和借鉴。

四、疗效好

练习题目

请运用"三乘四法"，访谈一位你身边的朋友。

方法二

"问原方"法

一、诊断室

在遇到问题时，如何得体而有效地向他人寻求帮助，这是一项值得探讨的社交技能。或许有人认为这并不难，但实际上，即使是英雄好汉，在遇到难题时也可能羞于启齿。如今，依然有许多人在面对如何向他人请求帮助时感到困惑。在知乎等网络平台上，不乏此类提问："如何向别人寻求帮忙，让别人很乐意帮助你？""如何请人帮忙才有效？"

从这些问题中，我们可以看出大家在寻求帮助时主要关注两点：一是有效性，即真的能解决问题；二是情绪管理，要得体、恰当、有分寸感，最好还能让对方感受到帮助他人的快乐。

那么，寻求帮助与提问有何关联？是否一定要用问句呢？我们可以通过一个对比测试来理解这一点。

在测试中，一位领导对职员小 A 说："棚子里有梯子，小 A 你去取一下。"这是一个陈述句，听起来像是命令。测试时，领导故意没有在棚子里放梯子，结果小 A 去棚子里看了一眼就回来了，汇报说："棚子里没有，我没有找到。"而与此同时，另一位领导则对大家说："我们需要一个梯子，谁去取一下呢？棚子里可能会有。"这是一个疑问句，没有固定的人物指向性，是向大家征求意见，谁方便谁就去，而且没有"锁死"地点，只是提了一下可能性。结果是，主动认领任务的小 B 先到棚子里看，没有梯子，又去其他地方找了一个梯子带了回来。

通过这个测试，我们看到了提问的重要性。要学会提问，聚焦问题，让问题来调动对方的主动性，最终才能解决问题。这就是我们常说的："一个好的问题，已经解决了问题的一半。"

明确了提问的重要性后，我们来了解一下如何提出一个好的问题以帮助解决问题。有一本畅销书叫《学会提问》(*Asking the Right Questions*)，作者按照提问的种类和特性，把所有提问分为轻松提问、沉重提问、劣质提问和优质提问。

轻松提问的特征是被问者乐意回答，但是没有新发现。例如，询问朋友的兴趣爱好、喜欢的明星等话题都属于轻松提问。通过轻松提问，提问者可以收集信息，为下一步"优质提问"打下基础。

我们对沉重提问并不陌生，那就是严厉的师长在耳边质问我们的那些让我们感到有压力的问题："你能保证明天记得带本吗？""你能不能长点儿心？""你能不能别这么任性？"这听上去是问句，实则就是批评和指责。

而劣质提问更糟糕了，是被问者不愿意回答的问题，就像很多娱乐记者问明星的那些隐私话题，还有记者会上的一些刁钻棘手的问题。

那什么是优质提问呢？优质提问就是可以给予对方正面情绪的提问。而且最优质的问题是为被问者"量身定制"的，他一听就很乐意回答，能瞬间打开话匣子，滔滔不绝地说出你想要的答案。

例如，"您是这方面的专家，能不能向您请教一下……"这是给了对方荣誉感。"您过去是怎么解决这个问题的呢？能不能给我分享一下？"这是给了对方发挥的空间。"你碰到这个困难的时候是怎么挺过去的？"这是给了对方一次宣泄情绪的机会。

优质提问需要用到三个字的口诀："问原方"。这三个字非常好记，谐音就来自于《神探狄仁杰》当中常出现的那句："元芳，你怎么看？"后来，网友将其简称为"问元芳"。学会这个方法，让自己学会多多提出优质问题。

二、特效药

"'问原方'法"是一种有效的寻求帮助的方法，它分为三个步骤，可以帮助我们更好地向他人寻求帮助，并让对方更愿意伸出援手。下面，我们将通过一个实际案例来详细解析这三个步骤。

第一步：提问

将自己要寻求帮助的事件，用商量的口吻来询问对方是否愿意帮忙。别忘了，一定要加上一个称呼和问好以表达尊重和礼貌。

例如，在某公司的市场部，经理小张需要为公司的新产品制订一份推广计划，但他对这方面并不熟悉。于是，他决定向公司的资深市场专家老李请教。小张运用"'问原方'法"的第一步，向老李提出了一个问题："老李，您好！我是市场部的小张。我想请教一下，对于新产品的推广计划，您能不能给我一些建议或者分享一下您的经验呢？"

第二步：给出原因

对方为什么要帮你？给出一个信得过的原因。有调查表明，加上理由后，寻求帮助成功的概率更大。因为当你给出一个合理的原因时，对方会更愿意相信你的请求是出于正当的需求，而不是无端的打扰。

继续上面的案例，小张在提问后，紧接着给出了自己的原因："我之前对这方面了解不多，怕制订出来的计划有遗漏或不足，所以想听听您的专业意见。"

第三步：询问是否方便

询问对方现在是否有空，是否方便帮忙。把选择的权利给对方，才会让别人感受到信任和尊重，因此也更愿意提供帮助。这一步体现了对对方的尊重和理解，让对方感受到自己的时间和意愿都被充分考虑了。

小张在提出请求后，也考虑到了老李的时间安排，于是他补充说："当然，我知道您可能很忙，所以如果您现在不方便的话，等您有空了再给我讲也行。我真的非常需要您的帮助，谢谢您！"

通过这个案例，我们可以看到，"'问原方'法"在实际应用中确实能够帮助我们更有效地向他人寻求帮助。通过提问、给出原因和询问对方是否方便这三个步骤，我们能够调动对方的主动性和积极性，让对方更愿意帮助我们解决问题。同时，我们也能够通过对方的回答，获取到更多的信息和建议，从而更好地解决问题。

三、案例多

在影视作品《穿普拉达的女王》中，有一个经典的片段展示了"'问原方'法"的有效运用。影片中，初入职场的安迪在时尚杂志社工作，她的上司米兰达是一位要求极高、行事雷厉风行的女强人。安迪在一次重要的任务中遇到了困难，她需要向米兰达寻求帮助，以便更好地完成工作。

安迪采用了"'问原方'法"向米兰达寻求帮助：

第一步，提问

安迪先是以商量的口吻询问米兰达是否愿意帮忙。她说道："米兰达，我有个问题想请教一下，您能不能给我一些建议？"

第二步，给出原因

接着，安迪给出了自己寻求帮助的原因。她解释道："我对这个任务有些不确定，怕自己的理解有误，所以想听听您的看法。"

第三步，询问是否方便

最后，安迪询问米兰达是否方便帮忙。她说道："我知道您很忙，所以如果您现在不方便的话，等您有空了再告诉我也行。"

这个片段展示了"'问原方'法"在实际应用中的有效性。通过提问、给出原因和询问是否方便这三个步骤，安迪成功地调动了米兰达的主动性和积极性，让她更愿意提供帮助。这也让观众看到了"'问原方'法"在职场中的实用价值。

四、疗效好

请运用"'问原方'法"，向他人寻求一次帮助。

第二十六计

回答
机智

方法一　心花怒放法
方法二　穿针引线法

心花怒放法

一、诊断室

在豆瓣上，有一个广受欢迎的帖子，题为"现代人普遍不会应对夸奖"。这一现象引发了众多网友的共鸣：小时候受到夸奖，我们会脸红得说不出话来，那种尴尬程度几乎与挨骂无异；长大后，面对他人的夸赞，我们也只是摆手否认，然后迅速转移话题。

在阅读古代文献时，我们会发现古人有许多应对夸奖的谦辞，如"承让""谬赞""不敢当""班门弄斧""惭愧""过奖了"等。然而，这些谦辞在现代生活中并不常用，我们常常只是简单地说："没有，哪里有，你才厉害，你也很棒。"

《脱口秀大会》第四季的冠军周奇墨也曾在一次表演中调侃过这一现象。他回忆起自己小时候在校学习成绩好时不能表现出高兴，否则会被认为骄傲。当他被老师宣布为班级学习成绩第一名时，他的反应是皱眉、否认，并与同学们进行一番虚伪的交流，以便维持自己在老师心目中的谦虚形象。这一段子引发了众多网友的共鸣，纷纷在弹幕中表示："太有画面感了，我以前就是这样。"

的确，在我们从小受到的教育中，"谦虚使人进步，骄傲使人落后"的理念被反复强调，但我们却从未学过如何得体、自然地回应别人的夸奖，如何大方地站在台上接受荣誉。

留心观察，我们会发现身边的人在面对夸奖时往往有以下几种不得体的表现：

（1）无动于衷

夸赞："你在这个项目中的表现真是太出色了，给公司带来了很大的收益。"

被夸奖的同事只是微微一笑，没有进一步的回应。

（2）直接否认

夸赞："你的演讲真是太精彩了，听众都被深深吸引了。"

回答："哪里哪里，我觉得还有很多不足的地方。"

这样的回答可能会让对方觉得自己的夸奖没有被认可。

（3）杠精附体

夸赞："你这篇文章写得真好，观点新颖，逻辑清晰。"

回答："我觉得还好吧，这种文章我随便写写就能出来。"

这样的回答可能会让对方感到被轻视。

可见，如果不会得体地回应别人的夸赞和好意，就会带来尴尬和误解，甚至可能损害自己的人际关系。别人说完也许就忘了，但是自己却在心底不停反刍，怎么就是不具备正确表情达意的能力呢？

别着急！我专门删繁就简，研究了"心花怒放法"来机智应对这种场景。

先看一下应用后的效果。

场景 1：工作表现

夸赞："你在这个项目中的表现真是太出色了，给公司带来了很大的收益。"

回答："听你这么说，我真是太开心了。谢谢你的肯定，这是团队共同努力的结果。我会继续努力，为公司创造更多价值。"

场景 2：演讲能力

夸赞："你的演讲真是太精彩了，听众都被深深吸引了。"

回答："非常感谢你的夸奖，这对我来说是很大的鼓励。其实我也在不断学习和提高，希望下次能做得更好。你觉得我还有哪些方面可以改进呢？"

场景 3：文章写作

夸赞："你这篇文章写得真好，观点新颖，逻辑清晰。"

回答："听到你的夸奖，我真是心花怒放。写作是我一直热爱的事情，能得到你的认可真是太棒了。如果你有兴趣，我们可以一起探讨更多的话题，互相学习进步。"

学会"心花怒放法"，让你在面对夸奖时更加自信、得体，同时也能让对方感受到你的真诚和谦逊。

二、特效药

"心花怒放法"总共分三步（见图 5-26-1）。

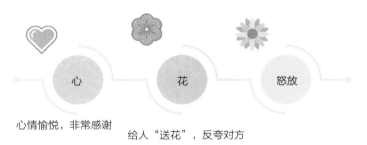

图 5-26-1

第一步：心

"心"就是心情，首先要从情绪上回应，表达自己的感谢，如实地说出自己听到夸奖后的开心，以及受到的鼓舞。

例如，在以下场景中：

"你在这个项目中的表现真是太出色了，给公司带来了很大的收益。"

你可以回答：

"听你这么说，我真是太开心了。谢谢你的肯定，这是团队共同努力的结果。"

这里，"听你这么说，我真是太开心了"就是从情绪上回应，表达了自己的愉悦。

第二步：花

这里的"花"是给别人"送花"。怎么能在接受赞美的同时，还能保持谦虚谨慎的优良传统呢？很简单，把功劳归给别人，或者反过来夸奖对方。

例如，在以下场景中：

"你的演讲真是太精彩了，听众都被深深吸引了。"

你可以回答：

"非常感谢你的夸奖，这对我来说是很大的鼓励。其实我也在不断学习和提高，希望下次能做得更好。你觉得我还有哪些方面可以改进呢？"

这里，"其实我也在不断学习和提高"就是把功劳归给自己和团队的努力。同时，"你觉得我还有哪些方面可以改进呢？"也是一种反过来夸奖对方的方式，因为你在暗示对方也有很高的评价标准和独到的见解。

第三步：怒放

"怒放"是"努放"的谐音，"努"是努力，"放"是放心。意思是"我会努力的，请你放心"。到了这一步，就需要回应别人的期待。肯定你的行为是为了让你再接再厉，夸奖你的业绩是为了让你再创辉煌。所以，自己积极主动地把对方的期待翻译成接下来可以实施的行动，就能让别人清晰地感受到你不会因为一句夸奖而得意忘形。

例如，在以下场景中：

"你这篇文章写得真好，观点新颖，逻辑清晰。"

你可以回答：

"听到你的夸奖，我真是心花怒放。写作是我一直热爱的事情，能得到你的认可真是太棒了。如果你有兴趣，我们可以一起探讨更多的话题，互相学习进步。"

这里，"如果你有兴趣，我们可以一起探讨更多的话题，互相学习进步"就是积极主动地把对方的期待翻译成接下来可以实施的行动，表明了自己会继续努力，并且邀请对方一起进步，让对方放心。

三、案例多

"心花怒放法"在影视剧和名著中也有着经典的应用案例：

在经典名著《红楼梦》中，贾宝玉曾对林黛玉的诗作大加赞赏，林黛玉听后，心中欢喜，却也不忘谦逊。她回应道："承蒙夸奖，心中自是欢喜。只是拙笔难描美景，还需多加研习。"这里，"承蒙夸奖，心中自是欢喜"就是从情绪上回应，表达了自己的感谢和开心。

在电影《阿甘正传》中，阿甘因其在战场上的英勇表现而受到嘉奖。面对夸奖，阿甘憨厚地笑道："这都是大家的功劳，我只是做了我应该做的。"接着，他转向一旁的战友，真诚地说："而且，我觉得你才更勇敢，我一直都很佩服你。"这里，"这都是大家的功劳"就是把功劳归给团队，同时夸奖战友也是一种反过来给对方"送花"的方式。

在电影《肖申克的救赎》中，安迪因其在监狱图书馆的改革和创新而受到狱友的称赞。他回应道："谢谢你们的夸奖，这让我更有动力去改善我们的环境。我会继续努力，让这里变得更好，也让你们更放心。"这里，安迪不仅表达了对狱友夸奖的感谢，还明确了自己的努力方向，让狱友放心他会继续努力改善监狱环境。

通过这些影视剧和名著中的经典案例，我们可以看到"心花怒放法"在实际应用中的魅力和效果。它不仅能够让我们得体地回应别人的夸奖，还能在保持谦虚的同时，展现出自己的自信和决心。

四、疗效好

请运用"心花怒放法",回应一次别人对你的夸奖。

方法二

穿针引线法

一、诊断室

在即兴交流的场合中，"谈感受"这三个字几乎无处不在，从小学课堂到职场会议，它始终伴随着我们的沟通。无论是听完一个故事、一次分享，还是参加完一场培训，人们总会习惯性地问一句："你有什么感受？"

面对"谈感受"的要求，我们往往陷入两种极端。一种是确实有感而发，能够顺畅地表达自己的见解和情感体验；另一种则是毫无感触，只能勉强挤出一些空话套话，甚至把分享变成了奉承。为什么会出现这种情况呢？一方面，我们从小到大的教育环境似乎不允许我们"没感受"，总是要求我们有所感悟；另一方面，我们也确实缺乏打开感受开关的思维训练方法，不知道如何将自己的真实感受转化为语言表达出来。

在没有掌握有效的方法之前，我们的表达往往是这样的："呃，这个嘛，我觉得挺好的，让我学到了很多东西。""非常感谢领导的分享，我觉得非常受用，一定会好好努力的。"这样的表达缺乏深度和个性，无法给人留下深刻的印象。

那么，"谈感受"真的重要吗？答案是肯定的。真情实感是人类最宝贵的财富，当所见所闻与人生的某种境遇发生共鸣时，所唤醒的真实感触是生命赐予的可遇不可求的礼物。它不仅是人生的体悟，也是艺术的精华。古往今来，多少文人墨客通过诗词来表达他们的真实感受，这些诗词成为流传千古的佳作。

那么，如何才能随心所欲地打开感受的开关，既说得好又反应得快呢？这里有一个方法，即"穿针引线法"，它可以帮助我们在即兴交流中更好地表达感受。

运用"穿针引线法"之后，我们的表达可以是这样的："这次项目管理培训从多个维度提升了我的认知，其中关于风险评估的理念让我觉得印象最深刻。它让我明白，对于无法规避和转移的风险，要减轻风险发生的概率和影响。这就应了我们常说的那句话：'凡事预则立，不预则废'。为此，我做了两个方案来应对我目前手上这个项目可能面对的风险……""听完这位行业专家的分享后，我深受启发。他提到的创新思维模式让我意识到，创新并不是遥不可及的事情，而是需要我们用新的视角去审视现有的问题。这不禁让我想起之前在工作中遇到的一个难题，如果我用这种创新思维模式去思考，或许能找到更好的解决方案。"

通过这样的"穿针引线法"，我们可以将所见所闻与自身的经历和认知相结合，自然而然地流露出真实感受。这样的表达既显得有深度又富有感染力，能够给人留下深刻的印象。

在即兴口语表达中，"谈感受"是一项重要的能力。它不仅能够展现我们的思考深度和情感丰富度，还能够增强我们与听众之间的共鸣和沟通效果。通过掌握"穿针引线法"，我们可以更加自如地在即兴交流中表达感受，让每一次的沟通都充满温度和深度。

二、特效药

"穿针引线法"总共分三步（见图 5-26-2）。

第一步：定点

找到让你感触最深的那个"点"来定点表达，这样有感而发就避免了空话套话。

例如：就项目管理培训中"风险评估理念"这个点来谈感受；就行业专家的分享中"创新思维模式"这个点来谈感受。

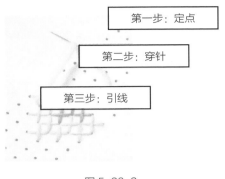

第一步：定点

第二步：穿针

第三步：引线

图 5-26-2

第二步：穿针

穿针的步骤就是抛出观点，一定要像"穿针"一样干脆利落，一针见血地抛出观点。

例如："凡事预则立，不预则废"，这是就风险评估理念这个点抛出的观点。

"创新并不是遥不可及的事情，而是需要我们用新的视角去审视现有的问题"，这是就创新思维模式这个点抛出的观点。

第三步：引线

"引线"就是用切身的感受经历以及事例来论证自己的观点。

例如："为此我做了这样两个方案来应对我手上目前的这个项目有可能面对的风险……"，这是根据"凡事预则立，不预则废"这个观点引出来的"线"。

"这不禁让我想起之前在工作中遇到的一个难题，如果我用这种创新思维模式思考，或许能找到更好的解决方案。"这是根据"创新并不是遥不可及的事情，而是需要我们用新的视角去审视现有的问题"这个观点引出来的"线"。

三、案例多

在各类比赛、演讲或公开场合中，评委的点评往往是我们学习和提升即兴口语表达的重要来源。他们通常会根据表现中的某一个具体的点给出自己的观点，这些观点既可能是对表现的肯定，也可能是提出改进的建议。随后，他们会巧妙地举出相关案例，或给出具体的指导，从而帮助表演者更好地理解和掌握即兴口语表达的技巧。

在 2019 年《主持人大赛》总决赛中，蔡紫抽到了"列车、草原、妈妈"三个词语，要求完成一段文艺类节目的串联词。董卿的点评就充分展示了"穿针引线法"的魅力。

首先，董卿定点在蔡紫能一下子找到典型人物的这一点上。她称赞道："草原，辽阔、博大、沉默、宽厚，它很容易就可以和母亲那种伟大的胸怀对应起来。但是当时我在想，怎么把列车这个元素加进去呢？蔡紫真的是太聪明了，一下子就找到了一个典型事例和典型人物。"

接着，董卿穿针引线地给出了自己的观点和建议："我都觉得找不出第二个比这个更合适的故事了，能够把这三个词那么有机地关联在一起。而且你的故事讲述得也非常清晰。如果你能再增加一点新闻元素，比如在国庆 70 周年时，这位老太太刚刚获得了'人民楷模'国家荣誉称号，那整体就已经很完美了。"

同样在这一期中，尹颂和小米抽到了同样的题目："钢琴、蝴蝶、皱纹"。董卿在点评中也巧妙地运用了"穿针引线法"进行比较。

她先定点在两位选手的选题上："说的是同一个故事，相当于同题了。其实当尹颂用了 30 秒的时间来问现场的观众到底什么样的爱情是最美好的爱情的时候，我真的不知道你要说什么。一直说到了梁祝的故事，我马上联想到你可能会谈到巫漪丽老人。二位的选题应该说选得非常精准。"

然后，她穿针引线地给出了自己的评价和建议："英雄所见略同。那么从讲述上来讲，我个人认为尹颂可能在完整性上、悬念的设置上以及在最后的总结上都要更胜一筹。因为毕竟是一个文艺节目的串联词，特别是讲到了钢琴、蝴蝶和老人的双手时，我们还是要更多一些华彩的部分在其中。我们常说'言之不文，行之不远'。在这样的一个时候，没有一些情感烘托在其中的话，可能就不会给大家留下太过深刻的印象。"

通过董卿的点评，我们可以看到"穿针引线法"在即兴口语表达中的强大威力。它不仅能够帮助我们迅速找到表达的切入点，还能够引导我们有条理、有深度地展开论述。

四、疗效好

练习题目

请运用"穿针引线法"，谈一谈你对"劳动与尊严"的理解。

第二十七计

拒绝
机智

方法一　YES，BUT 法
方法二　"好有新"法

方法一

YES，BUT 法

一、诊断室

如何拒绝别人，尤其是拒绝熟人，才能不伤感情？这确实是困扰许多成年人的难题。在人际交往中，保持适当的心理距离感至关重要，然而，既不过于冷漠也不委曲求全同样是一门学问。

成年人往往更倾向于委曲求全，即便内心不愿，也会出于面子、压力或习惯而勉强答应他人的请求。例如，不想借钱，碍于情面最终还是将钱借给了朋友；不想帮忙，也勉强出手相助；不想喝酒，在劝说下也勉强应酬。

那么，究竟是什么心理导致了这种委曲求全、难以拒绝的现象呢？

首先，我们要明确的是：拒绝的能力与自信紧密相关。缺乏自信和自尊的人常常因为拒绝他人而感到不安，为了避免这种不安，他们常常选择委屈自己以成全他人。

那么，对于尚未建立起足够自信的人来说，如何在不伤感情的前提下拒绝他人呢？答案很简单，需要一点语言的策略。我们可以采用"Yes，but法"来委婉拒绝。

例如，当不想借给朋友钱时，你可以这样说："是啊，最近生意确实难做，我特别能理解你的难处。你能找到我，也说明你信任我，跟我关系好。但是我最近刚交完房租，卡里的钱就只够基本生活费了。工作了以后，我就不好意思再跟爸妈开口要钱了。这次实在是帮不上忙了，你要是压力太大，可以找我聊天，我可以给你提供无价的精神支持。"

当不能违反原则时，你可以这样讲："我知道，孩子刚上大学，能当选学生干部对他确实是个激励。但是我们学校有规定，现在的学生干部都是通过竞选演讲，同学们现场投票选出来的。你看这样行不行？让明明好好准备一下演讲稿，有时间了我给他指导一下，咱们充分准备，争取选上好不好？"

当不想喝酒时，你可以这样拒绝："我非常尊重我们这里的酒文化，也感谢各位的热情款待。虽说'无酒不成敬意'，但是我真的没有酒量，这一杯喝下去了倒头就睡，那才真是失了敬意呢。"

想必通过上面的案例，你已经总结出了"Yes，but 法"的规律。是的，这个方法非常简单，但更重要的是它背后所折射出的自信心和表达能力的重要性。掌握这一技巧，你将能在不伤感情的前提下，更加自信地拒绝他人的请求。

二、特效药

"Yes，But 法"总共分为两步，旨在帮助你在不伤感情的前提下优雅地拒绝他人的请求，如图 5-27-1 所示。

第一步：Yes（肯定）
首先要先肯定别人向我们提出的需求是合理的。

第二步：But（拒绝）
在照顾了别人的情绪之后，也要真诚说出自己拒绝的理由。

图 5-27-1

应变力

第一步：Yes（肯定）

首先，要肯定别人向我们提出的需求是合理的，也要发自内心地意识到对方是出于对我们的信任和关心，才会向我们提出请求或者建议。我们在拒绝之前要先肯定别人，安抚对方的情绪，让对方感受到自己是被尊重的、被接纳的。

例如："是啊，最近生意确实难做，我特别能理解你的难处。你能找到我，也说明你信任我，跟我关系好。"

"我知道，孩子刚上大学，能当选学生干部对他确实是个激励。"

"我非常尊重我们这里的酒文化，也感谢各位的热情款待。"

这些简单的话语不仅照顾了对方的情绪，还拉近了彼此的关系。其实，思维和语言是相互作用的关系。思维是语言的指挥棒，语言也会反过来塑造思维。如果我们能够在表达时养成认真听取建议、把别人的感受放在心里、先肯定再拒绝的思维习惯，那么我们就会慢慢成为一个真诚有礼、懂得换位思考的人。

第二步：But（拒绝）

在照顾了别人的情绪之后，我们也要真诚地说出自己拒绝的理由。古语云："从心所欲不逾矩"，可见说话办事不仅要遵守规矩、懂得礼数，更重要的是要遵从自己的内心。因此，我们要勇敢、真诚地把自己的想法温和而坚定地表达出来，在不伤害别人感情的前提下也尊重自己的想法。

上述案例中的主角就是在肯定之后委婉地表达自己的感受和需求，给出了合理的理由，甚至是具体的建议。

例如："但是我最近刚交完房租，卡里的钱就只够基本生活费了。你要是压力太大，可以找我聊天，我可以给你提供无价的精神支持。"（这是给出了具体的理由，表明有心帮忙但力所不及，并且还给出了一个替代性的方案，即提供精神支持。）

"但是我们学校有规定，学生干部都是通过竞选演讲，同学们现场投票选出来的。我可以给他指导一下。"（这是实事求是地说出不能帮忙"走关系"的真实理由，并且也给出了一个替代性的方案，即帮忙指导演讲稿。虽然对方可以不采纳这个方案，但却能表明自己热心帮助朋友的意愿。更多的时候，人们在意的不是"事"，而是"情"。）

"但是我真的没有酒量，这一杯喝下去了倒头就睡，那才真是失了敬意呢。"（这也是实事求是地阐述自己因为没有酒量才不喝酒，而不是因为不够真诚或不尊重礼节。）

通过"Yes，But 法"，你可以在不伤感情的前提下，优雅地拒绝他人的请求。这样既尊重了他人，也尊重了自己的想法和感受。

三、案例多

如何优雅地拒绝别人是我常被问及的问题。杨绛先生的往事提供了一个我听过最满意的答案。

杨绛先生曾遭遇同校同学的表白，但她并不喜欢对方。当那人询问"我们可以做朋友吗"时，杨绛的回应既体现了她的素养，也展现了为人处事的智慧："做朋友，可以。但朋友是目的，不是过渡。"简短的一句话，既肯定了朋友的定位是合理的，又温和而坚定地表明了态度。不搞暧昧，不把别人当备胎，这样对谁都好。很多时候，棘手的关系就是因为欠缺了这样温和的肯定之后再语气坚决地拒绝。

故事并未结束，我们再来看看杨绛先生后来是如何用高明的语言艺术再次拒绝这位同学的。在杨绛的丈夫钱钟书去世后，那位同学又一次向她表白。杨绛坚守自己的感受，不给对方任何机会，因为她深知一旦心软，伤害的将是别人。于是，她这样回答："楼梯不好走，今后你也不要'知难而上'了。"两次回复都显得大气而得体，这正是我们学习的榜样。

在线下的课程中，我发现很多家长在面对孩子提出的要求时往往显得没有耐心，甚至可能对孩子的心理健康造成不良影响。例如，当孩子想去动物园，一遍遍地对妈妈表达愿望时，刚跟爸爸怄完气的妈妈可能会烦躁地说："你怎么这么不懂事，妈妈为这个家整天忙，给你赚钱买吃买穿，好不容易休息一下你也不体谅妈妈？"这样的回应虽然让妈妈避免了没有满足孩子需求的内疚感，但却阻断了爱的流动。孩子体验到的是"被拒绝＝我是错的"，内心敏感的孩子甚至会进一步认为"我是错误的、不讲道理的、不值得被爱的"。

那么，应该如何更好地向孩子表达呢？我在孙瑞雪老师的书中找到了答案。好父母在拒绝孩子时会这样说："宝贝，你现在很想跟妈妈在一起是吗？妈妈理解你的需要，你的需要很重要。只是现在妈妈需要工作，两个小时后妈妈一定陪伴你，你觉得这样可以吗？"这就是"Yes，But 法"的应用：先肯定再拒绝。在这个案例中，父母充分肯定并理解了孩子的需求，安抚了孩子的情绪之后再合理地表达自己的需求，并给出了一个可以协调的建议。这样的表达方式既尊重了孩子，也尊重了父母自己的需求和感受。

四、疗效好

练习题目

请运用"Yes，But 法"，拒绝一次你不想参加的社交活动。

方法二

"好有新"法

一、诊断室

在当今社会，销售无处不在，如何机智地应对并拒绝他人的推销，已成为许多人面临的日常烦恼。走在商场，我们时常会遇到商家不厌其烦的推销："美女，这是秋季的新款，喜欢就试试看吧。""帅哥，给女朋友买一束鲜花吧，过七夕哪能让女孩子空着手呢。"面对这样的情境，有些人能从容地直接拒绝："谢谢您，这件不太适合我。"他们直接而礼貌地表达了自己的立场，既节省了时间，又避免了不必要的困扰。

然而，也有许多人因为性格腼腆或内向，在面对推销时不好意思直接开口拒绝。他们可能会吱吱呜呜地说："哦，我再看看吧。"这样的回应往往模糊不清，没有明确表达出拒绝的意思，反而可能让导购更加卖力地推荐。结果，不善拒绝的人可能会陷入尴尬的境地，有时甚至会因为不好意思而购买并不满意的商品，既浪费了金钱，又没有得到真正的满足。

那么，如何更得体又巧妙地拒绝推销呢？我们可以尝试一种既温和又真诚的方法。例如，当导购向你推荐一件衣服时，你可以这样回应："这件衣服确实挺漂亮的，但是和我最近新买的一款有点类似，暂时不需要新的了。等你们再上新款时我再来试穿，谢谢你啊。"这样的回应既表明了明确拒绝的态度，又给出了合理的理由，让导购听到后既不会纠缠不休，又能感受到你的尊重和礼貌。

同样，当面对卖花人的推销时，你也可以采用类似的方式拒绝："这花挺漂亮的，但是我已经送过花了，下次买花再来找您。"这样的回应既表达了你的欣赏之情，又明确告诉卖花人你暂时不需要购买，同时也保持了友好的关系，为未来的购买留下了可能性。

总之，得体又巧妙地拒绝推销并不是一件难事。关键在于学会清晰、明确地表达自己的立场和需求，同时保持礼貌和尊重。通过合理的理由和温和的语气，我们可以既保护自己免受不必要的困扰，又维护与他人之间的良好关系。

二、特效药

"'好有新'法"非常简单，而且谐音就可以记为"好有心"。拒绝推销的事情虽小，但是却能折射出一个人的修养和素质，并且能够通过这一场景培养同理心以及尊重他人的意识。可见，表达处处都需要有心、用心。

"'好有新'法"总共分三步，如图 5-27-2 所示。

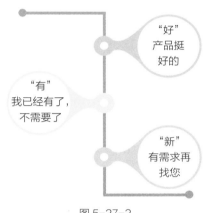

图 5-27-2

第一步：好

先肯定"产品挺好"。这和"Yes，but 法"中的"Yes"的思路一样，先要学会说"Yes"，就是给予肯定。因为在商家眼中，每一个产品就像他的孩子一样，即使最后不买这个产品，你能承认他的产品好，就让商家的内心有一种欣慰感，自己的眼光被认可。例如上述拒绝中的："这件衣服确实挺漂亮的。""这花挺漂亮的。"

第二步：有

"我已经有了，不需要了"，这是在巧妙推辞、委婉拒绝并给出理由。在这里要给大家一个提示：你有权推销产品，我也有素质听你把话说完，但是我更有权利拒绝购买。在拒绝的时候，我们一定要态度明确，内心坚定。如果这个产品自己确实不需要，表情也要淡定，目光真诚而不容置疑，更不要表现得不耐烦或愧疚不安。例如："但是和我最近新买的一款有点类似，暂时不需要新的了。""我给女友送过花了。"

第三步：新

"我有新的需求再来找您。"这其实也是一个委婉拒绝的方式，态度足够温和，还能够表现出对导购工作的尊重和对产品的肯定。例如："等你们再上新款时我再来试穿，谢谢你啊。""下次买花再来找您。"通过这样的方式，我们不仅拒绝了不需要的产品，还保持了与导购的良好关系，体现了我们的修养和素质。

三、案例多

当下，谁身边没有几个从事销售的朋友或亲戚？对于陌生的推销员，我们可以选择视而不见、不回复或直接拉黑，但面对表姐、姑妈、大学室友、隔壁阿姨等熟人时，我们往往会因为不好意思而难以拒绝。例如，孩子刚出生，就有亲戚拎着两袋尿不湿来推销保险产品；大学刚毕业，就有朋友拍着肩膀请求帮忙冲业绩。这时，我们该如何优雅而不失礼貌地拒绝他们呢？

在拒绝之前，我们要先明确两大雷区：

第一，不要直接否定他们推荐的产品，也不要说看了其他人的推荐后感觉更好。因为这样做可能会伤感情。你要清楚，在商家眼里，他们的产品就像自己的孩子一样，是全世界最好的。因此，我们要先肯定产品是好的，即使最后没有购买，也不应该伤害彼此的感情。这其实就运用到了"'好有新'法"中的"好"字诀。

第二，不要假装已经购买了产品。这样做可能会被戳穿，让自己陷入尴尬的境地。因此，我们要坦诚相待，如实说明自己的想法和需求。这其实就运用到了

"'好有新'法"中的"有"和"新"字诀，对于熟人，我们要有新的、真实的表达。

那么，面对熟人的死缠烂打和软硬兼施，我们该如何更加得体地拒绝呢？下面结合"'好有新'法"，分享给大家以下三招。

第一招：说明自己的顾虑，同时肯定产品（"好"字诀）。

你可以告诉对方，你目前对孩子的健康状况有些担忧，看到网上有很多拒赔案件，所以比较担心购买保险后会影响理赔。但你也承认他们的产品确实很好，只是你希望等孩子长大一点再投保，这样保得也比较安心一点。

第二招：显示自己做了很多功课，甚至比他更专业，同时提出新的观点（"有"和"新"字诀）。

你可以告诉对方，你已经对健康告知的重要性有了深入的了解，并且发现过往90%的拒赔案件都是因为健康问题导致的。即使没有住院记录，也不一定能成功投保。而且，即使两年后出险，也不一定就能成功理赔。因为两年不可抗辩条款的前提是如实进行健康告知。你可以通过列举网上的相关案例来支持自己的观点，并提出自己对于购买保险的新看法和要求。

第三招：夸夸他的产品，虽然很好但不适合你，同时表达真诚的歉意和新的选择（"好""有"和"新"字诀）。

你可以告诉对方，你承认他们的产品确实很好，但并不适合你目前的需求和预算。你还可以提到之前也有其他同学和朋友在保险行业做了很多年，但也被你拒绝了。你主要是不想浪费大家的宝贵时间，并且你目前的经济压力很大，预算有限。然后，你可以告诉对方你在支付宝或微信上也看到了不少符合你的需求和预算的保险产品，并表达出自己想要尝试新选择的意愿。

总之，在面对熟人的推销时，我们要学会结合"'好有新'法"优雅而不失礼貌地拒绝。通过运用上述三招技巧，我们可以既保护自己的利益和感受，又维护彼此之间的友好关系。

四、疗效好

请运用"'好有新'法",拒绝一次导购的热情推销。

第二十八计

反驳
机智

方法一　因为所以法
方法二　柳暗花明法

方法一

因为所以法

一、诊断室

一直以来，我都在犹豫是否将辩论中的反驳技巧引入语言思维的课堂。我担心学员们会对"反驳"产生误解，将原本正常的交流探讨变成无休止的争执。然而，一部电影的出现彻底改变了我的想法，让我意识到"反驳"不仅仅是唇枪舌剑的反击，它还能成为改变命运的救赎。于是，我毅然决然地将辩论中那些难以理解的事实、逻辑、价值观概念转化为学员们一听就懂的"因为所以法"。

那么，这部电影究竟是什么呢？它为何能如此深刻地改变我的想法呢？这部电影就是《心灵捕手》，它被誉为心理学领域的十大经典影片之一，豆瓣评分高达 8.7。我更喜欢它的另一个名字，《骄阳似我》。是的，我们每个人都是一轮骄阳，只要我们选择突破内心的心理矛盾，阳光不仅能普照我们自身，还能温暖他人。

影片中的数学天才威尔，因童年阴影而深陷自卑，他拒人于千里之外，将自己牢牢禁锢在狭隘的自我空间中。然而，在心理咨询师的帮助下，他最终突破了心理矛盾。这一转变的关键在于心理医生通过十次重复的"It's not your fault"，让威尔真正明白"那不是你的错，痛苦的轮回可以结束了"。

这部电影让我明白，只有改变认知才能真正地开启心灵。那么，什么叫作改变认知呢？其实就是有理有据地反驳自己或他人内心中那些偏激、错误的观点。

因此，学习反驳就是在学习反省思维。反驳并不仅仅是指出别人的错误，更重要的是具备自我修正以及不盲目从众的独立思考能力。

明白了学习反驳的意义之后，我们再来了解一下反驳的等级。

L1 级别的反驳：靠灵感反驳

例如，当别人对你说"一个巴掌拍不响"时，你可能会突然灵感一现，回应道："那我扇你耳光，看看到底响不响。"这种反驳虽然迅速，但却缺乏稳定性，更多的是一种机智的应对，而非有理有据的反驳。

L2 级别的反驳：靠气势反驳

例如，当有人不痛不痒地说了一句："你行你上啊。"这句话的语气和态度可能激起了你的不满，于是你气势十足地回了一句："凭什么啊？我行我也不上！"这种反驳更多的是一种"抬杠"，并没有以理服人地瓦解别人的观点。

L3 级别的反驳：靠逻辑反驳

试着去发现对方观点中的逻辑，找出理由，并予以拆解。例如，对于观点"女人要想过得好，一定要有心计"，我们可以从逻辑层面进行反驳：

"女人要想过得好，靠的不是心计而是智慧。"

"没心计的女人过得也挺好的，傻人有傻福。"

"有心计不一定过得好，看看王熙凤就知道了，聪明反被聪明误。"

在反驳之前，我们要先找到观点中的"因"和"果"，即什么原因导致了什么结果。有些观点是先说"因"再说"果"，我们很容易就能对号入座。例如，"你行你上啊"这句话中，"你行"是"因"，"你上"是"果"。我们可以将其代入到"因为……所以……"的句式中，即"因为你能力行，所以得你上"。

二、特效药

"因为所以法"有以下三种反驳思路：

1.反驳"因为"——原因不存在

当原因都不存在了，结果自然立不住脚。这一招叫作釜底抽薪。

例如，反驳"因为你行，所以你上"中的"因为"："你太抬举我了，我真不行。"

2.反驳"所以"——结果不重要

即使原因是存在的，但结果并不重要。这一招是从价值观层面进行反驳。

例如，反驳"因为你行，所以你上"中的"所以"："我上不上不重要，这个局面不是个人能扭转的。"

3.反驳"因为，所以"——因果不成立

有两种情况会导致因果关系不成立：一是该原因推不出此结果；二是其他原因也能导致这个结果。这就是我们常说的"归因谬误"，它可以一击即中地瓦解对方的观点。

例如，反驳"因为你行，所以你上"中的"因为……，所以……"："我行我也不上。"

在最开始的练习阶段，我们可以先用"因为……所以……"的句式来代入日常的观点进行反驳。渐渐地，我们在进入辩论的训练中，就可以运用辩论中的反驳技巧了。在辩论中，通常的论证思路是通过一段推论来支持己方立场，即"A—B 立场"。反驳的基本思路是破坏对方"A—B"（因为 A，所以 B）的推论过程，如图 5-28-1 所示。

图 5-28-1

例如，因为许多人观念上无法接受（A），所以认为玩电子游戏是浪费时间（B），故而电子竞技不应该被视为一项正式的体育活动（持方）。如果要反驳这个说法，通常有以下三种思路：

1. A 不存在：并没有很多人认为玩电子游戏是浪费时间。实际上，有许多研究表明，玩电子游戏可以提升手眼协调能力、团队协作能力和策略规划能力，同时玩电子游戏的人中也有大量的电子竞技爱好者和专业选手。

2. B 不重要：即使玩电子游戏在某些人看来像是浪费时间，那又怎么样？许多传统的体育活动，如高尔夫、围棋等，在起初也并不被广泛接受或被认为是正式的体育活动，但它们的发展证明了其价值和意义。

3. 没有 A 也有 B：认为电子竞技不应该被视为正式体育活动的根本原因，并不在于观念上无法接受电子游戏，而在于对电子竞技的专业性、竞技性和观赏性的误解。因此，这个理由并不能成立。

三、案例多

在《红楼梦》这部古典文学巨著中，宝玉的丫鬟麝月以其出色的反驳能力脱颖而出。她常常是那个在关键时刻"救火"的人，每次反驳都言之有理，令人叹服。

有一次，小丫鬟坠儿偷了平儿的虾须镯，晴雯大为光火，欲将其逐出大观园。坠儿的母亲不服，拉着坠儿前来理论。晴雯反唇相讥，却不慎被坠儿母亲抓住了言语上的把柄，指责她直呼主子宝玉的名讳。

晴雯这种吵架时只知用力而不用心的人一听便乱了方寸，慌忙说道："我叫了他的名字了，你在老太太跟前告我去，说我撒野，也撵出我去！"这便是丁冠羽老师所讲的 L2 级别的反驳——靠气势压人。然而，这种做法往往适得其反，本来自己有理，此时反倒给人一种仗势欺人、蛮横不讲理的印象。

而此时的坠儿母亲，巧妙地避开了自己女儿"偷窃"这一重点，抓住对方言语上的失误，轻轻松松地将主动权掌握在自己手中。就在这时，平时默默无闻的麝月登场了。

她并未像晴雯那样脾气暴躁，而是心平气和地将一场剑拔弩张的吵架转变为一次论文答辩般的严谨讨论。

首先，在气势上压倒对方。麝月说道："这个地方岂有你叫喊讲礼的？你见谁和我们讲过礼？别说嫂子你，就是赖奶奶、林大娘，也得担待我们三分。"此言一出，立刻让对方意识到自己身份的低微。那些比你职位高、比你有脸面的人在这里也得让着我们，你凭什么在这里大呼小叫？（这是反驳"所以"。因为差着身份地位，所以坠儿母亲讲的理并不重要，也就是说她根本没有资格和他们论理。）

接着，麝月明确摆出了自己的身份和立场："便是叫名字，从小儿直到如今，都是老太太吩咐过的。连昨儿林大娘叫了一声'爷'，老太太还说他呢，此是一件。二则，我们这些人常回老太太的话去，可不叫着名字回话，难道也称'爷'？那一日不把宝玉两个字念二百遍。"（这是反驳"因为"。坠儿母亲抓住的"把柄"是：因为晴雯喊了宝玉的名讳，所以就是不懂规矩。而麝月的这段话正是从原因上进行反驳，让对方清楚，她们喊宝玉的名字是得到授权的。坠儿母亲认为她们不懂规矩，实际上不懂规矩的是她自己，而且这种不懂规矩正是因为她自己的身份地位造成的。麝月进一步将对方打压至更低的位置。）

最后，麝月再明着羞辱一番："嫂子原也不得在老太太、太太跟前当些体统差事，成年家只在三门外头混，怪不得不知我们里头的规矩。这里不是嫂子久站的！再一会儿，不用我们说话，就有人来问你了。"

说完这些，麝月又喊来小丫头擦地。一开始气势汹汹的坠儿母亲无言以对，只能领着坠儿悻悻离去。

纵观麝月的这一段话，有理有据有结论，逻辑清晰、思维缜密且没有破绽，让对方毫无还手之力，令人佩服。事实也证明，"三春过后群芳尽"，麝月才是陪宝玉走到最后的那个女子。她的智慧反驳不仅体现了她的口才和应变能力，更展现了她深厚的内心世界和独特的魅力。

四、疗效好

练习题目

请运用"因为所以法",反驳"吃一堑，长一智"这句话。

方法二

柳暗花明法

一、诊断室

俗话说："有人的地方就有江湖，有江湖的地方就有争执、矛盾和冲突。"那你有没有想过，为什么我们会和别人产生争执，陷入冲突？

古典老师曾讲过这样一个故事，很好地诠释了这一现象背后的原因：

一位小车司机在山坡上行驶，准备翻过山坡。这时，迎面而来的卡车司机探出头来，对他大喊："猪！"小车司机一听，先是莫名其妙，然后越想越气，忍不住也把头伸出窗外，回骂道："你才是猪！"结果他还没说完，就"砰"的一声，连人带车冲进了猪群。原来，卡车司机并不是在骂小车司机，而是在提醒他，前面有一群猪。

很多时候，主观臆断并不等于事实的真相。把自己的判断当作他人的本意，误会和矛盾也就接踵而至。可见，在沟通中产生矛盾的一个主要原因就是认知偏差，它让我们错误地理解了他人的言行，扭曲了别人真正要表达的观点。

那么，当人们感受到被误解时，又是如何做的呢？一般来说，人们会有这两种主要的表现。一种表现是大声争吵。这种方式在亲密关系中尤为常见。有心理学家研究过，为什么人在激动时嗓门会变大？因为当人们发现对方和自己的观点不同步时，就会在心理上产生距离。其实，这种大声争吵是在释放一种寻求对方理解的"求救"信号，以避免内心产生孤独的恐惧。

而另一种表现则是逃避。看似避免了争吵，但是却压抑了情绪。这些被压抑的、没有得以释放的情绪，要么触底反弹，要么产生隔阂。

如何才能理性地解决冲突、化解矛盾呢？由罗纳德·B.阿德勒和拉塞尔·F.普罗科特合著的《沟通的艺术：看入人里，看出人外》一书给出了一个很好的方法，叫作"知觉核验"。它总共分三步：

第一步，描述所见的事实。

第二步，给出两种诠释。

第三步，请求对方澄清。

例如，一个妈妈看儿子晚饭吃得很少。如果按照以往情绪化的反应，她肯定会批评并指责儿子下午零食吃得太多了。但是这一次，她没有这么做，而是运用了"知觉核验"的方法。首先，她描述所见的事实："儿子，我看你今天晚上有点不爱吃饭。"接着，她给出最有可能性的两种猜测来询问儿子："你是肚子不太饿，还是不喜欢吃今天晚上做的鱼呀？"最后，她把主动权归还给对方，请求对方澄清以验证自己的判断是否正确："你能说说为什么吃得少吗？"

怎么样，是不是觉得"知觉核验"的方法太棒了？它既能够不伤自尊心地表达自己的失落、委屈、愤怒，又能够询问出对方行为背后的原因，达到真正有效的沟通。

是的，我最开始学到这个方法的时候也特别兴奋，迫不及待地想要应用。可是，我常常会碰一鼻子灰。我主动抛出了橄榄枝，请求对方澄清、化解误会，可是往往事与愿违。这本书的作者是外国人，这个方法在本土化应用的过程中，低估了中国人的"含蓄和内敛"。

例如，我在刚接手一个新部门时就看到有一位同事在会议上不认真听讲，一直在和旁边的同事窃窃私语。如果是我当年刚刚走上工作岗位的时候，面对这一场景，我就会陷入情绪的低落，心想："是不是我讲得不好，同事不喜欢？"可是随着工作年限的增加以及接触到"知觉核验"的方法后，我就会在会议结束后主动跟这位同事沟通。

我首先描述所见的事实："今天我在讲解的时候，看你都没有听，一直在和旁边的同事说话。"接着，我给出两种诠释："是你们两个人在商量什么重要的事情，还是你觉得我讲的内容有点枯燥？"最后，我请求对方澄清："能跟我说说吗？"

在这里需要强调一点，在这个沟通的过程中，我全程都是语气温和，面带微笑，表现出对同事的尊重和关心。但是，结果可想而知，我们的同事太欠缺"澄清自己"的训练了。他们的回应方式基本上就等于直接给这场沟通画上一个句号。

有的同事选择"沉默"，以为这是在变相地批评他，于是就低下头且沉默不语，自始至终一言不发。有的同事选择"辩解"："没有，我们没说话。"还有的同事选择"认错"："我错了，下次我不说话了。"

其实，你有没有发现，误会、争执是一个很好的沟通契机？如果能够运用"柳暗花明法"来表达，是不是能进一步地增强彼此之间的了解呢？

例如，你可以这么说："我觉得你讲的内容一点都不枯燥，特别有意思。我就是今天有点分心，在想别的事情，所以有的地方没听清，就一直在问同事。下次你再讲解的时候，我要是分心了就举手示意，绝对不会再像那样小声说话影响大家了。"

怎么样？这么一说，是不是误会就烟消云散了呢？所以说，认知理解有偏差，产生误会很正常。但是，一方要主动进行"知觉核验"，不能暴力沟通；而另一方也要掌握"澄清"的技巧，不能消极应对。

在这里要跟大家说明的是，不是所有人都学过"知觉核验"。更多的时候，你需要自己来根据事实做出诠释，再给出一个行为表态。这时候，你就需要掌握"柳暗花明法"。这个成语大家都很熟悉，它出自"山重水复疑无路，柳暗花明又一村"，将其用在化解矛盾的场景上，真是再恰当不过了。

二、特效药

在人际交往中，误会和分歧时常发生。由于每个人对世界的认知都是主观的，当对方与我们产生截然相反的感受时，误会便悄然而生。为了有效化解这些误会，我们可以采用"柳暗花明法"，它分为以下三个步骤：

第一步：柳暗——纠正不合理的认知

当我们意识到对方对我们或某件事情存在不合理的认知时，首先要做的是纠正这种认知，让引起误会的"柳"暗下去。例如，在一次会议上，你的同事可能觉得你讲解的内容枯燥无味，而实际上你只是因为看到他在分心而有所误解。这时，你可以这样纠正他的认知："我觉得你讲的内容一点都不枯燥，特别有意思。我就是今天有点分心，在想别的事情，所以有的地方没听清。"

第二步：花明——澄清真相，增进理解

纠正了对方的认知之后，接下来要做的就是解释真正的原因，及时澄清真相，让友好相处的"花"明起来。继续上面的例子，你可以进一步解释："我之所以一直在问同事，是因为我想对没听清的地方再确认一下，并不是因为你的讲解枯燥。希望你不要误会。"通过这样的澄清，你的同事会更加理解你的行为，从而化解误会。

第三步：又一村——具体行动，避免再次误会

最后一步是进一步表态，用具体的做法来避免再次出现类似的误会。你可以向同事承诺："下次你再讲解的时候，我要是分心了就举手示意，绝对不会再像那样小声说话影响大家了。"通过这样的具体行动，你不仅能够增进与对方的关系，还能提升自己处理冲突的能力。

综上所述，"柳暗花明法"是一种有效的化解误会的方法。通过纠正对方的不合理认知、澄清真相并增进理解，以及采取具体行动避免再次误会，我们可以在人际交往中更加顺利地解决问题、增进关系。这种方法不仅适用于职场中的同事关系，也适用于家庭、朋友等各种人际关系中。

三、案例多

在人际交往中，误会和冲突是难免的。而如何有效地化解这些误会和冲突，则需要我们学习和掌握一些重要技能。其实，我们从小就学过《将相和》的故事，这是用"柳暗花明法"化解冲突的一个经典案例。下面，我们一起来回顾并分析一下这个故事。

在《将相和》的故事中，蔺相如在渑池会上立下大功，被赵王封为上卿，职位比廉颇还高。然而，廉颇对此却很不服气，他扬言如果碰到蔺相如，一定要让他下不了台。面对廉颇的挑衅，蔺相如并没有直接与之发生冲突，而是选择了请病假不上朝，以免与廉颇见面。

有一天，蔺相如坐车出去，远远看见廉颇过来了，他赶紧叫车夫把车往回赶。蔺相如的门客们可看不顺眼了，对蔺相如说："您见了廉颇像老鼠见了猫似的，为什么要怕他呢？"蔺相如说："诸位请想一想，廉将军和秦王比谁厉害？"门客们说："当然是秦王厉害！"蔺相如说："秦王我都不怕，还会怕廉将军吗？"（这一段是"柳暗"部分：蔺相如用秦王做类比纠正大家的不合理认知，让他们明白自己并不是真怕廉颇，而是有更重要的原因。）

接下来，蔺相如阐述秦王之所以不敢进攻赵国，就是因为有他们两个人在。如果他们闹不和，就会削弱赵国的力量，秦国必然乘机来攻打赵国。（这一段是"花明"部分：蔺相如阐述真正的原因，之所以回避廉颇将军就是因为怕产生冲突，给了敌国削弱赵国的机会。）

最后，蔺相如的话传到了廉颇的耳朵里。廉颇静下心来想了想，觉得自己为了争一口气就不顾国家利益，真不应该。于是，他脱下战袍，背上绑着荆条到蔺相如门上请罪。蔺相如见廉颇来请罪，连忙出来迎接。从此以后，他们成了好朋友，同心协力保卫赵国。（这一段是"又一村"部分：蔺相如通过具体的行动——接纳廉颇的道歉并与之和好——增进了与对方的关系，也提升了自己处理冲突的能力。）

回顾完《将相和》的故事，我们可以发现"柳暗花明法"其实是一种非常有效的化解误会和冲突的方法。它通过纠正对方不合理的认知、解释真正的原因以及采取具体行动避免再次误会等步骤来解决问题并增进关系。

因此，你在日常生活中遇到误会和冲突时，不妨尝试一下"柳暗花明法"。也许你会发现，原来化解误会和冲突并不是那么困难的事情。而当你成功化解了误会和冲突后，你会发现人与人之间的关系其实可以更加和谐、更加美好。这也正是我们学习口语表达、提升沟通技巧的最终目的：让我们的生活更加美好、更加充实。

四、疗效好

练习题目

请运用"柳暗花明法"，谈一谈"传统美德在当代的传承"。

第二十九计

发言
机智

方法一　飞花法
方法二　发觉健忘法

方法一

飞花法

一、诊断室

如果说上台领奖的那一刻如同一朵花绽放的瞬间，那么我更希望台下的每一位观众都能铭记冰心先生的那段深刻话语："成功的花，人们只惊羡它现时的明艳，然而当初它的芽儿，浸透了奋斗的泪泉，洒遍了牺牲的血雨。"的确，只要能够站在领奖台上，就值得观众们给予最热烈的掌声。

那么，此时此刻站在领奖台上的人，面对台下一双双注视的眼睛，应该如何得体地发表获奖感言呢？岁末年初之时，各种颁奖典礼琳琅满目，如何得体地发表获奖感言，已经成了许多人经常会遇到的表达难题。

很多人在发表获奖感言时容易陷入流水账式的感谢，缺乏真情实感。例如："感谢领导的信任，感谢我的同事们，感谢公司……"这样的表达虽然没有问题，但缺乏深度和诚意。真正的感谢应该是发自内心的，对曾经帮助过自己的人或事表示真诚的感激。

实际上，我们要关注的不是站在台上"怎么说"，而是坐在台下时"怎么想"。语言只是思维的表象而已。在表达感谢之前，你一定要先记住这句话："没有一朵花生来就是花，也没有一朵花一直会是花！"

是的，"没有一朵花生来就是花"。即使这朵花自己拼命地向上生长，但没有泥土的滋养、阳光的照耀和雨露的灌溉，这朵花再有惊人的毅力，也不会破土而出，充其量只不过是一粒种子而已。同样，站在领奖台上的"花儿们"也不要忘记领导的辛苦栽培和团队小伙伴的友爱互助。这不是走形式的假客套，而要是真感恩的流露。

那么，我们该怎么理解"也没有一朵花一直会是花"呢？因为花开是为了结果，花的使命就是"化作春泥更护花"，好让"来年硕果累累"。陈奕迅的《富士山下》中就有这样的一句歌词："谁能凭爱意将富士山私有？"所以，站上领奖台的"花儿们"，不要把荣誉据为己有，而是要回馈给大家。因为一朵花最好的归宿不是沦为标本夹在书中，而是让它来于自然，归于自然。

当你真正明白了"没有一朵花生来就是花，也没有一朵花一直会是花"这句话的含义后，我再用林黛玉葬花吟中的一句诗："花谢花飞飞满天"作为"飞花法"的口诀传授给你。这样你就能自然而然地说出这样一段获奖感言了：

"亲爱的朋友们，感恩你们对我作品的鼎力支持和鼓励，让我的作品荣获三等奖，我在这里谢谢你们了！是你们一票一票地支持和鼓励，让我有了今天这个成绩。是你们让我感受到了在人生的道路上有朋友、有知己，生命的意义与价值就有不同的体现，也让我更有动力创作更多更精彩的作品。

最后我想说，我会把时代的风景写进我的文字里，让大家有身临其境的欣赏；我会把我们相处的情谊写进我的文字里，让彼此的友谊永远在时间中定格；我会把我们美好的生活写进我的文字里，使我们生活得幸福安康，永远、永远！这是我对大家最诚挚的祝愿！"

二、特效药

"飞花法"总共分三步，如图 5-29-1 所示。

第一步：花谢——优雅致谢

花谢，即致谢。正如花朵自然凋谢，化作春泥更护花，我们的致谢也应充满对帮助过我们的人的感恩之心。与简单的流水账式道谢不同，优雅的致谢更加注

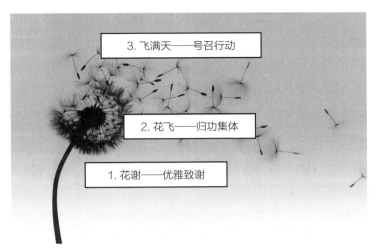

图 5-29-1

重眼神、表情和真情实感的流露。

例如，你可以这样说："亲爱的朋友们，我衷心地感谢你们对我的作品的鼎力支持和鼓励。正是因为有了你们的支持，我的作品才能荣获此奖。我在这里向你们表示最诚挚的感谢！"

第二步：花飞——归功集体

花飞，即归功。让花借助风的力量，飞向阳光、飞往雨露、飞落泥土。我们要时刻牢记：荣誉是颁给个人的，但功劳是归于集体的。

例如，你可以这样表达："这个奖项的获得离不开你们一票一票地支持和鼓励。是你们让我感受到了在人生的道路上有朋友、有知己的陪伴，生命的意义与价值才得以体现。这也让我更有动力去创作更多更精彩的作品。"

通过这样归功集体的表达，你不仅展现了谦逊的品质，还让听众感受到了团队的力量和友谊的温暖。

第三步：飞满天——号召行动

飞满天，即号召。正如"一花独放不是春，百花齐放春满园"，先致谢、再归功，最后号召大家一起行动起来，才能激励大家共同努力，这也是举行颁奖仪式的意义所在。

例如，你可以这样结尾："我将继续把时代的风景写进我的文字里，让大家有身临其境的感受；把相处的情谊写进文字里，让友谊永远定格；把美好的生活写进文字里，祝愿我们都能生活得幸福安康！同时，我也号召大家一起行动起来，用我们的笔触去描绘更美好的未来！"

通过这样的号召，你不仅表达了对未来的美好憧憬，还激励了听众共同努力、创造更美好的明天。

运用"飞花法"的三步策略——花谢（致谢）、花飞（归功）和飞满天（号召），你可以轻松地发表出得体且感人的获奖感言。

三、案例多

在众多的获奖感言中，演员胡歌的发言总是能够脱颖而出，成为教科书级的案例。其中，他在 2016 年第一届金鹰电视艺术节上获得最佳人气奖时的获奖感言，更是将"花谢花飞飞满天"的意境展现得淋漓尽致。

胡歌上台后，首先表达了自己的意外和感激之情。他以幽默的方式将《琅琊榜》中的场景带到了舞台上，化解了紧张的氛围。接着，他坦诚地说："我想说一句心里话，我今天可以拿到这个奖，并不是因为我的演技有多么好，我觉得是因为幸运。"这句话既是对自己的鞭策，也是对其他落选者的尊重。胡歌深知，在台下演技好的演员太多，他能够获奖，更多的是因为机遇和运气的眷顾。（"花谢"——感恩与谦逊。）

随后，胡歌开始将功劳归于他人。他首先感谢了郑佩佩老师，回忆起在拍摄现场时，郑佩佩老师敬业的精神给他留下了深刻的印象。接着，他提到了林依晨，感谢她对自己演艺生涯的启发和影响。林依晨曾告诉他，演戏是一个探索人性的过程，要用生命去演戏。这两句话，胡歌一直铭记在心。最后，他还提到了李雪健老师，感谢他的谦卑和敬业。胡歌说，他看到李雪健老师只带了一个随行人员，而自己却带了三个，这让他感到非常惭愧。胡歌的这一段发言，不仅诚恳地把功劳归于他人，还用具体的细节来讲述这几个人对他演艺生涯的影响。他的这种表达方式既符合逻辑又充满感染力。他通过折纸法，先抛出"幸运"两个字，然后一纸三折，谈了自己从三个人身上学到的不同东西。这种表达方式既简洁又明了，让人一听就能明白他的意思。

更值得一提的是，胡歌在选取这三个榜样时还巧妙地致敬了整个娱乐圈。郑佩佩老师是香港演员，林依晨是台湾演员，李雪健老师是大陆演员。胡歌向香港的前辈学习，向台湾的同龄人学习，向大陆的前辈学习，这种广泛的学习和致敬精神无疑让他的发言更加具有深度和广度。（"花飞"——归功与致敬。）

在发言的最后，胡歌将话题引向了更广阔的层面。他说："我觉得这个奖杯我拿在我的手里它并不代表我到了一个多高的高度，而是代表了我刚刚上路，这是一条创新之路也是一条传承之路。"他强调，艺术需要创新，但追求艺术和敬业的精神是需要传承的。这不仅是对自己的鞭策和动力，也是对整个娱乐圈的一种号召和期许。（"飞满天"——号召与展望。）

胡歌的这一段发言无疑将"飞满天"的意境展现得最为淋漓尽致。他通过自己的获奖感言，不仅表达了对过去的感激和对现在的认知，还展望了未来的方向和道路。他的这种表达方式，既具有个人情感色彩，又具有广泛的社会意义。这无疑是一次教科书级的即兴口语表达案例。

四、疗效好

请运用"飞花法",谈一谈你最想感谢的人或事。

方法二

发觉健忘法

一、诊断室

许多人误以为，即兴发言水平高的人天生就具备超群的应变能力和卓越的口才。然而，事实并非如此。那些看似即兴的精彩演讲，实际上都是经过充分准备的。那么，他们准备的是什么呢？

对于初学者来说，他们准备的是素材。在之前的章节中，我们详细探讨了如何变换语料素材以适应不同主题的发言，从而达到内容丰富、有趣且精彩的效果。

然而，真正的表达高手准备的则是思维。无论会议的哪个环节，他们都能随时被点到发言，并且做到有条不紊、一针见血地说出重点和观点，同时还能充分体现出个人的独到见解。

因此，即兴发言，尤其是在重要的会议上随机发言，也是一个需要通过实践训练来提高的技能。为此，我总结了一个立竿见影的方法，叫作"发觉健忘法"。接下来，我们将通过对比应用前后的效果来展示这一方法的威力。

在课堂上，我让大家针对一个话题进行小组讨论，然后随机点到几名学员进行总结发言。在应用"发觉健忘法"之前，学员的发言存在各种问题：

有的学员说的有头无尾，缺乏总结性："我好像没什么好总结的了，我要表达的，今天大家都已经说过了。我觉得大家讨论得特别好……"

还有的学员没有理解什么叫总结，说的没有什么信息含量："今天的讨论很顺利、很成功，谢谢各位的精彩发言。"

更有的学员试图耍小聪明："大家都很累了，我就不耽误大家时间了，会议到此结束。"这听上去是为了大家着想，但本质上还是在偷懒。至少应该走完会议的发言流程，不能让会议草草收场。

那么，怎么说才叫总结性发言呢？我们来看一下应用"发觉健忘法"之后的效果：

"我也认可大家刚才对原因的分析，真的特别精准。的确，自制力不足是因为我们的目标感和方向感还不够清晰。我觉得是这样的，当一个宏大的目标没有被分解到当下每一天应该走好的每一步时，确实容易造成思想上的惰性和间歇性上进、持续性躺平的现象。长此以往，这会消磨掉自己的斗志。

因此，我建议大家在生活中多运用我们在精准力中学过的'KISS 复盘法'。在复盘和总结中找到适合自己的工作强度，既能做到劳逸结合，同时还能行稳致远！希望我们都能够在仰望星空的同时还能够脚踏实地！不畏将来，不念过往，活在当下，过好每一天！"

通过这样的对比，我们可以明显看出，"发觉健忘法"对于提高即兴发言能力具有显著的效果。它帮助发言者更好地组织思维、提炼观点，并做出有深度的总结性发言。

二、特效药

在短时间内组织好语言，让发言显得有层次，其实并不复杂。只需记住简单的四字口诀："发觉健忘"。为了方便记忆，我们可以将其理解为"我发觉自己最近有点健忘"。接下来，我们将详细解释这个口诀的每一步，并通过具体案例来展示其应用。

第一步："发"——我发现

"发"就是发现问题。会议的讨论通常都是围绕某个话题、具体问题或某种现象展开的，这样的讨论才具有目的性，这样的会议发言才有意义。

例如："的确，自制力不足是因为我们的目标感和方向感还不够清晰。"这句话就聚焦了一个具体的问题——自制力不足，并进一步指出其原因是目标感和方向感不清晰。发现问题、聚焦问题，才能够进一步探讨如何解决问题。

第二步："觉"——我觉得

"我觉得"就是进一步抛出自己的观点。针对发现的问题，谈一谈自己的看法。无论是原因、影响还是做法，都可以作为观点简洁凝练地提出来。

例如："我觉得是这样的，当一个宏大的目标没有被分解到当下每一天应该走好的每一步时，确实容易造成思想上的惰性和间歇性上进、持续性躺平的现象，长此以往会消磨掉自己的斗志。"这句话从影响的角度抛出了观点，谈到了目标过于宏大会造成思想上的惰性这一负面影响。

第三步："健忘"——建议和希望

这里的"健忘"是建议和希望的谐音。"建议"就是倡导，是可实施的措施和方法；"希望"就是呼吁号召，它用具体做法指明方向，起到鼓舞人心的作用。

例如："我建议大家在生活中多运用我们在精准力中学过的'KISS复盘法'，在复盘和总结中找到适合自己的工作强度，既能做到劳逸结合，同时还能行稳致远！希望我们都能够在仰望星空的同时还能够脚踏实地！不畏将来，不念过往，活在当下，过好每一天！"这段话结合了所学的"KISS复盘法"来呼吁号召，让建议有据可依，避免变成喊口号式的无效建议。

运用"发觉健忘法"，我们可以在短时间内组织好语言，让即兴发言显得有条理、有层次。无论是发现问题、抛出观点还是给出建议和希望，都能够做到有条不紊、言之有物。

三、案例多

在即兴口语表达中，如何快速构思并发表有条理、有深度的观点是许多人面临的挑战。今天，我们将拆解一个爆款的短视频文案，分析其中的"发觉健忘法"是如何在具体的场景中灵活运用的。

这个短视频文案提出了一个会议发言的万能公式，即"现象＋原因＋本质＋建议＋结果"。这个公式实际上与"发觉健忘法"不谋而合，下面我们逐一分析。

首先，描述会议讨论主题出现的现象。这一步对应的是"发觉健忘法"中的"发"字，即发现问题。在会议中，我们需要敏锐地捕捉到讨论主题所呈现出的现象，这是发言的起点。

接着，列举导致现象或事件发生的原因。这一步和下一步实际上对应的是"发觉健忘法"中的"觉"字，即分析问题和提出观点。我们需要运用逻辑力中的"荔枝法"，不仅分析表面原因，还要深入挖掘本质原因。

然后，通过研究或调查，在导致现象或事件发生的众多原因中找到本质（核心）原因。这一步是深入分析问题的关键，也是提出有针对性建议的基础。

接下来，基于当前现象或事件出现的问题提出建设性解决方案，并做详细说明。这一步对应的是"发觉健忘法"中的"健忘"部分，即提出建议和希望。我们需要根据前面的分析，提出具体、可行的解决方案，并阐述其可能带来的效果。

最后，告诉与会人们如果按照你的解决方案来执行会达到怎样的效果。这一步是对前面所有内容的总结和升华，也是鼓舞人心、推动行动的关键。

为了更具体地说明这个公式的应用，短视频文案给出了两个举例。第一个举例是关于当今社会肥胖人士越来越多的现象；第二个举例是关于公司员工经常迟到的问题。通过这两个举例，我们可以清晰地看到"发觉健忘法"是如何在实际场景中运用的。

在第一个举例中，发言者首先发现了身边肥胖人士增多的现象（"发"），然后分析了导致这一现象的原因是不爱运动和不控制饮食（"觉"），接着指出本质原因是懒惰（"觉"），最后提出了多运动、控制饮食和坚持的建议（"健忘"），并阐述了如果按照这个建议执行会瘦成一道闪电的效果（"健忘"）。

在第二个举例中，发言者首先发现了公司员工经常迟到的现象（"发"），然后分析了导致这一现象的原因是晚上睡太晚、早上起不来（"觉"），接着指出本质原因是对工作的积极性不够、生活不够自律（"觉"），最后提出了建立早睡早起打卡文化、养成自律好习惯和举办团队活动提升积极性的建议（"健忘"），并阐述了如果按照这个建议执行公司员工整体精神面貌和工作效率都会大大提高的效果（"健忘"）。

通过这两个举例，我们可以看到"发觉健忘法"在实际场景中的灵活运用。它帮助我们快速构思并发表有条理、有深度的观点，让即兴口语表达变得更加轻松自如。希望大家能够学会这个方法，并在实际生活中加以运用。这样，不仅你的口语表达能力会得到提升，你的做事思路和方法也会变得更加清晰明了。

四、疗效好

练习题目

请运用"发觉健忘法"谈一谈你对"节约粮食，从我做起"这句话的理解。

第三十计

交流
机智

方法一　新闻联播法
方法二　时光机法

方法一

新闻联播法

一、诊断室

你知道吗？日常的交流，实际上是一项至关重要的应变能力，而且这种能力也是"用进废退"的。那些能在小区里主动与大爷大妈问好的年轻人，那些逢年过节拜访亲戚时也能落落大方地与长辈交流的人，无疑都具备出色的交流应变能力。

相反，那些见到熟人就尴尬得不知所措的人，与好朋友产生误会却不懂得如何沟通消除的人，许久未见亲戚打电话却不知从何聊起的人，其实并非内心冷漠或不擅长与人打交道，他们只是欠缺交流的应变能力。他们不擅长随机应变地找话题，或者即使对方提供了一个聊天的话题，自己却只会以"嗯""啊"回答，不知道如何延伸话题。

在线下课中，有一位学员分享了自己的故事。他表示自己在与年长的亲戚或朋友交流时经常感到手足无措，不知道该如何开启话题或延续对话，已经很久没有与一些老朋友或远亲通过电话了。于是，我鼓励他无论如何要给一位久违的朋友打个电话，聊上几分钟。这可难住了这位学员，他说每次想要联系这些老朋友时都不知道该说些什么，担心自己的话题无趣或者对方不感兴趣，通话很快就陷入尴尬的沉默。

听了他的讲述，我教他尝试运用"新闻联播法"与朋友主动拓展交流的话题。以下是应用后的交流话题：

"嘿，好久不见了！我最近看到一篇文章，说现在流行一种新的健康饮食方式，你觉得怎么样？我们要不要试试？

对了，我听说你最近在工作上有些新变动，怎么样，还适应吗？有没有什么有趣的经历可以分享？

还有，我最近在学习一门新技能，想要更好地掌握它。你呢？有没有什么新爱好？

说实话，我真的很想念我们以前一起度过的时光。你觉得我们什么时候可以再聚聚，一起做些有趣的事情呢？"

怎么样？这样是不是既能表达你对朋友的关心和思念，同时又丰富了与朋友的交流话题？当然，你提到的这段交流话题是寒暄问候后聊天的自然方向，而非直接切入某个具体话题，这样的交流方式更加流畅且不易造成尴尬。

只有爱交流、会沟通，应变能力才会越来越强。不要让自己的交流能力因为缺乏使用而逐渐退化，多与他人交流，让沟通变得更加自如和愉快。

二、特效药

"新闻联播法"代表的是聊天时候的四个方向，分别是：新（新闻）、闻（听闻）、联（联系）、播（播报），如图 5-30-1 所示。

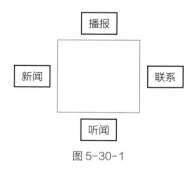

图 5-30-1

1. "新" ——新闻

跟别人聊天的时候，如果一开始不知道从何处开始聊，可以从最近发生的新闻聊起，这样就能打开话匣子。

例如："嘿，好久不见了！我最近看到一篇文章，说现在流行一种新的健康饮食方式，你觉得怎么样？我们要不要试试？"

2. "闻" ——听闻

我们可以从听说对方的一些变化或信息聊起，人们都喜欢被关注，"被听闻"是一种幸福。

例如："对了，我听说你最近在工作上有些新变动，怎么样，还适应吗？有没有什么有趣的经历可以分享？"

3. "联" ——联系

如果没有新的话题出现时，我们还可以观察一下周围的环境，从眼前的景物或事物中寻找到彼此感兴趣的话题。

例如："还有，我最近在学习一门新技能，想要更好地掌握它。你呢？有没有什么新爱好？"

4. "播" ——播报

像个小小播音员一样，主动播报一下身边最近发生的新鲜事，或者最近的情况，让对方多了解一些自己的信息。信息同步之后就能让话题有进一步延展的空间。

例如："说实话，我真的很想念我们以前一起度过的时光。你觉得我们什么时候可以再聚聚，一起做些有趣的事情呢？"

怎么样？运用"新闻联播法"是不是既能表达你对朋友的关心和思念，又丰富了你与朋友交流的话题呢？

三、案例多

在《红楼梦》中，刘姥姥是一个情商极高的角色。她二进大观园时，仅凭聊天就成功抓住了贾府人的心。按理来说，她与贾府之间存在着天壤之别的贫富差距，但她却凭借出色的沟通技巧赢得了贾府上下的欢心。这其中的奥秘，很大程度上得益于她善于运用"新闻联播法"打开话题。接下来，我们就来一一剖析刘姥姥的语言智慧，感受她在聊天中的高超技巧。

刘姥姥吃了茶，便开始把乡村中所见所闻的事情说给贾母听。贾母听得津津有味，兴趣盎然。这刘姥姥刚开了个头，讲了几件农家里的家长里短，贾母就已经听得入迷了。

紧接着，二层铺垫进一步凸显了刘姥姥聊天的受欢迎程度。不仅是贾母听得有味，还有一群人也被深深吸引：彼时宝玉姊妹们也都在这里坐着，他们何曾听见过这些话，自觉比那些瞽目先生说的书还好听。这一段讲的是"新"——新鲜事。看，刘姥姥仅开了这么一个小头，就吸引了大家的注意力。刘姥姥带来的精神礼物——乡下故事，虽然是底层平民司空见惯的，但对于贾母来说却具有强烈的新鲜感。贾母平时养尊处优，接触的都是贾府的人，未免觉得单调枯燥。刘姥姥的到来为她带来了新鲜的空气，勾起了她强烈的好奇心，所以大有相见恨晚之意，甚至想要连夜与刘姥姥"促膝长谈"。

宝玉衔玉而生的故事在当地可谓家喻户晓，刘姥姥也听闻过。因此，她接下来讲的故事就围绕着宝玉、贾母和王夫人的经历展开，特别有感染力和吸引力。在刘姥姥的故事里，这家人因吃斋念佛而得到神灵保佑，老来得子。这个故事选取得非常巧妙，用上了"联"——也就是和听众的经历紧密联结。所以，这个故事很合贾母的心意，贾母当然认为神灵存在，保佑贾家世代昌盛。这个故事更合王夫人的心意，因为王夫人确实是吃斋念佛之人，她当然认为有神灵了。刘姥姥间接赞扬的那个吃斋念佛之人可不就是她吗？这样的夸人方式岂是那种当面阿谀奉承能比得上的？这样的夸人是会让人感动的。

就这样，刘姥姥这一个晚上的聊天，用精彩的故事抓住了贾府一家老少的心，充分展现了她在口语表达上的高超技巧。对于成人来说，学习刘姥姥的聊天技巧无疑能够提升我们的即兴口语表达能力，让我们在日常交流中更加自如、得体。

四、疗效好

练习题目

请运用"新闻联播法"，分享一次你跟陌生人聊天的经历。

方法二

时光机法

一、诊断室

"到什么山唱什么歌，见什么人说什么话。"这句话虽然常被用来形容一个人过于圆滑世故，但在实际生活中，这更是一种随机应变能力的体现。在日常交流中，许多人并非应变能力不足，而是缺乏变通的思维。

逢年过节，无论是与长辈问候还是与同辈交流，我们常常陷入一种固定的聊天模式，话题无非围绕衣食住行方面。然而，每个人的兴趣爱好都不尽相同，不同年龄的人，他们的心理时间也各有差异。

心理时间不同于钟表上的客观时间，它更接近于你内心最向往到达的时间状态。例如，在课堂上津津有味地给学生讲课的老师，他的心理时间就是当下，只有全情投入到当下的时间中，才能为学生们带来精彩的课程。然而，坐在座位上的学生们，他们的心理时间可能并不在当下，有的可能沉浸在过去的回忆中，回味着昨天游玩的场景；有的则可能憧憬着未来，表面上在听老师讲课，实际上脑海中已经规划好了放学后的玩乐计划。

这就是心理时间与钟表时间的差异。我们虽然看到的钟表时间都是一样的，但每个人内心的心理时间却可能截然不同。从不同年龄的群体来看，一般儿童的心理时间大多在未来。因此，他们经常被问及"长大后要做什么""20年后的我"等关于未来的问题。因为对于青少年来说，他们就像早上八九点钟的太阳，未来充满了无限可能，等待着他们的是广阔的天空和无尽的机遇。

而对于青少年和中年人来说，他们的心理时间最理想的状态是在当下。因为只有不畏将来、不念过往，认真地活在当下，专注地去完成每一项任务，才能减缓焦虑，迎接生活的挑战。也许他们现在的生活并非一帆风顺，但只要迎难而上，就一定能够"长风破浪会有时，直挂云帆济沧海"。

对于老年人，他们的心理时间大多在过去。一聊到你小时候的事情、你爸爸小时候的事情，他们就有说不完的话。虽然"莫道桑榆晚，为霞尚满天"，老年人也应该积极地活在当下，老有所为。但是，他们最怀念的还是自己的"正青春"和"当年勇"。

因此，要想与不同年龄的人无障碍地交流谈心，就要运用"时光机法"，聊一聊与他们心理时间同频的那些话题。这样，你就能更好地与他们产生共鸣，让交流更加顺畅和愉快。

二、特效药

除了按年龄段划分，你还可以根据感受到的对方的心理时间，随时随地地用"时光机法"来切换交流的话题，见表5-30-1。当"想听"遇上"想说"，这就是相谈甚欢的秘诀。

1. 当时光机穿梭回了过去

在与和爷爷奶奶同辈的老人交流时，不妨多聊聊他们年轻时的骄傲事迹，或者他们孩子小时候的事情。

例如："爷爷，您当年上学的时候是不是学习成绩特别好呀？"

"奶奶，我爸爸小的时候让您省心吗？"

在这里需要提醒的是，即使一个故事你听了很多遍，也不要随便打断或者表现出没有耐心。在交流中，最主要的就是倾听，尤其是老年人格外需要倾诉的对象。

2. 让时光机停留在当下

在与和爸爸妈妈同辈的中年人交流时，多聊聊与他们现在息息相关的事情，如工作、健康和孩子的学习。

例如："舅妈，您今年还当班主任吗？学生们好管吗？"

"叔叔，您的身体好点了吗？我听妈妈说您年前做了一个手术呢。"

"姑姑，我表姐怎么学习成绩那么好呢？她是不是自觉性特别好，都不用您监督她学习呀？"

这样是不是就把天聊起来了？在这个过程中，如果长辈们也提起生活的话题，你也要实事求是且十分热情地回应他们。

3. 乘坐时光机展望未来

在与比你年龄小的弟弟妹妹聊天时，多跟他们聊一聊将来的事情。

例如："表妹，你放寒假时想去哪里玩呀？"

"表弟，你将来想当画家还是想当科学家呢？"

表 5-30-1

	过去	现在	未来
老年人	"爷爷，您当年上学的时候是不是学习成绩特别好呀？"		
中年人		"舅妈，您今年还当班主任吗？学生们好管吗？"	
青年人			"表妹，你放寒假时想去哪里玩呀？"

通过运用"时光机法"，你可以根据不同年龄的人的心理时间，灵活地切换交流的话题，让交流更加顺畅和愉快。这样，你就能更好地与不同年龄的人建立联系，享受相谈甚欢的乐趣。

三、案例多

在非常经典的小品《昨天、今天、明天》中，主持人崔永元巧妙地运用了"时光机法"，通过与赵本山和宋丹丹饰演的白云、黑土展开一段关于过去、现在、将来的采访，为我们展示了如何在聊天中灵活运用这一方法。

崔永元首先提出了话题："今天的话题是'昨天、今天、明天'，不过咱们改改规矩，这次大叔您先说。"

黑土简洁地回答："昨天，在家准备一宿。今天，上这儿来了。明天，回去。谢谢！挺简单。"

显然，黑土并没有理解崔永元的真正意图。于是崔永元进一步解释："大叔，我说的这个昨天、今天、明天，不是指具体的某一天，而是希望咱们回忆一下过去，评说一下现在，再展望一下未来。"

接下来，他们的对话就围绕着以下三个时间维度展开。

先聊过去的时间：

崔永元将问题具体化："二老，你们是哪一年结的婚呢？"

黑土回答："我们相约'五八'。"

白云补充："大约在冬季。"

崔永元调侃道："这好不容易不念诗了，又改唱歌了。那当时谈恋爱的时候是谁追的谁呀？"

白云笑道："这事儿，你就别问了。"

崔永元也适时地表示理解："这属于个人隐私。"

再聊现在的故事：

话题转到了现在，黑土分享了他们夫妻之间的趣事："别向我们学习，俺俩感情出现过危机。现在，改革开放富起来之后，我们俩盖起了二层小楼。这楼盖完了，屋子多了，她突然提出要分居，说搁一个屋睡耽误她学外语。她说感情这个东西是距离产生美，结果我这一上楼，距离拉开了，美没了！天天吃饭啥的也不正经叫我了，打电话还说外语，'Hello啊，饭已OK了，下来咪西吧！'"

最后展望美好的未来：

崔永元觉得之前的话题有些沉重，于是提议："咱们换个话题，畅想一下美好的明天吧！"

通过这段小品节选，我们可以感受到"时光机法"在聊天中的强大作用。它不仅能够帮助我们打破沉默，还能让对话更加有趣、深入。无论是与家人、朋友还是陌生人交流，我们都可以尝试运用这种方法，让对话更加顺畅、愉快。

四、疗效好

练习题目

请运用"时光机法"，谈谈你对未来科技的想象。

说

服

力

第六章

言 之 有 序

成为表达高手的 36 计 72 法

第三十一计

接纳
选择

方法一 "王牌对王牌"法
方法二 挖坑法

"王牌对王牌"法

一、诊断室

常言道："公说公有理，婆说婆有理。"还真是，道理和道理之间常常互相矛盾，还往往难分胜负。

"少壮不努力，老大徒伤悲。"这句话告诉我们要刻苦努力。然而，"人生得意须尽欢，莫使金樽空对月。"这句话提醒我们要及时行乐。

"一分耕耘一分收获。"这句话是说只要肯付出就会有回报。但是，"谋事在人，成事在天。"这句话又告诫我们只问耕耘，不问收获。

这些道理之间看似分不出高下，也断不出对错，其实不然。支撑它们背后的那张"王牌"只针对特定的时间、特定的场合、特定的人最有效。

对于那些就像早上八九点钟的太阳一样的青少年们，我们一定是本着"劝君莫惜金缕衣，劝君惜取少年时"的心理，告诫他们"少壮不努力，老大徒伤悲"。因为对于这个阶段的学生们来说，勤奋努力才是实现梦想的"王牌"。

而在朋友聚会，恨不得"五花马，千金裘，呼儿将出换美酒"的场合，自然少不了吟咏一句"人生得意须尽欢，莫使金樽空对月"。因为在这个"酒逢知己千杯少"的场合里，把酒言欢才是增进友谊的"王牌"。

同样，对于少年来说，"乾坤未定，你我皆是黑马"，无论老师还是家长都告诉他们"一分耕耘一分收获"；人到中年又会发现"不是得到，就是学到"，因此安慰自己"只问耕耘，不问收获"；而到了"五十知天命"的阶段，又会切实地明白什么叫作"天时地利人和缺一不可"。因此做事的心态就成了"尽人事，听天命"。

所以你看，再有道理的话也要讲究两个字"适合"。适合这个阶段、这个场景、这个人的道理，才能立得住！

明白了"适合"这两个字的重要性，我们就可以在与别人因为一些"生活小事"而意见不合的时候，心平气和地说服别人了。

例如，一个年轻的女孩子跟男朋友去逛街，男朋友推荐她买一件仙气飘飘的裙子，他的理由是"女孩子就要多穿裙子，这样文文静静的才淑女"。可是女孩子不想买裙子，她看中了一套又美又飒的西装。这时候，不要拿出反驳的技巧跟男朋友针锋相对："你喜欢淑女，就去找爱穿裙子的女生吧，我又不是淑女，为什么要穿成这样。"明明是好心的建议，可是却因为这样沟通的语气和态度，最后两个人闹得不欢而散。

那么，这个女孩怎么能既不伤和气，还能让男朋友也认同她的喜好呢？这时候就得突出"适合"二字，可运用"'王牌对王牌'法"这么说：

"确实这件裙子挺好看的，穿上去挺文静的，也很淑女。但我还是觉得这套西装更适合我工作时候穿。最近公司里的活动主持比较多，穿裙子不够正式，上下台也不方便。我还是选这套西装吧。"

怎么样？是不是这样不要脾气、以理服人的沟通更有说服力呢？你感受到了吗，在亲密关系中，真的太需要去情绪化地好好说话了。

二、特效药

"'王牌对王牌'法"总共分三步。

第一步：小王——真诚肯定

首先，我们要真诚地肯定对方选择中的优点，就像肯定"小王"也是一张很厉害的"王牌"一样。这一步的目的是避免对方的抵触情绪，因为每个人都更愿意自己想通，而不是被他人说服。

例如，当面对选择购买裙子还是西装的问题时，你可以先说："确实这件裙子挺好看的，穿上去挺文静的，也很淑女。"这样，你就先肯定了对方的优点，让其感受到你的尊重和认可。

第二步：大王——娓娓道来

接下来，我们要将自己选择中的优点娓娓道来，这张王牌才是最适合的"大王"。在这一步，我们不要用得意扬扬的语气，而是心平气和地客观陈述。

继续上面的例子，你可以说："但我还是觉得这套西装更适合我工作时候穿。"这样，你就提出了自己的选择，并暗示了这种选择更优。

第三步：管上——合理解释

最后，我们要进一步解释为什么"大王"比"小王"更有优势。当"大王管上了小王"，也就意味着我们成功地说服了别人，如图6-31-1所示。在生活中，没有一定之规，需要的是合情合理的解释。我们需要借助具体场景来解释一下为什么我们的选择就是"大王"，而对方的选择就成了"小王"。

图 6-31-1

继续上面的例子，你可以说："最近公司里的活动主持比较多，穿裙子不够正式，上下台也不方便，还是选这套西装吧。"这样，你就给出了具体的理由和场景，让对方明白为什么这是更好的选择。

通过"'王牌对王牌'法"，我们可以在比较中凸显优势，既尊重了对方的选择，又表达了自己的观点。这种方法不仅适用于购物决策，还可以广泛应用于日常生活中的各种选择和决策中。

三、案例多

在谈及运用"'王牌对王牌'法"的经典案例时，我脑海中不禁浮现出这样一句话："你想继续卖一辈子糖水，还是跟我一起改变世界？"这是 1983 年乔布斯对百事可乐公司总裁约翰·斯卡利说的话。对于任何有志向的人来说，这无疑是一句无法抵挡的邀请。正是这句话，促使斯卡利毅然决然地离开了百事可乐，加盟苹果公司并担任了 CEO。

这句话的威力之所以如此巨大，是因为乔布斯不仅仅是在比较两个公司的优点，他更是实施了一种降维打击。他比较的品牌维度截然不同：在提及苹果公司时，他使用的是品牌理念的维度——改变世界；而在谈及百事可乐时，他则使用了最基础的产品事实维度——糖水。苹果和百事可乐都是非常了不起的公司，其都在各自的领域做着有意义的事情。苹果以创新改变世界，而百事可乐则坚持传递年轻无极限的品牌精神。然而，乔布斯的这句话却巧妙地改变了比较的维度，使在"王牌对王牌"的比较中，苹果公司的优点被凸显为至高无上的"大王牌"，而百事可乐的优点则相对成了屈居下风的"小王牌"。试想，如果用同一个维度去说，效果就会截然不同："你想继续卖糖水，还是跟我一起卖电脑？"这就是"'王牌对王牌'法"说服技巧的独特魅力！

在日常生活中，我们也可以运用这种技巧来凸显自己的观点或选择的优势。通过巧妙地改变比较的维度，我们可以使自己的观点或选择显得更具吸引力和说服力。无论是在职场竞争、商务谈判还是日常生活中，掌握并运用这种技巧都将对我们大有裨益。

四、疗效好

请运用"王牌对王牌"法，谈一谈你对"选择"的理解。

方法二

挖坑法

一、诊断室

你知道吗？有时候说服别人接纳一个选择，并非仅仅依赖于比较优点，而是要通过比较缺点来实现。

"'王牌对王牌'法"的核心思路是：在面对生活琐事时，我们倾向于选择优点更为突出的方案，这被称为"两利相权取其重"。

然而，在关乎人生大事的抉择面前，"挖坑法"却显得更为有效。它的思路是：当两个选择都存在不可忽视的缺点时，我们应选择那个缺点相对较少、更有可能得到解决的方案。这即是"两害相权取其轻"。

以亲子沟通为例，父母与子女在选择上产生冲突是常有的事：小时候的兴趣班选择、高考时的志愿填报乃至毕业后的就业地点选择，都可能成为争执的焦点。

在这些关乎长期发展的"大事"面前，很难简单地通过比较哪个优点"更适合"来做出决策。例如，父母可能认为留在小城市考公务员更适合孩子的发展，而子女则可能坚持留在大城市打拼更符合自己的性格。这些选择上的分歧，其实源于理念认知的不同。在这种情况下，口头说服往往难以奏效，因为这并非是选择衣服或旅游地点那样的生活琐事。即使子女能够心平气和地与父母沟通，父母也可能只是出于尊重而"听你的"，并非真正被说服。

那么，当说服无效时，一些子女可能会选择耍脾气来抵触父母的选择："我不去学钢琴，我就喜欢画画！""我就要报哲学专业，你别管我！""我不想回家，我就喜欢大城市的生活！"这种语气和表达方式，无疑会让沟通陷入僵局。

更糟糕的是，有些子女可能会选择离家出走这种冷暴力的方式来表达不满。然而，这种方式不仅会伤害至亲至爱的人，还可能带来无法预料的后果。

因此，在面对这种"人生大事"的选择题时，我们可以尝试运用"挖坑法"来说服对方。例如，你可以这样说："爸妈，我知道你们不让我去是担心我的安危。但你们不让我去，其实更危险。你们了解我的性格，我决定的事谁劝也没用。如果我因为赌气而离家出走，你们联系不上我，不是会更着急上火吗？你们还不如就同意我去贵州支教呢。那里的民风淳朴，你们放心吧！我会写信给你们报平安的。如果真的担心我的安危，你们可以让弟弟送我去，这样你们也能放心了。"

身为父母，最在意的就是孩子的安危。如果子女能够这样真诚地与父母沟通，或许就能避免离家出走的悲剧，让家庭更加和谐美满。

二、特效药

"挖坑法"总共分三步。

第一步：选坑——理想目标（见图6-31-2）

首先要明确双方的共同目标。这个目标就是用来挖坑的"痛点"。只要选对了一致性的目标，那就等于说服成功了一半。

例如：上面的这段劝说父母同意去贵州支教的案例中，"安危"这个关键词就是父母最关心的"目标"。

 第一步：选坑——理想目标

图6-31-2

第二步：挖坑——现实落差（见图 6-31-3）

受困于现实，没有实现理想目标，心里有落差。

例如："我决定的事谁劝也没用，就是你们不让我去也留不住我的，我一赌气离家出走了，你们联系不上我，不是更着急上火吗？"

虽然这是一句威胁的话，但是按照上面案例中当事人后来的表现，这确实是她真能干出来的事情，这一点父母比她还清楚，所以对于最担心女儿安危的父母来说，离家出走才是最大的隐患，这的确是一个填不上的"大坑"。

第二步：挖坑——现实落差

图 6-31-3

第三步：填坑——弥补落差（见图 6-31-4）

阐述自己的选择，可以一定程度地帮助对方填平落差，实现理想目标。

例如："你们放心吧！去了贵州，我会写信给你们报平安的，真要是担心我的安危，可以让弟弟送我去，这样你们也能放心了。"

听到这里，父母再不放心也只得遂了女儿的心意，毕竟去贵州总比杳无音讯让人放心一些。

第三步：填坑——弥补落差

图 6-31-4

三、案例多

经典课文《陈情表》堪称是教科书级别的"挖坑法"，而且说服效果非常显著，李密不仅如愿以偿地留在了祖母身边报答其养育之恩，同时也让晋武帝明白了他的一片孝心，避免了抗旨不从的罪名。我们先来了解一下《陈情表》说了什么，再来分析文章是如何运用"挖坑法"的吧。

《陈情表》是三国两晋时期文学家李密写给晋武帝的奏章。文章从李密幼年的不幸遭遇写起，说明自己与祖母相依为命的特殊感情，叙述祖母抚育自己的大恩，以及自己应该报恩的大义。李密除了感谢朝廷的知遇之恩，又倾诉自己不能从命的苦衷，辞意恳切，真情流露，语言简洁，委婉畅达。此文被认定为中国文学史上抒情文的代表作之一，有"读诸葛亮《出师表》不流泪者不忠，读李密《陈情表》不流泪者不孝"的说法。相传晋武帝看了此表后很受感动，特赏赐给李密奴婢二人，并命郡县按时给其祖母供养。

"挖坑法"总共分为三步。

第一步：选坑

首先要明确双方的共同目标。李密在做选择前，先和晋武帝"达成了共识"，孝道是非常重要的。

他的原文是这么说的："伏惟圣朝以孝治天下，凡在故老，犹蒙矜育，况臣孤苦，特为尤甚。"

译文：我想圣朝是以孝道来治理天下的，凡是故旧老人，尚且还受到怜惜养育，何况我的孤苦程度更为严重呢。

第二步：挖坑

在自己的选择和别人的期望有冲突时，先别急着辩解，可以通过"挖坑法"来比较一下，既然两个选择都有弊端，那就两害相权取其轻，在这一步李密分析了离家去任官的"坑"是没有办法填平的。

他是这么说的："祖母无臣，无以终余年。母、孙二人，更相为命，是以区区不能废远。"

译文：祖母如果没有我的照料，也无法度过她的余生。我们祖孙二人，相依为命，正是因为这些，我不能停止奉养而远离祖母。

第三步：填坑

接下来李密又用"孝道"这把撬，把暂时不出任官员的坑填平了，明确地告诉晋武帝，待我报答了祖母的养育之恩，一定用往后余生好好在陛下跟前尽忠。

他是这么说的："臣密今年四十有四，祖母刘今年九十有六，是臣尽节於陛下之日长，报刘之日短也。"

译文：我今年四十四岁了，祖母今年九十六岁了，我在陛下面前尽忠尽节的日子还长着呢。

四、疗效好

练习题目

请运用"挖坑法"，分享一个你一直坚持下来的好习惯。

第三十二计

接纳
行为

方法一　解铃法
方法二　爬山法

方法一

解铃法

一、诊断室

我们的大脑里有掌管恐惧情绪的杏仁核，每当它判定会有危险发生的时候，就会"警铃大作"，也就是说如果对方认定了我们要做的这件事情有危险，那么他头脑中的"铃响"就会干扰他的判断，无论我们再说什么他都听不进去。这时候要想说服别人，接纳我们的行为，首先要做的就是消除他的顾虑，让他从担心变成放心，这时候就需要"解铃法"来帮忙！

设想一下，如果一位初入职场的年轻女性，跟他的丈夫说今天晚上要去饭店参加同事的生日聚会，可能回家很晚，让他自己早点休息。这时候，她的丈夫的脑海中就会想起这样的"警铃"："这可不行，我得把手机调成响铃声随时待命，生日聚会免不了喝酒，万一遇到麻烦了给我打电话，我得第一时间赶到呀。不行，在家等着还是不放心，遇到事了赶过去也来不及，我得开车送她过去，就在饭店外的车里等着她才安全。"

当然，丈夫头脑中的这些想法，妻子是不得而知了，能听到他说出口的就是他的思考结论："我不同意，我送你过去，就在车里等你。"

这时候，如果妻子不去"解铃"，不打消丈夫对不安全的担忧，反而觉得他不信任自己，就会与丈夫发生争执。

妻子："在车里等我？就这么不信任我吗？"

丈夫："这是我的事，你就别管了，用你同意吗？"

可想而知，丈夫看到妻子这样的态度会更不放心。最后的结果，要么是丈夫一个人赌气回家等妻子；要么是大吵一架后，妻子同意丈夫送她去参加聚会，但是一想到丈夫正在外边守着她且一点都不信任她，晚饭也会吃得闷闷不乐。

在这个场景中，要想顺顺利利地说服丈夫放心自己去参加同事聚会，还需要做个"解铃人"，好好把丈夫头脑中一直提示"不安全"的铃声调成静音模式才行。例如：妻子可以这样安抚他：

"老公，你放心吧，晚上聚会女同事居多，大家都不喝酒。就是大家约好了要去唱歌才会回去晚些，要是你不放心我，等我到了 KTV 给你发定位，你来接我？或者我吃完饭就不去唱歌了，因为明天还要上班，我也不想你太辛苦。你先回家等我，咱们一会儿看情况再联系？"

怎么样？这样沟通后让丈夫多知道一些聚会的行程和安排，是不是就比直接给个"晚归"的结果让他更加放心呢？的确人对于未知的事情容易产生恐惧，就会"警铃大作"。因此，多运用"解铃法"，也会减少误会和争吵，寻得体谅和关心。

二、特效药

"解铃还须系铃人"，你的态度以及你给出的信息点才能真正打消对方脑海中的担忧，要想说服对方接纳自己的行为，就要先好好倾听，听懂铃声，解除铃声。

"解铃法"总共分两步。

第一步：辨别铃声（见图 6-32-1）

听话要听音儿，要从对方的话语中听出来他担心的关键点是什么？

第一步：辨别铃声

图 6-32-1

例如上述案例中，丈夫说："我送你过去，就在车里等你。"从这句话中可以判断出"不安全"就是丈夫脑海中发出警报的铃声。

第二步：解除铃声（见图 6-32-2）

讲清楚具体的安排，强调能让对方放心的信息点。

例如上述案例中，妻子说："你放心吧，晚上聚会女同事居多，大家都不喝酒。就是大家约好了要去唱歌才会回去的晚些，要是你不放心我，等我到了 KTV 给你发定位，你来接我？"这段说服内容就能很好地消除丈夫脑海中"不安全"的这个铃声，当他进一步了解到"时间、地点、人物"这些其他的关键信息之后，也就能从担心转变为放心了。

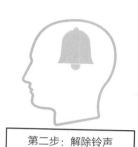

第二步：解除铃声

图 6-32-2

三、案例多

有这样一个"解铃法"的经典案例值得我们学习，堪称是"一封信说服一个人，一个人改写一段历史"。为了更好地体会这封信的说服力，我们先来了解一下历史背景。

明朝嘉靖年间，严嵩奸党当道。随时都有激起民变的可能。千钧一发之际，张居正推荐海瑞任浙江淳安知县去力挽狂澜。想法很好，用人很得当，可是如何说服远在福建的海瑞来浙江做官呢？张居正写了一封信。毫不夸张地说，这封信不仅突出表现了张居正的过人才华，还直接奠定了张居正说服大师的地位，堪称经典中的经典：

原文："公夙有澄清天下之志，拯救万民之心。然公四十尚未仕，抱璧向隅，天下果无识和氏者乎？其苍天有意使大器成于今日乎？"

译文：你是个做大事的人，但是都四十多岁了，还是一事无成。是缺少机会吗？不是，现在就有一个非常好的机会摆在你的面前！这是老天爷要成全你呀，看你动心不动心！

原文："今淳安数十万生民于水火中望公如大旱之望云霓，如孤儿之望父母！豺虎遍地，公之宝剑尚沉睡于鞘中，抑或宁断于猛兽之颈欤！"

译文：现在淳安数十万百姓生活在水深火热之中，渴望您的拯救，如同大旱之时期盼云霓，如同孤儿盼望父母！遍地都是豺狼虎豹，而您的宝剑却仍在鞘中沉睡，难道不应斩断猛兽的脖颈吗？

原文："公果殉国于浙，则公之母实为天下人之母！公之女实为天下人之女！孰云海门无后，公之香火，海门之姓字，必将绵延于庙堂而千秋万代不熄！"

译文：如果您真的以身殉职了，那你的母亲就是天下人的母亲，不用担心无人赡养；你的女儿就是天下人的女儿，不用担心无人抚养！你也不用担心海门没有后人，海门姓氏必将在庙堂之上千秋万代传承不息！

运用"解铃法"，我们来具体分析一下。

第一步：辨别铃声

这封信之所以有说服力，是因为提笔之前先精准地做到了第一步"辨别铃声"，也就是设身处地地想到海瑞出任无非有以下两个对家人的顾虑。

其一：海瑞要尽孝，他四岁便没了父亲，母子相依为命。他很有孝心，都已是娶妻生女的人了，每个月大半的时间都伺候老母，同睡一个房间。对于海瑞来说，丢命不可怕，可怕的是从此无法尽孝。

其二：海门三代单传，可他只有一个女儿。古代重男轻女，男儿才能延续家族香火。让海瑞去淳安，可真是"风萧萧兮易水寒，壮士一去兮不复还"。那样的话，可就是"不孝有三，无后为大"了。

第二步：解除铃声

明确了"铃声"后，就能进行第二步"解除铃声"：如果你真的以身殉职了，那你的母亲就是天下人的母亲，不用担心无人赡养；你的女儿就是天下人的女儿，不用担心无人抚养！你也不用担心海门没有后人，你是我朝的功臣。

这句话是真的厉害，一下子解决了他不能尽孝，海门无后的担忧，解除了海瑞的"铃声"。古人云，士为知己者死。尽管前途凶险，出于正义感和道德感，海瑞还是义无反顾地接受了任命。

总之，说服之前，我们一定要了解这个人内心最真实的需求，辨别他脑海中的警报"铃声"，才能"解除铃声"，打消顾虑。如此，我们方能更好地直达人心，打动人心！

四、疗效好

练习题目

请运用"解铃法"，谈一谈你对"平凡与伟大"的理解。

方法二

爬山法

一、诊断室

从小我们就听过一句话:"不要一步登天。"意思是"千里之行,始于足下",再伟大的目标也要把它拆解成多个阶段,一个一个来实现。

如果你觉得要说服对方答应我们的要求对他来说比"登山还难",那么就需要启用的"爬山法"一步一步达到最终的说服目的。

假设,你最近看了冬奥会,特别喜欢花样滑冰的选手羽生结弦,你一边欣赏他精彩的表演,一边感叹主持人解说的精彩:"容颜如玉,身姿如松,翩若惊鸿,婉若游龙。"于是,你想去说服同事跟你一起做一期关于讲述羽生结弦传奇经历的短视频。可是同事觉得这个主题就是在蹭热度,和账号的定位不符合,因此以选题不适合为由拒绝了你。

这时候,你又不能情绪化地怼同事:"怎么就不适合了?我觉得挺符合账号定位的。"你又不甘心放弃这个自己特别看好的选题。那怎么办呢?试试运用"爬山法"吧,分阶段来说服同事。

"我给你看一本我最近在读的畅销书吧,你看这本书里讲的故事是不是挺励志的,挺符合咱们读书类账号的定位的?"

同事一听来了兴趣:"好呀,你拿给我看一看。"

于是,你拿出了一本羽生结弦的人物传记给同事:"你一定要认真看哦,真的特别励志，故事讲述得也好，文学性也不错。"

待同事把这本书看完后，你就可以胸有成竹的说服他了："怎么样？这个选题不错吧，来咱们策划一下！如果商讨后你还是觉得不适合账号定位，咱们再调整。"

怎么样，这样一步一步说服，尤其是用"眼见为实"替代"口说无凭"，是不是更容易让同事接受你的行为？在专业的说服力著作中，这一招叫作"低球策略"。

二、特效药

"爬山法"总共分三步，如图 6-32-3 所示。

图 6-32-3

第一步：山下——先了解

能到山下就成功了一半。接纳的第一步是先了解。

例如："我给你看一本我最近在读的畅销书吧？你看这本书里讲的故事是不是挺励志的，挺符合咱们读书类账号定位的？"

第二步：爬山——再体验

参与其中才有成功登顶的可能。了解之后就要进一步体验一下。

例如：拿出了一本羽生结弦的人物传记给同事："你一定要认真看哦，真的特别励志，故事讲述得也好，文学性也不错。"

第三步：登顶——有退路

在体验之后进一步推动目标时，别忘了给对方留有反悔的余地。就像承诺了7天无理由退货的商品，成交率也会更高一样。

例如："怎么样，这个选题不错吧？来，咱们策划一下吧！如果商讨后你还是觉得不适合账号定位，咱们再调整。"

三、案例多

有一部电影叫《银河补习班》，在这部电影中邓超饰演的父亲就很好地运用了"爬山法"来说服儿子追求梦想，从不爱学习的废柴少年变成了国之栋梁的航天员。

故事的背景是这样：父亲马皓文因为在大桥施工过程中被人偷工减料导致大桥坍塌，锒铛入狱。在他服刑的7年里，他的生活发生了巨变，妻子改嫁，房子也被没收，就连自己最爱的儿子马飞也成了所有人眼里的"问题少年"。

为了让儿子马飞继续在学校学习，马皓文与教导主任打赌，只要儿子马飞能在期末考试中成绩进入年级前十名，马飞就可以在学校继续学习。为了完成这个赌约，马皓文父子也开始了他们的"银河补习班"。

在帮助儿子的过程中，父亲马皓文就是运用"爬山法"三步走，引导儿子逐渐追求自己的梦想的。

第一步：山下

首先父亲马皓文先把儿子引到梦想的山下，重建信心是世界观，鼓励则是方法论。这期间他是这么做的：马皓文在门上刻下了"一直想"三个字。他告诉儿子，只要脑子一直想，就可以干地球上所有的事情。

父亲的相信和鼓励，让马飞悄然实现了蜕变。

第二步：爬山

接着，父亲马皓文又陪着儿子见世面，参与其中才有成功的可能性，只有见过世面才能够知道自己想要的是什么。

马皓文陪着儿子不仅仅是看一次航模展，更是在没买到票的情况下另辟蹊径，在一座小山头上发现了更好的观看位置。此外，他还带儿子去郊外踏青，更是在大自然中让儿子理解什么是"草色遥看近却无"。

父亲陪儿子见世面，也是对儿子思考能力的锻炼，从未停止。

第三步：登顶

最终，马皓文父子在经历了重重困难后达成赌约，并且马飞也实现了自己的梦想——成为一名航天员。

在"爬山法"三步走的过程中，父亲不断用语言激励、用行动去影响儿子。可见，说服力是足以改变一个人的命运的重要能力！

四、疗效好

练习题目

请运用"爬山法"，分享一次你说服他人的经历。

第三十三计

接纳建议

方法一　无中生有法
方法二　先苦后甜法

方法一

无中生有法

一、诊断室

在日常生活中，你是否常有这样的体验：原本并未打算购买的物品，在听了直播间主播的一番介绍后，却不由自主地下了单？

例如："各位家长请注意，这款铅笔专为矫正孩子握笔姿势设计。错误的握笔姿势不仅会导致字迹歪斜，还可能影响坐姿，进而造成视力下降。"

"这款电动吸尘器只需轻轻一按，便能轻松吸走地板上的发丝和角落里的灰尘，让家居环境焕然一新，你回家的心情是不是也随之愉悦起来？"

"我强烈推荐大家饭后服用这款肠胃益生菌，它能有效助消化、分解油脂，对于经常食用重口味、冷饮的朋友来说，常备这款益生菌，能很好地保护我们脆弱的胃黏膜。"

这些话术听起来是否耳熟能详？你是否也常在直播间里被说服买下原本不在购物清单上的商品？这种说服技巧，我们称之为"无中生有法"。在这里，"无"与"有"对应的是"需求"二字，意指原本不存在的需求，在听了他人的建议后，仿佛被创造出来，让你觉得自己确实需要这个东西。

例如，过年期间，孩子依依不舍，哭着想让奶奶多留几天。你如何说服婆婆多陪陪孩子呢？直接强硬地说："妈，你看孩子都哭成这样了，你就再待几天吧。回去那么早干什么？每次来都急着走。"虽出于不舍，但这样的语气却往往变成了抱怨。

那么，如何运用"无中生有法"让老人心甘情愿地接纳建议呢？你可以尝试这样说："妈，您就再多留一段时间吧。年后我刚开工，工作特别忙，经常需要加班，您留下来帮我接送孩子去上钢琴课吧，否则因为我工作忙，耽误了孩子的学琴进度就不好了。等他月底考完级，我也不那么忙了，您再回家也不迟。"

这样一说，老人听到关乎孙子学习的大事，自然更愿意接纳你的建议，多住几天了。通过"无中生有法"，我们不仅能够有效地传达自己的需求，还能在保持和谐氛围的同时，让对方心甘情愿地接受我们的提议。这正是即兴口语表达的魅力所在。

二、特效药

"无中生有法"并非凭空捏造需求，而是通过精准的语言表达，进一步强化和凸显某些需求，从而让对方转变想法，接纳你的建议。

"无中生有法"总共分为三步。

第一步：诚恳提出建议

首先，你需要诚恳地提出自己的建议，并清清楚楚地表达自己强烈的意愿。这样不仅能让他人更加重视你的建议，也能增加建议被采纳的可能性。

例如，在挽留婆婆的案例中，你可以这样开始："妈，您就再多留一段时间吧。"这样的表达既直接又充满诚意，为后续的说服打下了良好的基础。

第二步："无中生有"创造需求

接下来，你需要通过语言进一步强化和创造需求，让对方意识到你的建议的重要性和必要性。

例如，你可以继续说："年后我刚开工，工作特别忙，经常需要加班。您留下来帮我接送孩子去上钢琴课吧，否则因为我工作忙，耽误了孩子的学琴进度就不好了。"在这里，你通过具体描述自己的困境和孩子的需求，让婆婆意识到自已留下来对孙子的学习有着重要的影响。

最后，你需要再次提出自己的建议，并适当地给出必要的保证以增加说服成功的可能性。

例如，你可以这样结束："等他月底考完级，我也不那么忙了，您再回家也不迟。"这样的表达既明确了时间节点，也让婆婆感受到了你的考虑和尊重，从而更容易接纳你的建议。

综上所述，在即兴口语表达中，掌握"无中生有法"将使你更加游刃有余地说服他人、达成共识。

三、案例多

《红楼梦》这部古典文学巨著不仅描绘了丰富的人物性格和错综复杂的情节，还蕴含了许多关于劝诫与沟通的智慧。其中，薛宝钗被誉为红楼第一能"劝"之人，她擅长运用"无中生有法"，通过精准的语言表达和合理的逻辑推理，使对方意识到某些需求的真实性和重要性，从而心悦诚服地接受她的建议。

薛宝钗的"无中生有"劝功实例。

1. 劝宝玉戒冷酒

在第八回中，宝玉去探望宝钗，薛姨妈请他们喝酒。宝玉表示爱吃冷的，宝钗则笑道："宝兄弟，亏你每日家杂学旁收的，难道就不知道酒性最热，若热吃下去，发散的就快；若冷吃下去，便凝结在内，以五脏去暖他，岂不受害？从此还不快不要吃那冷的了。"

这番话既体现了宝钗对宝玉的关心，又展示了她在饮酒方面的见识。宝玉听后，觉得有理，便放下了冷酒，命人暖来再饮。在这里，宝钗巧妙地运用了"无中生有法"，让宝玉原本认为无害的喝冷酒行为，转变成了对健康有害的认知，从而成功地劝服了他。

2. 劝黛玉弃闲书

在第四十二回中，薛宝钗劝林黛玉不要读闲书的情节也是经典之作。当黛玉在行酒令时随口说出了《西厢记》里的"良辰美景奈何天"，宝钗听后，便借此机会对黛玉进行了一番思想教育。她先是以审问的姿态让黛玉心有恐惧，然后又转而以自身的经历为引子，拉近与黛玉的距离，消除她的疑心。宝钗说道："我也是个淘气的……我们也偷背着大人看这些书……后来大人知道了，打的打，骂的骂，烧的烧，才丢开了。"一席话下来，黛玉心服口服，甚至对宝钗产生了亲近之感。在这里，宝钗同样运用了"无中生有法"，她强调了读闲书的严重性和重要性，让黛玉意识到这可能会改变她的性情和人生轨迹，从而成功地劝服了她放弃读闲书。

综上所述，薛宝钗的"无中生有"劝功在《红楼梦》中得到了充分的体现。这种劝功不仅体现了她的智慧和口才，也为我们提供了宝贵的即兴口语表达技巧。在现实生活中，我们也可以借鉴这种技巧，通过合理的引导和说服，帮助他人认识到某些需求的真实性和重要性，从而达成共识和共赢。

四、疗效好

练习题目

请运用"无中生有法"，谈一谈"如何保持知识更新"。

方法二

先苦后甜法

一、诊断室

在即兴口语表达中，信息的传递顺序往往影响着沟通的效果。特别是当你需要同时传达一个好消息和一个坏消息时，先说哪一个，其产生的心理效应大相径庭。这种微妙的差异，实际上蕴含着深刻的沟通智慧。

下面举例讲解：战况描述与教堂笑话的启示。

首先是战况描述的差异。想象一下，一位将军在战场上屡战屡败。如果用"屡战屡败"来描述他的战况，无疑会给人一种灰心丧气的感觉。然而，若将描述改为"屡败屡战"，尽管战况未变，但所传达的坚韧不拔、勇气不减的精神却截然不同。在这里，"屡战"作为好消息，凸显了勇敢无畏；而"屡败"作为坏消息，则揭示了敌强我弱的现实。先说坏消息再说好消息，强调的是即使面对困境，也不失勇气和决心。

接下来是教堂笑话的智慧。这是关于一个吸烟成瘾的人去教堂做礼拜的笑话。他起初问神父是否可以在祈祷时抽烟，但遭到了拒绝。随后，他改变说法，问是否可以在抽烟时祈祷，结果得到了神父的同意。在这个笑话中，抽烟是坏消息，祈祷是好消息。通过先说坏消息再说好消息的方式，这个人成功地放大了事件的积极性，达到了自己的目的。

那么，如何提出让人欣然接受的方案呢？掌握了先说坏消息再说好消息的原则，我们可以更有效地提出让人欣然接受的方案。比如，你想说服你的同事和你一起加班完成一个重要的项目。直接提出加班的要求可能会让对方感到不满或抵触。但你可以尝试这样说："我知道大家都很辛苦，最近工作也确实很紧张。不过，我们有一个非常重要的项目需要尽快完成。如果我们能一起加班，把这个项目搞定，那么接下来就可以稍微放松一下，甚至争取到一些额外的休息时间。你觉得怎么样？"

通过先提及加班的辛苦（坏消息），再强调完成项目后的好处（好消息），你更有可能调动起同事的积极性，使方案得到接受。

综上所述，先说坏消息再说好消息的口语表达策略，实际上是一种"先苦后甜"的沟通智慧。它能够帮助我们更有效地传达信息，调动他人的积极性，从而提升成功说服他人的概率。在即兴口语表达中，掌握并运用这一策略，无疑将使我们的沟通更加顺畅和有效。

二、特效药

在即兴口语表达中，提出一个既能让对方接受又能激发其积极性的建议是一项重要的沟通技巧。而"先苦后甜法"正是一种行之有效的策略。它分为明确提议、先述付出、后提奖励三个步骤，通过合理的顺序和表达，使对方更愿意接受并执行你的建议。

以职场环境为例，假设你是一位项目经理，需要动员团队成员加班完成一个重要项目。你可以运用"先苦后甜法"来提出这个建议。

第一步：明确提议

你明确地提出建议，简明扼要地说明你的期望："我知道最近大家工作都很紧张，但我有一个提议，我们能否一起加把劲，把这个重要项目按时完成？"

第二步：先述付出

你接着告诉团队成员他们需要付出的努力："这个项目对我们团队和公司都

非常重要，如果我们能加班把它搞定，那将是对我们专业能力的一次展示。我知道这意味着大家需要牺牲一些休息时间，但……"

第三步：后提奖励

最后，你给出他们努力过后的奖励："如果我们能顺利完成，我将向公司申请给大家一些额外的休假时间，或者提供一些其他的福利作为补偿。大家觉得怎么样？"

通过这样的表达方式，你先明确了提议，然后告诉团队成员需要付出的努力，最后再给出他们应得的奖励。这种"先苦后甜法"既表达了你的期望，又考虑到了团队成员的感受和利益，因此更有可能得到他们的积极回应和执行。

三、案例多

在即兴口语表达中，运用"先苦后甜法"可以极大地增强话语的吸引力和说服力。这种方式通过先描述一段艰难困苦的经历，再展现最终的成功和收获，让听众在情感上产生共鸣，并在理性上认同讲述者的观点和建议。以下是一个应用"先苦后甜法"讲述的励志故事，以及它在即兴口语表达中的应用分析。

博主"雪糕"在她的视频《考研清华的 1976 个小时》中，以独白的形式分享了她从准备考研到最终收到清华大学录取通知书的经历。这个故事充满了情感的起伏和励志的元素，是一个运用"先苦后甜法"讲述的典范。

故事的开篇，博主就以一种深沉而富有感染力的口吻说道："每个优秀的人都有一段沉默的时光，那段时光是付出了很多的努力得不到结果的日子，我们把它叫作扎根。"这句话既是对她自己考研经历的总结，也是对听众的启发和建议。她接着描述了做出考研决定的不易，以及面对外界质疑和动摇时的内心挣扎。这部分的讲述为后续的"苦"做了充分的铺垫。

随后，博主详细讲述了她在考研过程中遇到的焦虑和学习瓶颈期。她描述了时间的紧迫、学习的无助、身体的疲惫以及心理的挣扎。这部分的讲述让听众仿佛亲身经历了她的那段艰难时光，感受到了她的付出和努力。这是"先苦"的部分，也是故事中最能打动人心的部分。

然而，博主并没有一直沉浸在"苦"中。她转而描述了奥运精神如何支撑她度过了难熬的时期，以及她对未来的憧憬和期待。这部分的讲述为故事增添了一抹亮色，也让听众看到了希望的光芒。这是"后甜"的部分，也是故事中最能激励人心的部分。

最后，博主以她的初试成绩和备考过程中的具体努力作为结尾，再次强调了天道酬勤的信念。她说道："道路对了，就不怕遥远，全神贯注，不要回头。"这句话既是对她自己考研经历的总结，也是对听众的鼓励和鞭策。

整个故事运用"先苦后甜法"讲述，让听众在情感上经历了从共鸣到激励的过程。在即兴口语表达中，我们也可以借鉴这种方式，先描述一段艰难的经历或困境，再展现最终的成功和收获。这样不仅可以增强话语的吸引力和说服力，还可以让听众在情感上更加投入和认同。同时，我们也要注意在讲述过程中保持语言的准确性和逻辑性，确保故事的完整性和连贯性。

四、疗效好

练习题目

请运用"先苦后甜法"，谈一谈你对"个人命运与时代发展"的感悟。

第三十四计

接纳请求

方法一　指南针法
方法二　"好丽友"法

方法一

指南针法

一、诊断室

在短视频平台上，有一个话题的点赞量异常高涨，那就是"如何说服别人答应我们的请求"。在评论区，众多网友纷纷表示，他们在请求他人帮忙时常常感到困扰，不知道如何开口。这一现象引发了我们的深思：在成人世界中，如何有效地进行即兴口语表达以说服他人答应我们的请求呢？

留心观察生活，我们会发现人们在请求别人帮忙时，往往会有以下几种不当表现：

有些人因为好面子，吞吞吐吐，张不开嘴。他们可能会发送一条信息："在吗？能不能帮我个忙？"然后又犹豫地撤回，转而又发送一条信息："没事了，解决了。"有些人则试图通过人情绑架来迫使他人帮忙。他们可能会说："咱们这么多年的朋友，这点小忙你还不帮我吗？"然而，这种方式往往会导致关系受损，即使帮了小忙，也会让人感到不悦。还有一些人更是过分，他们编造理由，特别不诚信。例如，他们可能会说："我爸住院了，需要用钱，你能不能借我一些钱？"这种撒谎骗人的行为，即使不被揭穿，自己也难以心安。

那么，如何才能有效地说服他人答应我们的请求呢？我们来实践一下。假设你想让领导给你涨薪水，你会怎么说呢？

千万要注意说话的语气和态度，不能理直气壮地直接提出要求："领导，我的工资得给我涨涨了吧，我都来了三年了。"这样用时间做理由很可能会被领导质询："为什么来了三年就得给你涨工资啊？"

那么，怎么才能让领导心甘情愿地答应你的请求呢？试试"指南针法"吧！

你可以这样说："领导，我希望月薪能涨一些。您知道我的工作总要出差，肯定没时间顾及家庭。我老婆刚生二胎，作为丈夫，我在情感上难以分担家庭责任，但我希望可以给她更优质的生活。我来公司已经 3 年了，完成了 ×× 个盈利的项目，为公司创造了 ×× 营收。接下来的一年，我打算带领团队拿下 ×× 项目，继续给公司创收，保证不会让您失望。也希望您支持我提的这个要求。"

领导也是愿意在要求合理的情况下为员工分忧的，但前提是你得让他知道你是可以持续创造价值的。因此，在谈薪资时，我们不仅要学会示弱以表达难处，还要学会畅想未来，表明日后你会给企业带来的价值，让领导充满期待。这样，你的请求就更有可能得到领导的答应。

通过上述案例，我们可以看到"指南针法"在即兴口语表达中的强大威力。它帮助我们清晰地表达自己的需求、难处和未来价值，从而有效地说服他人答应我们的请求。在日常生活中，我们也可以运用这种方法来应对各种即兴口语表达场景，提升自己的说服力和影响力。

二、特效药

"指南针法"分为三步，如图 6-34-1 所示。

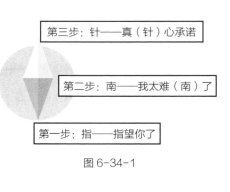

图 6-34-1

第一步：指——指望你了

诚恳地提出自己的请求，是"指南针法"的第一步。你的语气要和缓而真诚，眼神中要流露出"你一定要帮帮我，我就指望你了"的神态。这样，你的请求就更容易引起他人的关注和共鸣。

例如，在向领导提出涨薪请求时，你可以开门见山地说："领导，我希望月薪能涨一些。"这样的表达方式既直接又诚恳，有助于为后续的交流奠定良好的基础。

第二步：南——我太难（此处取"南"的读音）了

在提出请求后，你需要如实地说明自己的难处。这一步的目的是为了让别人更加理解你的处境，从而更愿意答应你的请求。

需要注意的是，你在说明难处时，给出的理由一定是真实的，千万不能为了博取同情而故意编造理由。诚实守信是赢得他人信任和支持的关键。

例如，你可以继续说："您知道我的工作总要出差，肯定没时间顾及家庭。我老婆刚生二胎，作为丈夫，我在情感上难以分担家庭责任，但我希望可以给她更优质的生活。"这样的说明既真实又感人，有助于让领导更加理解你的处境和需求。

第三步：针——真（此处取"针"的读音）心承诺

最后一步是做出一个真心的保证，让别人更加放心地答应你的请求。你可以明确表达你的决心和计划，展示你的能力和信心，让别人相信你有能力实现你的承诺。

例如，你可以说："接下来的一年，我打算带领团队拿下 ×× 项目，继续给公司创收，保证不会让您失望。也希望您支持我提的这个要求。"这样的保证既具体又可行，有助于让领导更加信任你，并愿意支持你的请求。

三、案例多

在日常生活中，我们经常会看到各种寻人启事。有些启事只是让我们匆匆一瞥，而有些却能深深触动我们的内心，让我们愿意主动帮忙转发，并持续关注后续报道。这其中的差别，很大程度上取决于寻人启事的文字表达是否具有说服力。

前段时间，一则寻人启事在朋友圈广泛传播。这则寻人启事之所以能引起如此大的关注，是因为它巧妙地运用了"指南针法"，增强了说服力。

第一步：指——指望你了

在这则寻人启事中，"指"的部分并不只是简单地指望路人帮忙寻找或网友帮忙转发。在母亲走失 7 天后，孝顺的儿子用了一连串排比句，表达了对母亲的深深牵挂和期盼。他写道："妈妈，万一我没有找到你，只希望还有好心人帮助，能够让你果腹，喝上点水……晚上你能够找到一个遮风挡雨的椅子小睡……"这种既祈祷又宽慰的笔触，让人感同身受，牵挂不已。

第二步：南——我太难（南）了

接下来，儿子讲述了自己和母亲相依为命的故事。他回忆了母亲在困难时期如何支持他求学，以及他在艰难岁月里如何努力给母亲带来宽慰。然而，当儿子终于有能力报答母亲的养育之恩时，母亲却意外走失。这种遗憾和悔恨触动了每个网友内心最柔软的情感，纷纷转发和关注。

第三步：针——真（针）心承诺

在寻人启事的结尾部分，儿子向母亲做出了真心的承诺："妈妈，你放心，我会爱护自己，我就是你的成果，你的延续！我要等你回来，继续好好疼你爱你！"这段承诺既是对自己的加油打气，也是对母亲的爱的呼唤。它进一步增强了寻人启事的说服力，让更多的人愿意加入到寻找母亲的行列中来。

综上所述，这则寻人启事之所以能引起如此大的关注并成功地帮这个孝顺的儿子找到了走失的母亲，很大程度上得益于它巧妙地运用了"指南针法"。通过坦诚地表达自己的期盼和牵挂、讲述自己和母亲相依为命的故事以及做出真心的承诺，这则寻人启事成功地打动了无数网友，让他们心甘情愿地帮忙转发并持续关注后续报道。这也再次证明了，"指南针法"是一种行之有效的即兴口语表达方法，能够帮助我们在各种场合下更好地说服他人并赢得他们的支持和帮助。

四、疗效好

练习题目

请运用"指南针法"，发表一段向灾区捐款的倡议演说。

"好丽友"法

一、诊断室

在日常生活中，我们常常需要说服他人以满足自己的需求或答应自己的请求。然而，很多人在说服过程中，往往忽视了这是一个增进彼此感情的机会。一旦对方提出质疑，就可能导致不欢而散的局面。特别是在亲子沟通中，这种情况尤为常见。

例如，一个星期天的早晨，上初一的大女儿想带五岁的妹妹去同学家玩。然而，这个请求刚一说出口，就遭到了爸爸的反对。他担心两个女孩子出门不安全，怀疑大女儿是否能照顾好妹妹，并提议带她们去游乐园玩。大女儿一听，觉得爸爸小题大做，不信任自己，于是情绪失控，与爸爸发生了争执。

那么，作为妈妈，在这种场景下你应该如何帮助大女儿说服爸爸答应她的请求呢？

首先，你可以使用之前讲过的"解铃法"，解除爸爸头脑中的危险警告和顾虑。你可以告诉他："她俩就去与咱们同住一个小区的娜娜家玩，昨天我已经跟娜娜的家长沟通过了，他们家大人在家没问题的。一会儿我送她俩去，确保她们的安全。"

接着，你可以运用"'好丽友'法"，让爸爸真心感受到大女儿的这个请求也是在为他着想。你可以说："让妹妹跟姐姐一起去玩也好，免得妹妹在家无聊又哭闹。娜娜家里有一个弟弟，他们两个一起玩过，挺和睦的。正好她俩不在家，我还能打扫一下卫生，你也能专心工作。这么安排多好呀，就让她们去吧！"

通过这样的沟通方式，你不仅解除了丈夫的顾虑，还让他感受到了大女儿的请求是在为整个家庭考虑。这样，他就更有可能欣然接受大女儿的请求了。

由此可见，在亲子沟通中，如果我们能多些心平气和的沟通，亲人之间就会更加和睦。同时，我们也能给孩子树立一个有话好好说的榜样。通过运用"解铃法"和"'好丽友'法"，我们可以更有效地说服他人，增进彼此之间的感情。

二、特效药

"'好丽友'法"分为以下三步（见图6-34-2）。

图6-34-2

第一步：好——对我有好处

开门见山地告诉对方，同意你的请求对你自己有什么好处。这不仅是一种坦率的表现，更能让对方感受到被信任和需要。

例如，在前面的案例中，妈妈明确地告诉爸爸："正好她俩不在家，我还能打扫一下卫生。"这样爸爸就能理解到，同意大女儿的请求对妈妈也有好处，能够让她有更多的时间和精力来打理家务。

第二步：丽——对你也有利（此处取"丽"的读音）

接下来，委婉地告诉对方，你的请求对他也有利处。在说服过程中要学会换位思考，不要总是单向地索取好处，也要有一颗利他之心。

例如，妈妈可以继续告诉爸爸："你也能专心工作。"这样爸爸就能意识到，同意大女儿的请求不仅能让妈妈受益，也能让他自己更加专心地投入到工作中。

第三步：友——更加友好了

进一步友好地请求对方接纳你的请求。在这一步中，一定要注意语气，要真诚而又亲切，千万不能说得太强硬，变成了"人情绑架"。

例如，妈妈可以这样说："这么安排多好呀，就让她们去吧！"这样爸爸就能感受到妈妈的真诚和友好，从而更加愿意接纳大女儿的请求。"'好丽友'法"是一种有效的说服策略，它通过坦诚、利他和友好的方式，让对方欣然接受我们的请求。在日常生活中，我们可以运用这种方法来增进彼此之间的感情，让沟通更加顺畅和有效。

三、案例多

在影视剧《芈月传》中，芈月的一段演讲堪称是运用"'好丽友'法"进行说服的典范。在分析这段演讲之前，我们先来了解一下背景：芈月虽已当政，但面临着众多的争议和挑战。她借义渠王之力回到秦国，却引发了王宫上下的议论。她的儿子嬴稷对此怒气冲天，甚至与她反目，用剑挑衅义渠王。同时，旧族势力也派刺客想要刺杀芈月。加之军队士气涣散，芈月面临着重重阻碍。为了鼓舞士气，她下令召集咸阳的禁军将士到宣室殿前进行训诫。那么，芈月究竟是如何进行演讲，起到了鼓舞的作用的呢？我们来分析一下她的"'好丽友'法"说服策略。

第一步：好——对我有好处

芈月首先强调每一位将士都是大秦的倚仗，国家的安危就寄托在他们身上。

她说:"你们当初当兵,必定不是为了造反。你们沙场浴血,卧冰尝雪,千里奔波,赴汤蹈火,为的不仅仅是效忠君王,保家卫国,更是让自己活得更好,让自己在沙场上挣来的功劳,能够荫及家人。今日站在这里,都是大秦的佼佼者,你们是大秦的荣光,是大秦的倚仗。"这段话让将士们意识到,他们的付出对于国家和自己都有好处,从而激发了他们的自豪感和责任感。

第二步:丽——对你有利(丽)

接着,芈月向将士们许诺,从今以后,他们所付出的一切血汗都能够得到回报。她说:"将士们,我承诺你们,从今以后,你们所付出的一切血汗都能够得到回报。任何人触犯秦法都将受到惩处。秦国的一切将是属于你们和你们儿女的。今日我们在秦国推行这样的律例,他日天下就都有可能去推行这样的律例。你们有多少努力就有多少回报。"这段话让将士们看到了遵守律例和付出努力所带来的实际利益,从而进一步激发了他们的积极性和忠诚度。

第三步:友——更加友好了

最后,芈月给将士们描述了升官加爵的美好蓝图,以此作为激励。她说:"你们可以成为公士、为上造、为不更、为左庶长、为右庶长、为少上造、为大上造、为关内侯甚至为彻候,食邑万户。你们敢不敢去争取,能不能做到?"这段话让将士们看到了未来的希望和可能,从而更加坚定了他们跟随芈月、为秦国效力的决心。

综上所述,芈月在《芈月传》中的这段演讲充分运用了"'好丽友'法"的说服策略,通过强调对国家和自己的好处、许诺实际利益以及描绘美好未来,成功地鼓舞了士气,赢得了将士们的信任和支持。这段演讲不仅展示了芈月的智慧和口才,也为我们提供了宝贵的即兴口语表达技巧。

四、疗效好

请运用"'好丽友'法",谈谈你对"换位思考"的理解。

第三十五计

接纳
推荐

方法一　甜点法
方法二　优胜劣汰法

方法一

甜点法

一、诊断室

当我们提到"甜点"这两个字时，每个人的脑海中都会浮现出自己钟爱的美食，无论是奶油蛋糕、榴梿千层还是巧克力甜甜圈，口味各不相同。在生活中，"甜点"也被用来形象地描述某个人或某个群体的兴趣点。

放眼四周，我们可以发现许多与"甜点"原理相关的现象。例如，玩具区里布满了各种粉色包装、衣着鲜艳、公主造型的芭比娃娃。这是因为爱玩娃娃的小女孩们对粉色和公主元素情有独钟，这就是她们的"甜点"。再看机场的休息区，摆放着扫码即用的按摩椅，对于差旅奔波的人们来说，片刻的休息就是他们的"甜点"。此外，旅游景区随处可见的特产、药店里品种繁多的保健品、小区里大大小小的美容店，这些都是专为不同的人群准备的"甜点"。

在销售领域，抓住消费者的需求是成功的关键。同样，在说服技巧中，我们也可以运用这一"甜点"原理。当我们试图说服别人接受我们的推荐时，找到他感兴趣的"甜点"就至关重要。一旦找到了这个"甜点"，我们的说服就成功了一半。

然而，在生活中，人们往往容易犯一个错误：在向别人推荐某个事物时，过多地介绍自己感兴趣的"甜点"，而忽视了对方的兴趣点。例如，一个电影迷丈夫在推荐北京环球影城时，大谈特谈影视特效的好评，却忽视了妻子对此并不感兴趣。结果，他的推荐并未成功。

但这位丈夫并未放弃，他开始尝试换位思考，寻找妻子可能会感兴趣的"甜点"。他提到环球影城里的话唠威震天，描述其有趣的互动和明星们的遭遇。这一次，他成功地吸引了妻子的兴趣，并说服她一起订票前往环球影城。

这个案例告诉我们，在说服他人时，我们需要分场合地运用"己所欲而施于人"这句话。更重要的是，我们需要尝试换位思考，寻找对方的"甜点"。只有这样，我们才能更有效地说服他人，实现我们的目标。因此，在即兴口语表达中，掌握"甜点"原理并灵活运用它，将对我们的人际交往和说服能力产生积极的影响。

二、特效药

"甜点法"分为以下三步。

第一步：寻找甜点

首先，我们需要通过观察或回忆，找到对方最感兴趣的话题或事物。这就像是在甜品店中寻找最吸引人的甜点一样，我们需要找到那个能够引起对方兴趣和注意力的"甜点"。

例如，在之前的案例中，丈夫通过对比和观察，找到了一个妻子可能会感兴趣的"威震天怼人"的"甜点"。他知道妻子对有趣的互动和明星八卦感兴趣，因此选择了这个话题作为说服的切入点。

第二步：制造甜点

其次，在我们的推荐中，我们需要嵌入对方感兴趣的"甜点"，让对方感受到我们的推荐与他们的兴趣点相契合。这就像是在甜品店中制作一个符合对方口味的甜点一样，我们需要根据对方的喜好来定制我们的推荐。

例如，丈夫在推荐环球影城时，嵌入了妻子感兴趣的"威震天怼人"的"甜点"。他说："我跟你说，环球影城可好玩了，那里有一个话痨威震天，他可会怼人了。"这样的推荐立刻引起了妻子的注意，因为她对这个话题很感兴趣。

第三步：试吃甜点

最后，我们需要用生动的语言描述"甜点"的精彩之处，让对方仿佛能够亲身体验到一样。这就像是在甜品店中提供免费试吃一样，我们需要让对方品尝到"甜点"的美味，从而勾起他们的兴趣。

例如，丈夫用生动的语言描述了威震天是怎么怼天怼地怼游客的："游客要摸摸他，他就说'拿开你的脏手，愚蠢的人类'。见到小朋友，他会说'看起来很好吃'。哈哈，有人要跟他合影，他就怼人家'你上来做什么？崇拜我吗？'好玩吧，不少明星去了也都会挨怼呢。"这样的描述让妻子产生了画面感，觉得有趣好玩，于是赶紧订票了。

运用"甜点法"可以让我们更好地抓住对方的兴趣点，实现说服的目的。在日常生活中，我们可以灵活运用这种策略来与他人进行有效的沟通和交流。

三、案例多

"甜点法"是一种行之有效的说服策略，它不仅可以在日常生活中为我们带来快乐，还能在特定情境下缓解痛苦。电影《在云端》中的一个场景就充分展示了这一策略的魅力。

裁员专家瑞恩的工作是与被裁员工进行离职访谈，通过沟通谈判，让裁员公司免遭因裁员带来的各种纠纷，同时帮助被裁员工重获生活的希望。在这个场景中，瑞恩巧妙地运用了"甜点法"三步走策略来说服被裁员工接受自己的推荐。

第一步：寻找甜点

瑞恩非常善于在被裁者的简历中找到他们真正的兴趣点，并且很擅长运用语言把这个兴趣点包装成因为现实而不得不放弃的遗憾。他这样说道："你简历上说你有辅修过法式烹饪的课程。大部分学生都在肯德基炸薯条的时候，你就已经在斗牛士西餐厅张罗餐桌赚钱养活自己了。毕业后，你就到这里来工作了。他们花了多少钱让你放弃了自己的梦想呢？"这样的提问立刻引起了被裁员工的共鸣，让他回忆起了自己曾经的梦想和遗憾。

第二步：制造甜点

接下来，瑞恩巧妙地给对方一个听起来很不错的推荐：离职是件好事，可以去做你自己感兴趣的事了。他这样说道："那你什么时候准备金盆洗手，然后回去做能让自己感到快乐的事呢？"这样的提问让被裁员工开始思考自己的未来，并对接下来的生活产生了期待。

第三步：试吃甜点

最后，瑞恩通过对比的方式，让对方进一步产生尝试"甜点"的愿望。他这样说道："我见过有些人一辈子都待在同一个公司做事，就像你一样。他们朝九晚五，没有一刻感到快乐。现在你有机会了，鲍勃。这是一次重生的机会。就算不是为了你，就为了你的孩子吧。"这样的对比让被裁员工更加深刻地意识到，离职并不是一件坏事，而是一个重新开始的机会。瑞恩的这段说服堪称谈判中的经典。他通过"甜点法"让被辞退这样一个苦涩的遭遇，竟然也生出了一丝甜意。这不仅展示了瑞恩高超的沟通技巧，也充分证明了"甜点法"在即兴口语表达中的强大威力。

四、疗效好

练习题目

请运用"甜点法"，分享一个你家乡的特产。

方法二

优胜劣汰法

一、诊断室

一看到"优胜劣汰"这四个字，你是不是心头一紧，想起了考试排名带来的压力，不禁暗想："不就是说服别人接受自己的推荐吗？至于这么有竞争意识吗？"

其实这个方法不是让你和别人竞争，而是让你学会用"反衬"的方法来突出你推荐的物品和其他的同类产品相比有怎样的优势。常言道"没有洼地显不出来高山"，没有对比就彰显不出优势。因此，"优胜劣汰法"非常适合应用在"好物推荐"的场景中。

请你来对比一下，下面这两个版本的产品推荐，哪一个更能说服你给孩子购买产品？

版本一：

"快来品尝一下吧，这个咸蛋酥特别好吃，它是用海鸭蛋的蛋黄做的，咸咸脆脆的可香了，而且这还是低温烘烤的，吃多了也不上火。直播间的家长们，给孩子买一袋吧，不含反式脂肪酸。"

版本二：

"咱们这款咸蛋酥是用海鸭蛋的红心蛋黄做的，口感又酥又绵。超市里卖的那些咸蛋酥都是用鸡蛋做的，鸡蛋做的点心吃起来有腥味，很多孩子不爱吃。

咱们这款咸蛋酥也不是油炸的，是低温烘烤的，所以不含对身体有害的反式脂肪酸，市面上那些酥脆的零食都是高温油炸的，孩子吃多了上火。咱们这款咸蛋酥既解馋又健康，越吃越上头，简直是打工人的追剧神器，也是孩子专属的必备零食！"

怎么样？是不是版本二更容易说服你下单呢？

一个产品的优点，如果只靠你将重要的事情说三遍，是根本无法让人感受到这个优点到底有多么重要的，就像是尺必须和寸放在一起做对比，才能够让人感受出"尺有所短，寸有所长"。

需要注意的是，和同类产品做比较时一定要实事求是，不能肆意地捏造优缺点，最好是隐去品牌只和大多数市面上的产品做比较，语气上也要注意，只做客观陈述，不做情绪化批评，这样才不会给人造成反感，从而增强你的说服力。

二、特效药

"优胜劣汰法"分为以下三个步骤。

第一步：产品

首先，你需要向对方展示你要推荐的产品。这可以是实物展示，也可以是语言描述。通过这一步骤，你能够让听众对你推荐的产品有一个初步的了解和认识。

例如："快来品尝一下吧，这个咸蛋酥特别好吃。"这样的语言描述就能够立即引起听众的兴趣和好奇心，让他们想要进一步了解这个咸蛋酥。

第二步：优胜

接下来，你需要突出介绍你推荐的产品胜过同类竞品的2~3处优点。这是"优胜劣汰法"的核心步骤，通过对比和突出优势，你能够让听众更加清晰地认识到你推荐的产品的独特价值。

例如，你可以从咸蛋酥更好吃和更健康这两个优势进行介绍。你可以说：

"这款咸蛋酥是用海鸭蛋的蛋黄做的，口感更加酥脆香浓。而且，它是低温烘烤的，不含反式脂肪酸，更加健康。"通过这样的对比和突出，听众就能更加明确地认识到这款咸蛋酥相较于其他产品的优势。

第三步：劣汰

最后，你需要用竞品的具体缺点来衬托你推荐的产品更加优质放心。通过揭示竞品的问题和不足，你能够让听众更加深刻地认识到选择你推荐的产品是明智之举。

例如，你可以说："市面上的咸蛋酥多是用鸡蛋做的，吃起来会有腥味，而且很多是油炸的食品，孩子吃多了会上火。而我们的咸蛋酥则完全没有这些问题，它更加美味健康，让你吃得放心。"通过这样的对比和揭示，听众就能更加坚定地选择你推荐的产品。

三、案例多

在即兴口语表达中，推文是一种常见的形式。很多推文都会采用"优胜劣汰法"来吸引读者，让读者在阅读完推文后，马上对推荐的产品产生兴趣。下面，我们将以一篇推荐影视剧《苍兰诀》的推文为例来拆解"优胜劣汰法"在推文中的运用。

这篇推文的题目是"《苍兰诀》口碑逆袭：今天的你身患'诀症'了吗？"从题目开始，推文就鲜明地亮出了自己要推荐的对象——影视剧《苍兰诀》，并且用"口碑逆袭"这样的词语以及谐音梗来吸引读者的眼球。在正文的第一段，推文用数据说话，展示了这部剧创下的不俗成绩，进一步引起了读者的兴趣。

接下来，推文进入了"优胜"的步骤。它突出介绍了《苍兰诀》之所以能够成为黑马的原因。除了剧情和人设，这部剧的服化、特效、颜值等多重元素都得到了加持，为观众塑造了高级的审美享受。推文详细描述了《苍兰诀》在服化道具设计上的用心，以及特效场景的逼真和美丽，让读者对这部剧的制作水平有了更深入的了解。

最后，推文进入了"劣汰"的步骤。它用《苍兰诀》的优点和其他同类产品的缺点进行对比。推文提到了国产仙侠剧、奇幻剧普遍存在的"五毛特效"问题，并且以经典仙侠剧为例，具体描述了其道具的不真实感。通过这样的对比，推文更加突出了《苍兰诀》在特效制作上的精良和用心。

综上所述，这篇推荐《苍兰诀》的推文成功地运用了"优胜劣汰法"来吸引读者。它通过突出介绍这部剧的优点，并且用其他同类产品的缺点进行对比，让读者更加深刻地认识到了这部剧的独特价值和魅力。在阅读完推文后，很多读者都马上点开了电视剧的第一集，开始了他们的追剧之旅。

四、疗效好

练习题目

请运用"优胜劣汰法"，分享一部你喜欢看的影视剧。

第三十六计

接纳
方案

方法一 "正方形"法
方法二 "拍巴掌"法

"正方形"法

一、诊断室

在生活中，我们难免会遇到各种突如其来的麻烦事。比如，你正急着上班，骑单车时不慎撞倒了一个幼儿园的小朋友。小朋友坐在地上号啕大哭，他的妈妈也生气地走过来质问你。在这种情况下，推卸责任、撒下不管或态度恶劣都是不可取的，它们只会让事态进一步恶化。那么，如何才能"大事化小，小事化了"呢？这就需要我们运用"'正方形'法"，即勇于承担责任，并提出合理的解决方案。

首先，我们要避免推卸责任。即使小朋友的妈妈没有发挥好监护人的作用，我们也不应该在撞到人时把责任推给别人。相反，我们应该先帮小朋友检查伤口，并主动道歉。这样做不仅体现了我们的诚意和责任感，也有助于缓解对方的紧张情绪。

其次，我们不能撒下不管。撞到别人后，我们应该留下来处理后续事宜，而不是看小朋友伤势不重就匆匆离开。这种不负责任的表现只会让对方更加气愤和不满。

最后，我们要保持良好的态度。恶劣的态度是无法解决问题的，只会让事态更加严重。我们应该用诚恳、平和的语气与对方沟通，并表达出自己的歉意和愿意承担责任的决心。那么，具体应该如何操作呢？你可以像下面这样表达：

"小朋友，你伤到哪里了？阿姨太对不起你了。家长，您看这样行不行，您加我个微信，我现在就去公司打个卡。一会儿您观察一下孩子，要是哪里受伤了就赶紧给我发语音，我向公司请个假带小朋友去检查。要是小朋友没事了，您也告诉我一下，我给您转个红包，就当我请小朋友吃好吃的了。确实是我不对，我这边上班就要迟到了，能先加个微信一会儿沟通吗？您放心，我就住在这个小区，这是我网购的地址，您核实一下。"

这样的表达方式既体现了你的诚意和责任感，又提出了合理的解决方案。它让对方感受到你的关心和愿意承担责任的决心，从而有助于化解矛盾、解决问题。

二、特效药

在即兴口语表达中，面对突如其来的尴尬或困境，如何迅速而有效地做出回应，是考验一个人口语表达能力的重要时刻。而"'正方形'法"正是一个既实用又高效的应对策略。它分为"正""方""形"三步，每一步都蕴含着化解尴尬与困境的智慧，如图 6-36-1 所示。

图 6-36-1

第一步："正"——正视现状

在提出任何解决方案之前，首要之务是勇于承担责任，正视现状，直面事实。这需要我们通过询问和观察来了解当前的状况，只有清晰准确地掌握了实际情况，才能提出合理且有针对性的解决方案。比如，在不小心撞到小朋友的场景中，你可以这样表达："小朋友，你伤到哪里了？阿姨太对不起你了。"这样的表达既体现了对小朋友的关心，也承认了自己的过失，从而安抚了家长的情绪。

第二步："方"——提出方案

了解现状之后，接下来就是根据实际情况提出合理的解决方案，并争取与对方协商解决。这一步的关键在于提出的方案要切实可行，能够真正解决问题。继续以撞到小朋友为例，你可以这样提出方案："家长，您看这样行不行，您加我个微信，我现在就去公司打个卡。一会儿您观察一下孩子，要是哪里受伤了就赶紧给我发语音，我向公司请个假带小朋友去检查。要是孩子没事了，您也告诉我一下，我给您转个红包，就当我请小朋友吃好吃的了。"这样的方案既考虑到了小朋友的可能伤势，也体现了你的诚意和责任感。

第三步："形"——探讨可行性

最后一步是与对方一起探讨这个方案的可行性，并把选择权交给对方。这是尊重他人的表现，也是展现你真诚态度的关键。在提出方案后，你可以进一步补充："确实是我不对，我这边上班就要迟到了，能先加个微信一会儿沟通吗？您放心，我就住在这个小区，这是我网购的地址，您核实一下。"这样的表达既说明了你的实际情况，也提供了额外的信息来增强对方的信任感。

三、案例多

以电视剧《安家》中的一个经典案例为例，我们可以深入探讨"'正方形'法"的实际应用。

在《安家》中，孙俪饰演的房似锦初来乍到就成功卖出了一间 10 年都没有卖出去的奇葩房子——跑道房。这得益于她能够正视房子的现状，提出可行的改进方案，并以情动人的说服力打动了客户。

首先，房似锦正视了房子的现状。这个 78 平方米的房子，有一个房间是单独分开的，要去那个房间，必须经过电梯间和消防通道这样的公共区域。而且，通往房间的过道没有窗户，十分昏暗，房间里面采光也很差，只有一个天窗。了解了这些现状之后，房似锦开始思考如何将这些劣势转化为优势。

接下来，她提出了改进的方案。她将全屋最不理想的地方改造成了孩子们的画廊，两边的墙面挂满了孩子平时画的画。过道的尽头被改造成了丈夫的卧室和办公室，因为他平时作息不规律，白天也需要在家睡觉，所以这间单独分开的卧室正好能成为他不受打扰的独立空间。为了解决房间的采光和通风问题，房似锦还利用了电动的伸缩楼梯，连接了楼顶的阁楼，这样房间里就有了充足的光线。

最后，房似锦以情动人地向客户描述了这些改进方案的可行性。她指着画廊说："眼不眼熟，您儿子画的，您太忙了，都没注意到他画得这么好。我觉得这个过道其实并不浪费面积，它可以成为您两个孩子的画廊，您看这多有意义。"当客户提到卧室没有窗户时，她巧妙地回应："您稍等啊，这上面还有个阁楼。窗户就在楼上，真的很难相信在这样的大都市里，在五光十色的市中心高楼上，居然还能看到星星。"这样的描述让客户感受到了房子的独特魅力。

这个案例是运用"'正方形'法"提出方案与说服他人的典范。

四、疗效好

练习题目

请运用"正方形法"，谈一谈你是如何从平凡日常生活中寻找生命价值的？

方法二

"拍巴掌"法

一、诊断室

在成人即兴口语表达中，说服他人接纳建议并付诸行动是一项极具挑战性的任务，尤其是当试图改变对方长期形成的不良习惯时，其难度更是倍增。我们时常可以见到这样的场景："我已经说过多次了，为什么你总是记不住，一进门应该先写作业，写完作业再看电视。"家长们日复一日地苦口婆心，却往往难以让孩子改掉写作业拖拉的坏习惯。

"请注意看黑板，谁还在分心？"老师们在课堂上不断强调集中注意力，但仍有不少学生在听课时思绪飘远。

"爸爸，您别总是抽烟了，医生都说了，这对您的身体不好。"女儿恳切地劝说年迈的父亲减少抽烟，然而无论她重复多少次，父亲似乎都无动于衷。

为何这些说服常常收效甚微？原因在于它们往往仅限于提出要求和阐述道理，而未能触及对方的内心。回顾历史，诸葛亮的《出师表》之所以具有如此强大的说服力，正是因为它成功地结合了"理"与"情"。那些能够说服他人接纳建议的经典案例，无一不遵循了"晓之以理，动之以情"的原则。

单纯讲道理的说服，就像"一个巴掌拍不响"一样单薄无力。那么，如何才能让说服的"巴掌"拍响呢？答案很简单：需要双手合力。一手打出道理牌，一手打出感情牌，双管齐下，说服力自然倍增。

例如，劝说孩子到家先写作业时，可以这样说："儿子，我们先把作业写完，然后再看动画片，好吗？这样你玩的时候就能更踏实，不用总惦记着作业。快点写完作业，你就能痛痛快快地玩了。需不需要妈妈陪你一起？我也不看手机了，就坐在你旁边安静地看书，有不懂的地方你还可以随时问我。你觉得这样好不好？"

劝说学生上课集中注意力时，可以这样说："这个知识点非常重要，大家都要打起精神认真听。我只讲一遍，如果你错过了，今天的作业可能就不会做了。不过，如果你认真听了还是没懂，课后可以随时来找我。只要你能学会，老师给你讲多少遍都不嫌累。明白了吗？"

劝说老爸戒烟时，可以这样说："老爸，医生都说了，抽烟对肺部的伤害特别大。您平时总提醒我注意身体，少熬夜，那您也得注意自己的身体健康啊。如果您的身体变差了，我和妈妈得多担心呀。您就听我的把烟戒掉吧。这样，如果您能做到一个星期不抽烟，我就能做到这一个星期都晚上 11 点前睡觉，绝对不熬夜。您觉得怎么样？"

由此可见，只有既充满道理又饱含感情的劝说，才更容易让他人接纳我们的建议。

二、特效药

说服他人往往需要巧妙的策略和技巧。其中，"'拍巴掌'法"是一种简单而有效的说服方法。它分为三步，可以帮助你更好地传达自己的观点，并说服他人采取行动，如图 6-36-2 所示。

第一步：左手——晓之以理

首先，你需要用左手打出"道理"这张牌。这意味着你需要有理有据地指出坏习惯的不良影响，或者强调改变坏习惯的重要性。你可以借助左脑的功能来辅助记忆，因为左脑是抽象思维中枢，擅长逻辑推理。通过运用理性思维，从道理

图 6-36-2

层面说清楚利害关系，你可以更有效地传达你的观点。

例如，你可以说："作业没写完，看动画片的时候心里也不踏实。拖延写作业会影响你的专注力，这对你的学习和发展都是不利的。"又如："这个知识点特别重要，你要是错过了，今天的作业就不会做了。上课分心会导致你错过重要的学习内容，进而影响你的学业成绩。"再如："长期抽烟对肺部伤害很大，很多疾病都是抽烟引起的。为了您的健康，戒烟是非常必要的。"

第二步：右手——动之以情

接下来，你需要用右手打出"感情"这张牌。用真情实感打动对方，让你的话语之间流露出关心和担忧。你可以借助右脑的功能来辅助记忆，因为右脑是形象思维中枢，主要掌控情绪。通过运用感性思维，从情感层面打动对方，你可以让对方更加愿意接受你的观点。

例如，你可以说："妈妈不看手机了，坐在你旁边看书陪你。我希望你能感受到我的陪伴和关心，这样你会更加有动力去完成作业。"又如："要是没听懂，课后就来问我，老师给你讲多少遍都不嫌累。我希望你能感受到我的责任心和耐心，这样你会更加愿意在课堂上专心听讲。"再如，"如果您要是抽烟导致身体变差了，我跟妈妈得多担心呀。我们希望您能够戒烟，保持身体健康，这样我们才能更加安心。"

第三步：击掌——形成约定

最后一步是"击掌"，也就是与对方形成约定。为了增强说服力，你可以与对方"击掌为誓"，制定一个小目标，相互监督，共同养成好习惯。通过形成约定，你可以让对方更加明确自己的行动方向，也更加愿意采取行动去改变。

例如，你可以说："这样吧，如果您能做到一个礼拜不抽烟，我就能做到这一个星期都晚上 11 点前睡觉，绝对不熬夜。我们击掌为誓，共同监督，一起努力养成好习惯吧！"通过这样的约定，你可以让对方更加有动力去戒烟，同时也让自己更加有动力去保持良好的作息习惯。

三、案例多

在综艺节目《变形记》中，有一个引人深思的案例。子豪的爸爸是一位职业律师，每当看到儿子沉迷游戏时，他总是忍不住长篇大论地讲道理。他抓住每一个机会向子豪灌输各种道理，从游戏的危害到学习的重要性，再到沉迷游戏的严重后果，无所不包。例如，他曾说：

"你知道不知道打游戏是不对的？这样是错的。"

"你不能总是玩游戏，你要搞好你的学习，只有学习搞好了，才能适当娱乐。"

"你这样打游戏是会上瘾的，玩物丧志，以后班也不上，钱也不挣，这可不行啊。"

尽管子豪爸爸费尽心思，讲道理讲得口干舌燥，但儿子却只是左耳朵进右耳朵出。每次听完爸爸的讲道理，子豪只是嗯嗯啊啊地应付几句，回到房间后，游戏照玩不误。子豪爸爸的这番大道理似乎并没有起到任何效果。

无奈之下，子豪爸爸只好将儿子送到农村家庭参加"变形"节目，希望通过这种方式改变儿子。然而，这一举动也引发了我们的深思：为什么父母觉得正确的道理，孩子却不愿意听呢？

其实，问题的关键在于，父母在讲道理时往往只使用了"'拍巴掌'法"中左手的晓之以理，却忽略了右手的动之以情。如果父母在劝说时能够换位思考，用真情实感打动孩子，表达出自己的关心和担忧，那么效果可能会截然不同。

例如，子豪爸爸可以这样说："儿子，爸爸并不是不让你玩游戏，只是想让你控制一下玩游戏的时间。坐那么久，真的伤身体。如果我每天在电脑前工作 10 个小时以上，你是不是也会担心我的腰椎呢？这样吧，咱们每次商量一个时间好不好？在规定的时间内，你随便玩，爸爸也不管。你甚至可以教教爸爸，让我也感受一下这个游戏到底有什么意思。教会了爸爸，我陪你一起玩，怎么样？"

这样的劝说方式，既表达了父母的关心，又尊重了孩子的兴趣，通过换位思考的方式，更容易让孩子接受并改变自己的行为。掌握"'拍巴掌'法"，将晓之以理与动之以情相结合，是提升说服力的关键所在。

四、疗效好

练习题目

请运用"'拍巴掌'法"，说服大家跟你一起加入旧衣募捐的活动中来。